COACHING COM PNL

O GUIA PRÁTICO PARA ALCANÇAR O MELHOR EM VOCÊ E EM OUTROS

COMO SER UM COACH MASTER

Tradução
Celso Roberto Paschoa

ANDREA LAGES & JOSEPH O'CONNOR

COACHING COM PNL

O GUIA PRÁTICO PARA ALCANÇAR O MELHOR EM VOCÊ E EM OUTROS

COMO SER UM COACH MASTER

2ª EDIÇÃO

Copyright © 2018 by HarperCollinsPublishers Ltd.
Tradução autorizada do original inglês Coaching with NLP
Publicado através de acordo com a HarperCollinsPublishers Ltd.

Copyright © 2018 by Qualitymark Editora
Todos os direitos desta edição reservados à Qualitymark Editora Ltda.
É proibida a duplicação ou reprodução deste volume, ou parte do mesmo,
sob qualquer meio, sem autorização expressa da Editora.

Produção Editorial	Produção Editorial
Saidul Rahman Mahomed
editor@qualitymark.com.br	Equipe Qualitymark

Capa	Editoração Eletrônica
Wilson Cotrim	EDEL

1ª Edição: 2004

1ª Reimpressão: 2006

2ª Edição: 2008

1ª Reimpressão: 2010
2ª Reimpressão: 2012
3ª Reimpressão: 2013
4ª Reimpressão: 2014
5ª Reimpressão: 2015
6ª Reimpressão: 2017
7ª Reimpressão: 2018

CIP-Brasil. Catalogação-na-fonte
Sindicato Nacional dos Editores de Livros, RJ

L172c

Lages, Andrea
    Coaching com PNL: o guia prático para alcançar o melhor em você e em outros: como ser um coach master / Andrea Lages & Joseph O'Connor. – Rio de Janeiro : Qualitymark Editora, 2018.

"Programação neurolinguística"
Inclui bibliografia
ISBN 978-85-7303-832-3

1. Liderança. 2. Recursos humanos. 3. Programação neurolinguística. 4. Motivação (Psicologia). I. O'Connor, Joseph, 1944-. II. Título.

04–2135

CDD: 658.4092
CDU: 658.012.4

**2018
IMPRESSO NO BRASIL**

| Qualitymark Editora Ltda.
Rua José Augusto Rodrigues, 64 – sl. 101
Polo Cine e Vídeo – Jacarepaguá
CEP: 22275-047 – Rio de Janeiro – RJ | www.qualitymark.com.br
E-mail: quality@qualitymark.com.br
Tels.: (21) 3597-9055 / 3597-9056
Vendas: (21) 3296-7649 |

DEDICATÓRIA

À Mãezinha
Joseph Desmond O'Connor

⇒ Agradecimentos

Inicialmente, gostaríamos de agradecer aos pioneiros do coaching, especialmente a Timothy Gallwey, que inspiraram tantas pessoas a seguirem essa disciplina. Agradecemos a John Grinder e Richard Bandler por terem criado a PNL. Gostaríamos de agradecer a diversas pessoas que nos ajudaram a escrever este livro, em particular a nossa editora-chefe, Carole Tonkinson, e a Elizabeth Hutchins, por aprimorar o original com sua usual aptidão e cuidado. Também, gostaríamos de agradecer a Robin Prior por colaborar, com abnegação, para transformar o projeto deste livro em realidade.

Aprendemos muito com todos os alunos durante nossos cursos de treinamento, inclusive com os da turma de pós-graduação que foi realizada no nível executivo. Também acreditamos que nós dois, na qualidade de autores, demonstramos uma grande paciência e determinação durante a execução deste livro!

Finalmente, como de hábito, há sempre alguma música especial que associamos com a realização desta obra. Obrigado a Carlos Santana (*talentoso* como sempre), e a Gonzaguinha (*O que é O que é?*).

Sobre os Autores

Andrea Lages

Andrea Lages é uma das *trainers* de Coaching mais respeitadas mundialmente, e *master trainer* em PNL. Ela é a CEO e co-fundadora da Lambent do Brasil.

Vive em São Paulo, Brasil, e trabalha internacionalmente com coaching executivo e como treinadora na área de negócios, ministrando cursos e seminários sobre coaching, técnicas de comunicação, pensamento sistêmico, liderança e estabelecimento de objetivos, individualmente e para grupos; também treina pessoas para obterem o grau de *trainer* em PNL.

Ela fala inglês, espanhol e português fluentemente, e dá treinamento em coaching e PNL nos três idiomas.

Já trabalhou em muitos lugares distintos, na América do Norte e do Sul, e em vários países europeus.

Através da consultoria, Andrea elabora e executa projetos de desenvolvimento de gestão, treinamento, coaching, atendimento a clientes, formação de equipes, aplicando PNL e pensamento sistêmico de maneira prática nas organizações.

Contate Andrea no e-mail: andrea@lambentdobrasil.com.

Joseph O'Connor

Joseph O'Connor é um dos mais reconhecidos e respeitados *trainers* de PNL e Coaching do mundo. Ele já deu cursos na América do Norte e do Sul, Hong

Kong e Singapura (onde foi premiado com uma medalha do National Community Leadership Institute), Nova Zelândia e em vários países europeus.

Ele trabalhou em diversas empresas como *trainer* e consultor, tais como a British Airways, HP Invent e a Organização de Desenvolvimento Industrial das Nações Unidas (United Nations Industrial Development Organization – UNIDO), em Viena, prestando serviços de consultoria em projetos de cooperação industrial a países em desenvolvimento.

Autor de 17 livros, traduzidos em 24 idiomas, incluindo alguns dos mais respeitados e bem vendidos sobre PNL e técnicas de comunicação. Seu livro, *Introdução à Programação Neurolingüística*, é utilizado há mais de 12 anos como obra de referência básica dos cursos de PNL e vendeu um número superior a 100 mil cópias no mundo inteiro.

Ele é co-fundador da Lambent do Brasil. Depois de residir na Inglaterra durante vários anos, Joseph agora vive no Brasil.

Contate Joseph no e-mail: joseph@lambentdobrasil.com.

SUMÁRIO

	Introdução	XIII
	O Sonho	XVII
	Parte I: O que é Coaching?..	**1**
Capítulo 1:	Da Imaginação à Realidade	3
Capítulo 2:	Coaching na Vida e no Trabalho....................................	17
	O Sonho Continua...	25
	Parte II: A Arte do Coaching...	**27**
Capítulo 3:	Metas e Valores..	29
Capítulo 4:	A Primeira Sessão..	55
Capítulo 5:	A Arte do Coaching	83
Capítulo 6:	Perguntas são a Resposta	89
Capítulo 7:	Crenças: As Regras de sua Vida	111
Capítulo 8:	Transição..	131
	O Sonho Continua...	158
	Parte III: Coaching na Prática	**161**
Capítulo 9:	Coaching em Ação...	163
Capítulo 10:	Fazendo Coaching Consigo Mesmo	175
	O Sonho Termina...	184
	Parte IV: Recursos...	**187**
	Aspectos Gerais do Coaching...	189
	Recursos para o Capítulo 2	199

Recursos para o Capítulo 3 203
Recursos para o Capítulo 4 209
Recursos para o Capítulo 6 223
Recursos para o Capítulo 7 225
Recursos para o Capítulo 9 227

Glossário 229
Bibliografia... 235
Lambent do Brasil 237
Índice 241

⇒ INTRODUÇÃO

Quais são suas perspectivas e sonhos?
O que a seu ver é importante?
Você tem tudo que merece?
O que é possível para você?

Imagine uma maneira de explorar estas perguntas com alguém para ajudá-lo a concretizar seus sonhos mais importantes, e transformar-se na pessoa que você sempre desejou ser. Isso é coaching.

Não se admire pelo fato de o coaching estar se tornando tão popular. Vivemos em tempos excitantes. Temos fantásticas possibilidades e queremos explorá-las da melhor forma possível. Sentimos que merecemos ser felizes; estamos desejosos de investir tempo, esforço e dinheiro em nosso aperfeiçoamento e no sentido de obter mais satisfação em tudo que fazemos. Um coach é o nosso orientador no processo de sermos o melhor que pudermos.

Este é um livro sobre coaching – o que ele significa e a maneira como usá-lo. Ele lhe será útil se você:

quiser ser um coach

for um coach

quiser contratar um coach e descobrir o que isso implica

quiser orientar a si próprio

estiver interessado em incorporar o coaching em seu trabalho atual

Esta obra lhe ajudará na tomada de suas primeiras medidas para se tornar um coach. Ela lhe acrescentará muito nas suas aptidões se você já atuar na área. Caso esteja pensando em contratar um coach, ela lhe indicará o que esperar, e se você quiser descobrir maneiras de orientar a si próprio, ela terá a mesma serventia. Se você estiver envolvido em qualquer ocupação que vise ajudar pessoas a terem uma vida melhor – terapia, aconselhamento profissional, treinamento, *mentoring* ou consultoria – então, este livro melhorará suas habilidades, lhe fornecerá novas reflexões e auxiliará para que você se torne mais efetivo.

O termo "coaching" é originário da arena dos esportes, mas agora coaching é uma nova profissão, claramente distinta de aconselhamento profissional, treinamento, *mentoring*, terapia e consultoria. O que é notável é a força e a versatilidade inatas do coaching. Ele lhe ajudará a desempenhar uma nova tarefa, melhorar seu desempenho em sua profissão de escolha, desenvolver uma nova habilidade ou resolver um problema. Em termos mais gerais, várias pessoas estão recorrendo a coaches para conseguir direção e equilíbrio. Coaches pessoais estão auxiliando as pessoas a terem uma vida com maior qualidade.

O coaching empresarial está se tornando cada vez mais importante devido a três razões. Primeiro, é crescente o número de pessoas que estão trocando a lealdade profissional dedicada a seus empregadores para si mesmos. Eles investem em suas carreiras, o que pode expandir seus campos a vários empregadores. Assim, as empresas estão percebendo que o único modo de conservar os melhores funcionários é investir neles, desenvolvê-los.

Segundo, o coaching de funcionários-chave é a utilização mais focada dos recursos de uma empresa, porque ele aloca esses recursos precisamente para os locais em que são necessários.

Terceiro, os resultados no longo prazo do treinamento corporativo são freqüentemente desapontadores. No dia em que ele é praticado, o treinamento pode ser um enorme sucesso. Mas, se os participantes retornam para a mesma seção no dia seguinte, trabalhando com as mesmas pessoas e sendo tratados da mesma forma, eles voltarão a ter o mesmo comportamento pois tudo incentivará esses velhos hábitos. Dessa forma, uma grande parcela de treinamento representa perda de dinheiro no longo prazo, porque ele não leva a uma mudança sustentável. No entanto, com um coach para orientar os participantes após o treinamento, manter a inspiração ativa e ajudá-los a combater e resistir ao jargão do "trabalho de praxe", as mudanças apresentam chances bem melhores de serem adotadas na empresa. Os recursos do coaching também são de enorme valia para as funções de gerência.

De modo geral, o coaching lhe dá a satisfação de ajudar as pessoas de uma maneira notadamente marcante. Também é possível aplicar suas aptidões para orientar a si próprio. Ele é um conjunto de recursos e uma profissão muito valiosa, que se encontra em contínua expansão.

Coaching com PNL

A Programação Neurolingüística (PNL) [*Neuro-linguistic programming – NLP*], é uma matéria talhada para o coaching. A PNL estuda três áreas, que lhe conferem o nome:

Neurologia	A mente e como pensamos.
Lingüística	Como usamos a linguagem e de que maneira ela nos afeta.
Programação	De que maneira seqüenciamos nossas ações para atingirmos nossas metas.

Um coach de PNL consegue entender a realidade de como pensa um cliente, e pode utilizar a linguagem com muita precisão para ajudá-lo a obter suas metas.

A PNL teve início em meados dos anos 70, nos Estados Unidos, com o trabalho de John Grinder, professor de lingüística, e Richard Bandler, psicólogo. Eles começaram pelo estudo de excelentes comunicadores, construindo modelos de habilidades de comunicação. Os métodos, então, poderiam ser ensinados a outras pessoas de modo que elas também conseguissem obter os mesmos resultados. Similarmente, nós "modelamos" os padrões de ótimos coaches. Podemos dizer exatamente o que funciona melhor e o que não funciona. Não é necessário reinventar a roda para ser um coach de qualidade.

A PNL ainda estuda como estruturamos nossa experiência subjetiva – como pensamos sobre nossos valores e no que cremos, de que maneira criamos nossos estados emocionais, construímos nosso mundo interior e damos-lhe um significado. A PNL é o primeiro campo da psicologia que lida com o mundo subjetivo interior a partir de dentro de nosso organismo. Os coaches precisam da PNL. Ela, por sua vez, ajuda você a se transformar em um Coach Master.

Entretanto, não é necessário estudar integralmente a PNL para usá-la a fim de utilizar coaching na prática. Se você não sabe nada sobre PNL, encontrará material suficiente neste livro para usá-la nessa atividade. Se você já estiver familiarizado com a PNL, será possível ver como poderá integrá-la com o coaching.

Com quais características a PNL contribui para o coaching?

- *Velocidade*. As técnicas da PNL surtem efeito rapidamente.
- *Uma abordagem pragmática*. Se o que você estiver fazendo não funcionar, faça algo diferente.
- *Uma atitude de fascinação*. Todo cliente é único. Como eles executam o que fazem? De que maneira eles podem fazê-lo melhor?

- *Técnicas simples*. A PNL dispõe de diversas técnicas simples feitas sob medida para o coaching.
- *Uma apreciação de como metas, opiniões e valores interagem*. Esta é a essência do processo de coaching.
- *Rapport e confiança*. Estas duas qualidades são pré-requisitos de um bom relacionamento durante o coaching.

Como Usar Este Livro

Este livro está dividido em quatro partes principais:

- Os primeiros dois capítulos introduzem o coaching: definem o que ele é e como ele trabalha.
- Os Capítulos 3 a 8 o conduzem pela estrutura do coaching e pelas habilidades necessárias desde o início até o encontro final do relacionamento do coaching. Há ainda exemplos de sessões de coaching em que são utilizadas as habilidades.
- O Capítulo 9 relata o coaching em ação – um exemplo de como algumas dessas ferramentas são utilizadas numa sessão real. O Capítulo 10 trata do coaching em si.
- Finalmente, há uma seção de recursos que inclui várias das ferramentas de coaching às quais o texto faz referência, uma seção sobre os aspectos práticos da técnica, durações das sessões, contratos etc., bem como um glossário dos termos relativos ao coaching, e uma bibliografia.

Agir é muito importante no coaching, de forma que há algumas sugestões para tarefas a serem realizadas por você ou seus clientes no final de cada capítulo. Estes "Planos de Ação" devem aumentar suas habilidades no trato do coaching e sua própria autoconsciência e felicidade. Utilize aquelas que mais lhe agradem e deixe de lado as que não considerar proveitosas. Cada capítulo também tem um resumo para recordá-lo dos pontos mais importantes.

Nós temos treinado coaches em todas as partes do mundo. Em qualquer lugar em que ensinamos essa disciplina, há um enorme entusiasmo sobre esta técnica e encanto e admiração pelos notáveis resultados que ela proporciona. Estamos orgulhosos de nosso trabalho internacional como coaches, orientadores de coaches e desenvolvedores dessa matéria. Queremos compartilhar toda essa experiência com vocês através deste livro. Esperamos que vocês o apreciem, e o considerem proveitoso.

Andrea Lages e Joseph O'Connor
Majorca, 2002.

⇨ O Sonho

Eu tive um sonho.

Joseph e eu estávamos num pátio bastante espaçoso, circundado por edifícios majestosos de grande porte. Os edifícios tinham diversas janelas que pareciam nos olhar fixamente. Eles estavam praticamente vazios, e aparentemente não havia qualquer sinal de vida, pois, quando andávamos, nossos pés emitiam ecos pelos corredores dos andares mais altos.

Era difícil ver o céu, por causa das torres no topo dos edifícios. O céu parecia mais distante do que nunca.

De vez em quando o vento trazia ruídos de risadas à distância e sabíamos que, apesar das evidências, em algum ponto do outro lado de um dos edifícios havia movimento e conversa de pessoas.

Continuamos a caminhar... e a caminhar..., e as mesmas sensações pareciam retornar para nós. "Este não é um lugar interessante", pensamos, e ficamos intrigados se havia alguma forma de sair dali.

Permanecemos lá provavelmente por um longo período de tempo e começamos a nos perguntar como chegar ao topo do edifício, onde poderíamos ter uma visão melhor. Queríamos ficar próximos do firmamento. Supúnhamos que, em algum ponto, teria uma escadaria que nos levaria ao topo, mas parecia que precisaríamos caminhar por todo o edifício e procurar pelos vários andares para encontrar essa saída. Isto levaria um tempo demasiadamente longo, e não sabíamos como iniciar essa empreitada. Não conseguimos encontrar uma entrada para o edifício.

Começou a soprar um vento frio; o sol não nos alcançava, mas seus raios tocavam as trevas formadas à nossa volta.

Quando anoiteceu, e o lugar ficou escuro e gelado, decidimos nos retirar.

De repente, apareceu uma jovem. Ela estava usando um vestido longo e tinha cabelo castanho e comprido. Portava uma lamparina a óleo em sua mão direita. A chama que partia da lamparina projetava sombras volumosas. Estas sombras estavam vivas e se moviam, as demais sombras estavam mortas e paradas.

Ela caminha lentamente em nossa direção, nos olha fixamente durante um longo momento e pergunta: "O que vocês estão procurando?".

"Podemos confiar nela?" – ficamos intrigados. "Podemos lhe dizer o que queremos? Por que ela quer saber?" Nós nem mesmo a conhecemos.

Por que não responder?

"Queremos ir ao topo do edifício", e apontei para o exato lugar aonde desejávamos chegar.

"Está bem!" – disse ela. "Eu vou ajudá-los, mas vocês necessitam ter muito cuidado. Há riscos."

PARTE I

O QUE É COACHING?

CAPÍTULO 1

⇒ DA IMAGINAÇÃO À REALIDADE

⇒⇒⇒ Todos nós sonhamos. Enquanto dormimos, nossas mentes embaralham as experiências vivenciadas no dia com as reflexões e emoções resultantes, como um jogador de pôquer maluco tentando ganhar uma rodada. Esses sonhos podem nos fornecer sugestões, segredos e pistas sobre nossas vidas, onde nos encontramos e em qual ponto queremos chegar. Eles dramatizam nossas situações difíceis e preocupações – nossas metáforas tornam-se realidade em nossos sonhos. Mas os sonhos representam mais do que isso. Quando sonhamos, usamos nossa imaginação, pairamos além dos confins de nossas vidas e entramos num novo mundo onde muitas coisas são possíveis, não ficando restritos às cartas que manuseamos. Somos livres para pegar qualquer carta ao acaso e transformá-la em nossa mão. Os sonhos levam-nos além de nós mesmos. Qualquer mudança em nossa vida se inicia com um sonho – usamos nossa imaginação para realizarmos nossas próprias projeções na direção de nosso melhor futuro.

O que o coaching tem a ver com sonhos? Coaching é sobre mudança, sobre efetuar mudanças. Um coach é um mágico da mudança que apanha suas cartas e ajuda-o a obter uma mão melhor, ou, às vezes, a mudar as regras do jogo, ou encontrar um melhor jogo. Mudanças partem de um sonho de algo melhor. Quando atingimos um sonho, olhamos para a frente e sonhamos novamente. Há sempre um sonho por trás do sonho.

No final, este livro é sobre transformar seus sonhos em realidade. Isso é o que um coach faz para você. Coaching envolve sua imaginação e, ao mesmo tempo, é extremamente prático no mundo real. Ele lida com metas e realizações. Vincula o mundo dos sonhos com o mundo da realidade.

Em 1985, eu (Joseph) compareci a uma maravilhosa sessão de música dada por uma pianista chamada Eloise Ristad. Ela trabalhava principalmente com concertistas que sofriam de ansiedade antes de suas apresentações, e tinha escrito um ótimo livro denominado *A Soprano on her Head*. O seminário e o livro me inspiraram, e quando caí na cama na noite seguinte, meditando sobre minha experiência, um pensamento passou rapidamente pela minha mente: "Eu quero escrever um livro."

Então a auto-reflexão começou a ficar séria.

"Você não consegue escrever um livro!", despontou uma resposta imediata em um tom um tanto desdenhoso.

"Por que não?"

"Hum... porque você não sabe como fazê-lo."

"Mas, eu posso aprender. Eu nunca vou saber se sou capaz de escrever um livro até que eu tente."

Este pequeno diálogo deixou clara a diferença entre crença e habilidade. O que me faltava era o *know-how* para escrever um livro. Se eu tivesse tido um coach à época, ele teria me ajudado a examinar cuidadosamente minhas crenças, focar em minha meta e torná-la realidade. Não houve essa possibilidade, e eu atuei como meu próprio coach. Eu posicionei minhas visões num ponto mais alto do que eu pensava poder. Não deixei que qualquer barreira me detivesse de tentar atingir o que pretendia.

Você também pode estar lendo este livro porque deseja ser seu próprio coach. Ou pode estar interessado na técnica de coaching em geral. Pode estar interessado em se tornar um coach, ou aumentar suas aptidões de coaching se já for um. Talvez você esteja pensando em contratar um coach. Talvez deseje descobrir como as habilidades dessa técnica podem transformá-lo em um professor, treinador ou assessor mais efetivo. Talvez queira obter uma nova visão de sua profissão e ler o que uma outra pessoa pensa sobre coaching. Independentemente de seus motivos, você está no caminho certo de encurtar a distância entre sonhos e realidade para si próprio e para os outros.

LUTANDO PELA LIBERDADE

Um coach não é apenas um mágico, mas também um batalhador pela liberdade.

A liberdade envolve dois caminhos: liberdade de algo e liberdade para fazer algo. Por exemplo, há poucos anos, eu (Joseph) estava trabalhando 50 horas por semana, dando aulas de guitarra. Era um serviço agradável e que me trazia satisfação durante a maior parte do tempo, mas chegava a ser muito cansativo. Não era o tipo de trabalho em que eu poderia calmamente cochilar por alguns minutos; um professor de instrumentos musicais é remunerado para ouvir atentamente seus alunos. Eu amava o que fazia, mas não queria trabalhar tantas horas. Eu não estava pensando em me ocupar com outra função, somente desejava poder relaxar, ter tempo para contemplar mais a vida, ler e dormir se assim quisesse. Eu não queria me sentir tão cansado. Passado um certo limite, eu não conseguia dar ao meu trabalho a atenção que ele merecia. Relaxamento é muito necessário a fim de sermos capazes de trabalhar efetiva e alegremente na hora em que estamos realmente trabalhando. Isto é o que podemos chamar de liberdade *de algo*.

O outro tipo de liberdade é a liberdade *para fazer algo*. Uma vez que você esteja livre de uma situação, é possível fazer uma outra coisa. O quê? Em meu caso, era escrever livros, modelar bons originais, e preparar e ministrar diversos cursos de treinamento.

Coaches trabalham em ambos os tipos de liberdade. Eles ajudam os clientes a se liberarem de circunstâncias desagradáveis ou insatisfatórias. Em seguida, eles abrem o leque de opções e possibilidades.

Conheça seu Inimigo

Se um coach e um cliente estiverem engajados numa luta por liberdade, quem são os inimigos? O que detém a mudança que o cliente deseja fazer?

Na maioria das vezes, o inimigo é o hábito. Ações e pensamentos usuais. Hábitos que o mantiveram trabalhando obrigado mais tempo do que o necessário, e que são difíceis de mudar. Todos os hábitos são importanates para nós do contrário eles, em primeiro lugar, não teriam se tornado hábitos. Mas os tempos mudam e nossos hábitos talvez não sirvam mais a nossos propósitos.

Os hábitos são mantidos de diversas formas. Nós organizamos nosso meio circundante para suportá-los. As outras pessoas esperam que nos comportemos de modo previsível, e, portanto, nos tratam previsivelmente, reforçando nossos hábitos. Hábitos são como o controle de navegação em um carro – eles são fixados para uma certa velocidade em uma certa direção. Então, o motorista do veículo não precisa prestar atenção. Para alterar a velocidade e a direção, ele terá que prestar atenção. Uma vez que se mudem os hábitos, o novo hábito irá conduzi-los em uma diferente direção por uma outra estrada.

Um coach se atém aos hábitos que estão contendo o cliente, às vezes por um processo de guerrilha, outras por assalto direto. O coaching irá mudar a direção da vida de um cliente. Geralmente, somente uma pequena mudança de cada vez. Mas pequenas mudanças se somam.

Mudando de Direção

Pense em sua vida como uma viagem por uma estrada. Você desconhece para aonde está se dirigindo, mas o cenário é agradável. Passado algum tempo, você começa a ver que ele está sendo reciclado. Espere um pouco e o mesmo panorama surge novamente. Então, você chega em uma bifurcação da estrada. Na verdade, existem bifurcações por toda a estrada, mas você não as notou. Ou se notou, você estava confortável viajando na estrada, de modo que as ignorou. Agora, no entanto, você dispõe de um coach para alertá-lo. Você muda de direção, mesmo que levemente. Você acessa uma nova estrada, uma que diverge somente um pouco da estrada original.

A primeira tentação é pensar: "Ufa! Foi duro fazer isso". Pode ser verdade que a mudança seja de pequeno porte no curto prazo. Mas, quanto mais tempo você mantiver aquela mudança, mais distante irá ficando da primeira estrada. Depois de um ano, você estará em um país totalmente diferente. Isto ocorrerá, mesmo que você nunca faça uma outra mudança.

Quanto maior a mudança de direção, tanto menor o prazo que levará para a visualização de um novo cenário. Todavia, mesmo a mudança mais imperceptível o levará a uma diferente jornada se você persistir. Você precisa apenas continuar naquela nova pista, muito embora a antiga possa lhe atrair de volta com promessas sedutoras de confortos familiares. "O diabo que você conhece", sussurra-se por aí, "é melhor do que o diabo desconhecido". Mas, existe um diabo de verdade na nova estrada?

Qual é o papel do coach neste processo? Ele faz três coisas:

1. Mostra-lhe a estrada em que você estava.
2. Aponta as opções e o ajuda a tomar uma nova estrada.
3. Auxilia-o a persistir naquela mudança.

Geralmente, a vida é uma série de pequenas decisões. Uma mudança de grande efeito normalmente corresponde a diversas pequenas mudanças deixadas para o momento exato. Cada decisão que tomamos ou nos mantém na mesma confortável pista ou nos leva na direção que realmente queremos ir. O coaching ajuda-nos nessa decisão.

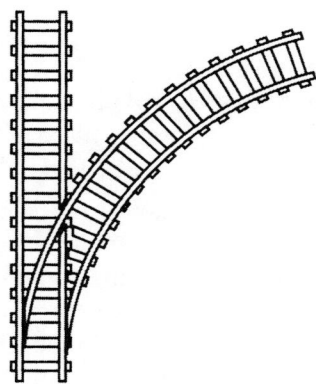

A vida é uma série de pequenas decisões.

COACHING EMPRESARIAL

Tivemos mais de uma década de estudos e palestras sobre as "organizações que aprendem". Consideramos que há também as "organizações que sonham". Os sonhos existem nas mentes das pessoas que as dirigem. Elas sonham em servir melhor os clientes, dominar o mercado com um novo produto, sobre a estratégia de marketing mais recente, em uma aplicação revolucionária, em novos e aperfeiçoados sistemas para se trabalhar melhor, mais rapidamente e com mais liberdade. Sonham em ser uma organização de fácil mutação, que possa se transformar tão rapidamente como seu meio circundante em um mercado de grandes e rápidas alterações. O coaching pode mudar uma empresa, ajudando as pessoas que dela participam a ter melhores sonhos e torná-los realidade.

O meio corporativo como um todo se transformou nos últimos 20 anos. As pessoas já não têm empregos duradouros para toda a vida; elas não os procuram nem os esperam. Agem com "egoísmo esclarecido". A empresa na qual trabalham não é mais importante do que suas trajetórias globais de carreira; elas provavelmente atuarão em diversas empresas durante sua vida ativa de trabalho.

Quanto mais as pessoas se desenvolvem, e a empresa desenvolve seus funcionários, tanto maior o valor que eles representam para ela. O coaching é um dos meios mais focados e de maior custo-benefício para cumprir esta tarefa. Ele coloca ênfase onde é necessário – nas habilidades das pessoas – e leva a resultados rápidos.

A vida profissional é também uma série de pequenas decisões. Estas pequenas decisões são as que mantêm o bom funcionamento da empresa no dia-a-dia e trazem a confiança e o compromisso dos funcionários. Coaching ajuda as pessoas a tomarem decisões de alto nível todos os dias.

Há dez anos, houve um estudo interessante sobre como o processo decisório era tomado em um grande número de empresas européias de médio porte. Ele revelou que dois terços das decisões mais importantes eram tomados em concordância com a estratégia declarada da empresa. Esse número caiu para um terço quando as decisões tinham uma importância mediana. No entanto, somente uma em vinte das decisões menores do cotidiano estava alinhada com a política declarada da empresa. Pense sobre a impressão que estes resultados tiveram nas pessoas que lá trabalhavam. As decisões principais não eram muito freqüentes, eram tomadas em segredo e geralmente não eram reveladas publicamente por boas razões comerciais. Assim, elas eram, na maior parte das vezes, invisíveis. As pequenas decisões do cotidiano afetavam a todos e eram óbvias e de conhecimento público. Todos os dias os funcionários concluíam que a empresa não estava sendo verdadeira com sua política. Pequenas decisões interessam mais do que as grandes para os trabalhadores em uma empresa.

POR QUE AS PESSOAS QUEREM O COACHING?

As pessoas recorrem a essa técnica por várias razões diferentes, mas há sempre alguma dissonância entre seus sonhos e a realidade. Em alguns casos, a dissonância é leve. O coaching pode ser finalizado em uma ou duas sessões. Por exemplo, um gerente provavelmente quer ser capaz de fornecer um *feedback* (retorno) mais efetivo a seus subordinados. No momento ele está ofendendo-os ou eles não prestam muita atenção. Coach e cliente trabalham em conjunto para entendimento das intenções deste último, da maneira como vem dando *feedback* e como ele poderia estar sendo mal-interpretado. Assim, com essa nova compreensão, o cliente pode descobrir diferentes modos de dar *feedback*. Seria passada a ele uma tarefa para dar *feedback* segundo os novos meios e para prestar conta dos resultados. Na próxima semana, ele e seu coach discutiriam o que ocorreu de forma diferente e o que ele tinha aprendido.

Outros problemas podem ser mais complexos e demandar diversas sessões para serem resolvidos, como por exemplo um desapontamento muito grande na vida pessoal ou uma mudança drástica numa situação. Um cliente que seja promovido, por exemplo, poderá precisar de novas habilidades, bem como necessitar falar sobre assumir mais responsabilidade e o que isso significa em sua vida.

Uma inconveniência de pequena monta para uma pessoa pode representar um enorme transtorno para uma outra. Quando um problema é bastante grande ou importante para procurarmos ajuda de outras pessoas? As pessoas têm limites diferentes. A tolerância quanto aos limites depende do hábito, estilo de vida e genética. Algumas pessoas requerem apenas uma leve perturbação para se sentirem desconfortáveis, enquanto outras irão tolerar um bocado antes de agir para remediar uma situação.

Há uma piada sobre dois sapos. Um está pulando ao longo do rebaixo de um profundo sulco feito por um trator. O outro o vê naquele buraco e grita: "Ei! o que você está fazendo aí embaixo? Está muito melhor aqui em cima; tem muito mais alimento".

O outro sapo olha para cima. "Eu não consigo sair daqui."

"Deixe-me ajudá-lo", diz o segundo sapo.

"Não. Deixe-me em paz. Eu estou bem. Tem muito alimento aqui embaixo para mim."

"Está certo", disse o segundo sapo. "Mas há muito mais espaço disponível aqui em cima para explorar e se locomover."

"Eu tenho todo o espaço que necessito neste buraco."

"E que tal conhecer outros sapos?"

"Eles descem aqui de vez em quando, senão eu posso gritar para meus amigos aí de cima."

O segundo sapo dá uma espécie de suspiro e prossegue saltando.

No dia seguinte, ele fica surpreso ao ver o primeiro sapo pulando ao lado dele.

"Ei!", ele grita. "Eu pensei que você tinha permanecido naquele sulco. O que aconteceu?"

"Vinha vindo um caminhão."

No caso de algumas pessoas é preciso um caminhão para que elas se movam. Outras podem estar razoavelmente satisfeitas e bem-sucedidas, mas acreditam que "não é preciso ficar doente para melhorar". Estas pessoas contratarão um coach para explorar como elas podem ser mais felizes, e até mais eficientes. Elas querem ser o melhor que puderem, e querem que o melhor delas se torne cada vez melhor.

Qualquer que seja a situação, um cliente poderá pedir ao coach, explícita ou implicitamente, para regredir sua vida ao ponto em que ela era antes da perturbação. Em outras palavras, assim que o caminhão passar, então o sulco poderá parecer atrativo novamente. O coach deve evitar esta tentação a todo custo, pois senão terá problemas. Em primeiro lugar, é impossível. Não se pode voltar no tempo. Tentar uma regressão para onde eles estavam faz um programa de coaching se equivaler ao Groundhog Day[1], com o mesmo problema interminavelmente recorrente. Coaching ajuda as pessoas a optar por uma nova direção, e tomar medidas rumo à felicidade; não percorrer confortavelmente os mesmos pontos.

FELICIDADE

Coaching é um jogo para altas apostas. Felicidade. As pessoas recorrem ao coaching porque querem ser felizes, ou mais felizes. Elas desejam uma vida satisfatória, repleta de boas experiências. Querem bons relacionamentos, um trabalho que apreciem e que lhes dê orgulho, onde possam usar seus talentos e ganhar dinheiro. Querem usufruir os prazeres da vida com intensidade. Querem ver seus melhores sonhos realizados e sentir que estão vivendo de acordo com seus mais altos valores. Elas desejam ser "gostadas" por muitos, amadas por alguns e respeitadas por todos.

Coaching empresarial é igualmente um jogo de altas apostas, talvez a própria sobrevivência do negócio. Um negócio próspero é rentável, bom para se trabalhar, alcança suas metas principais e opera de acordo com seus valores essenciais. É respeitado no mercado de trabalho. Para que um negócio prospere e seja bem-sucedido, as pessoas precisam ser felizes no seu trabalho e boas naquilo que fazem.

---

[1] Filme com direção de Harold Ramis e Bill Murray e Andie MacDowell no elenco, no qual um repórter de televisão fica inexplicavelmente preso no tempo, sendo condenado a repetir sempre os eventos do mesmo dia.

A felicidade não é uma receita que pode ser prescrita por um farmacêutico feliz. Você pode ser feliz, mas não pode comprar sua felicidade. Todos têm uma idéia diferente sobre o que poderia fazê-los felizes, e um coach não pode saber previamente o que fará seu cliente ficar feliz. Algumas vezes, os seus próprios clientes também não sabem.

Há algumas pesquisas interessantes, sugerindo que cerca de dois terços de nós mesmos não sabemos como ser felizes. Em 1957, houve um projeto de pesquisa nos EUA perguntando a um grande número de pessoas se elas eram felizes com o que tinham na vida. Cerca de um terço dos analisados disse que sim. Posteriormente quando a mesma pesquisa foi repetida, a mesma porcentagem respondeu afirmativamente, apesar do fato de o padrão de vida ter aumentado consideravelmente. O que isso representa? Significa que praticamente um terço das pessoas sabe o segredo de ser feliz: isto vem de seu interior. Não depende do que você tem, mas do que você é e do que você sente. Ser feliz está nas pequenas coisas da vida, aquela série de pequenas decisões, cada uma tornando você mais feliz. A felicidade está nos detalhes cotidianos da vida.

Muitas pessoas pensam em perseguir a felicidade. Quando adquirirem o próximo bem, sentimento, ou pessoa, então serão felizes. Isto é uma miragem. A própria linguagem denuncia isso. Se você está perseguindo a felicidade, você tem de colocá-la a sua frente. E enquanto você continuar a persegui-la, ela ficará, de maneira tentadora, fora de seu alcance. Você não pode perseguir algo que já possui. Você só pode ser feliz *agora mesmo*.

Várias pessoas acham que ser feliz é um ato um tanto egoísta; pois, como não há tanta felicidade suficiente para todos, se elas forem felizes, então inevitavelmente alguém terá que pagar por isso. No entanto, talvez ser feliz seja bom para todos. E a única felicidade com a qual você pode se ocupar é a sua.

Até que ponto você é feliz? Coaching é sobre aumentar o autoconhecimento – descobrir onde você está e procurar meios para fazê-lo avançar. Uma maneira de praticar isso é através de exercícios de auto-observação. Nós lhe apresentaremos alguns desses exercícios no desenvolvimento do texto deste livro.

Reserve alguns momentos para pensar sobre as próximas questões. Não as pule para continuar na próxima página. Elas são bastante interessantes. Algumas podem parecer simples, mas normalmente coaching é fazer perguntas simples. A qualidade de uma pergunta não é julgada pela sua complexidade, mas pela complexidade da reflexão que ela provoca.

Anote suas respostas, mas não perca muito tempo, a menos que você queira realmente. Se você registrar o que lhe vem imediatamente à mente, estará perto da verdade.

Felicidade: Auto-observação

O que representa para você ser feliz?
Pense numa época em que você era feliz? Como era?

CONFIANÇA

A confiança é fundamental num relacionamento de coaching? Mas, por que confiar num coach? Por que confiar em alguém? O que tem de ocorrer para você ganhar confiança?

Confiança, como felicidade, é uma abstração. Ela não é um objeto de posse, mas um relacionamento criado entre pessoas. A palavra é derivada do *traustr* (Escandinavo antigo), significando "forte". Confiamos naquilo que pensamos que é verdadeiro. Quando confiamos em alguém que acreditamos que seja forte, podemos metaforicamente apoiar-nos nele sem medo que ele desabe.

Confiança leva tempo. É muito raro acontecer de uma pessoa confiar imediatamente em outra, a menos que haja uma razão extremamente forte. Quando Arnold Schwarzenegger estende seu braço para Sarah Connor no filme *Exterminador do Futuro II*, ela precisa confiar nele, ao menos naquele contexto, ou vai morrer. De modo mais geral, a confiança é construída com o tempo, com repetidos testes, e em diferentes circunstâncias.

A palavra "verdade" origina-se da mesma raiz que confiança, mas esta última não se refere a uma verdade objetiva. Suponha que alguém lhe diga que está um dia ensolarado lá fora, uma outra que está chovendo. A questão da confiança não tem referência com o clima, mas se você pode acreditar naquela pessoa. Se você não pode olhar para fora, é preciso decidir com base na pessoa que for de maior confiança. Necessitamos de confiança quando não podemos ver o que está acontecendo por nossos próprios sentidos.

Como é construída a confiança entre o coach e o cliente? Primeiro, a confiança vem de conhecer-se a si mesmo. A menos que você se conheça, seus limites, metas e valores, você talvez confie rápido demais, porque você deseja acreditar na outra pessoa. Ou você pode confiar muito prontamente, porque você pediu tão pouco para a outra pessoa para ela ser confiável. Nestes casos, você pode ser explorado.

Por outro lado, você pode ter altos padrões e demandar feitos impossíveis de bravura e realização antes de confiar em alguém. Neste caso, você pode ficar sozinho e emocionalmente isolado.

Confiança: Auto-observação

Pense em pessoas nas quais você confia.
   Como você decidiu confiar nelas?
   O que elas fizeram ou não fizeram?
   Que evidência você quis antes de confiar nelas?
   Quanto tempo levou antes de confiar nelas?
Agora, pense em alguém em quem você não confia.
   Como você decidiu não confiar nela?
   O que ela fez ou não fez?
   Quanto tempo levou antes de decidir que ela não era confiável?

Nós geralmente dizemos que confiança tem de ser "ganha". Contudo, a confiança não é uma questão de contabilidade, acrescendo os pontos positivos e subtraindo os negativos de uma pessoa para ver se a equação se iguala. A confiança é mais flexível. Não é uma questão de "tudo ou nada". Em lugar de pensar se uma pessoa é confiável do ponto de vista abstrato, é mais proveitoso considerar o quanto você confia numa pessoa e em qual contexto. Você pode confiar inteiramente num amigo a respeito de dinheiro, mas não a respeito de seus relacionamentos amorosos. Eu (Andrea) tive uma vez uma amiga que estava sempre a meu lado quando necessitava; eu sentia que podia confiar nela em quase tudo – exceto quando meu namorado estava por perto. Nesse caso, ela ficava mais interessada em ficar disponível para ele.

Nós normalmente julgamos a confiança por dois critérios. O primeiro é a sinceridade, ou honestidade subjetiva. Temos de julgar isto pelo comportamento das pessoas. O comportamento delas corresponde a uma profundidade ou honestidade interior para com elas mesmas e com os outros? Elas são sinceras? Elas cumprem totalmente suas promessas? Suas palavras e ações revelam mútua consistência, e elas são consistentes quando estão falando com outras pessoas?

O segundo aspecto da confiança é a competência. As pessoas podem ser sinceras, mas serão capazes de cumprir o que prometeram?

Um coach precisa ser sincero e competente para ser digno de confiança.

Eles também precisam ser um modelo para as qualidades que procuram salientar no cliente.

Este capítulo aborda sobre acordar dos sonhos e agir. Coaching é a maneira de fazer isso. Como ele pode ser aplicado na vida e no trabalho é o foco do próximo capítulo.

RESUMO

Nossos sonhos determinam nossas metas e nossas metas modelam nossas vidas.
Um coach ajuda-nos a atingir nossas metas.
Ele luta junto com o cliente por liberdade:
    libertação de circunstâncias que o cliente não deseja,
    liberdade para escolher o que eles querem.
Os inimigos da liberdade são os hábitos, que nos mantêm confortáveis da maneira que somos.
Nosso meio circundante, amigos e família tendem a reforçar nossos hábitos.
Uma série de pequenas decisões pode transformar nossas vidas.

Um coach irá:
    mostrar a estrada onde estamos,
    apontar onde você pode mudar,
    apoiar a mudança.

Coaching ajuda as organizações auxiliando as pessoas que as administram.
Esta técnica é uma das maneiras mais focadas e de maior custo-benefício para desenvolver pessoas nas empresas.

As pessoas contratam um coach por diversas razões, normalmente porque algo se partiu em suas vidas. O coach irá ajudá-las a resolver isto e a avançarem, não regredindo para onde se encontravam.
Algumas pessoas recorrem a essa técnica pois, embora estejam felizes, querem ser mais felizes.

Coaching é sobre ajudar pessoas a serem felizes.
Todas as pessoas querem ser felizes, mas muitas delas não sabem os meios.
Uma parte importante dessa técnica é tornar o cliente mais autoconsciente.

O cliente precisa confiar no coach.
A confiança é construída durante o tempo.
Um coach precisa ser sincero e competente para ser digno de confiança.

PLANOS DE AÇÃO

Se você quiser entender, aja. Eis aqui alguns exemplos de como explorar as idéias neste capítulo. Você ainda pode usá-los como tarefas para seu cliente, e, caso queira, para você mesmo.

1. Selecione uma fotografia sua da qual realmente goste entre as idades de 5 e 12 anos.

    Lembre-se das coisas boas que você sabia ser capaz de fazer na vida, como por exemplo: brincar, montar quebra-cabeças, correr, montar modelos de avião, redigir ensaios. Visualize a si mesmo fazendo estas coisas.

    Agora se pergunte: "O que essas coisas provocam em mim e como posso integrá-las mais em minha vida?"

2. Comece a escrever durante dez minutos todas as manhãs; nada muito sério, apenas um "esvaziamento do cérebro". Você não precisa redigir nada significativo, só escreva numa página qualquer coisa que quiser. Escreva à mão, porque sua mão conecta seu cérebro diretamente com o papel. Esta atividade equivale a pensar alto, a experimentar pensamentos pela dimensão. Os poucos minutos que ela toma podem clarear sua mente para o dia e levá-lo a algumas reflexões importantes. Compre para si mesmo um caderno especial para anotações. Torne isso um hábito. Faça-as todos os dias durante pelo menos três meses. Isso lhe recompensará mil vezes mais.

3. Assista ao filme *O Amor é Cego*.

    O que você acha que traz felicidade a Hal?

    O que faz com que a personagem interpretada por Gwyneth Paltrow fique feliz?

4. A maioria das pessoas acha que você precisa de muito dinheiro para "viver como um milionário", mas isso não é necessário. Não são necessárias vinte unidades de uma mesma coisa para ser feliz, somente uma coisa muito boa que você aprecie. Pense em alguns de seus grandes prazeres:

    dormir

    comer

    lazer

    roupas

    e certifique-se de que você dispõe do melhor que pode gastar – um bom colchão para dormir nele, por exemplo. Ele não precisa ser caro.

Bons alimentos não necessitam ser dispendiosos. Na maioria das vezes você paga pelos ambientes em restaurantes caros. Adote um passatempo que você realmente goste. Roupas bonitas e confortáveis não precisam ser caras. Você paga normalmente pela pequena etiqueta que mostra a marca. Compre o melhor que puder. Você talvez fique mais confortável e mais bem vestido do que muitos milionários.

5. Pense em um problema que você tem no momento sobre o qual ainda não tomou qualquer providência.

    Agora pense em um problema que você está "realmente agindo" para solucioná-lo. O que é importante sobre este problema?

    O que isso lhe indica sobre seus limites para lidar com problemas?

6. Sempre que você tiver que tomar uma decisão, se pergunte: "Isto irá gerar uma maior ou menor felicidade?"

CAPÍTULO 2

⇨ COACHING NA VIDA E NO TRABALHO

⇨⇨⇨ Este capítulo aborda o coaching sob uma visão externa – definições e métodos – e de como ele pode ser aplicado. O que é coaching? O que o distingue dos outros métodos?

A última pergunta é muito importante. Coaching tem sido confundido, em particular, com treinamento e aconselhamento profissional, e é essencial fazermos essas distinções.

Coaching é uma parceria em que o coach ajuda o cliente a atingir o melhor em sua vida pessoal e a produzir os resultados que ele quer em sua vida pessoal e profissional. A intenção deste método é similar à de outras profissões de suporte: ajudar uma pessoa a mudar da maneira que ela quer e suportá-la na transformação para o melhor que ela possa ser.

DIFERENTES TIPOS DE COACHING

Existem diferentes tipos de coaching, mas as habilidades envolvidas são as mesmas; somente aplicadas em áreas diferentes. Um coach pode se especializar, mas geralmente há uma sobreposição considerável, por exemplo, entre coaching pessoal e empresarial. Um coach pessoal não pode operar sem examinar o trabalho do cliente, por exemplo, e um coach empresarial não pode trabalhar adequadamente com um cliente a menos que o ajude a ajustar seu trabalho com a vida pessoal.

Coaching de Vida

Um coach de vida lida com a vida do cliente em todas suas dimensões – aspectos pessoais e profissionais, saúde e relacionamentos. Haverá sempre um assunto imediato, mas esta abordagem irá se ampliar para tocar muitos aspectos da vida do cliente, por exemplo: dieta, exercícios, relacionamentos com o(a) companheiro(a) e crianças, e satisfação com o trabalho, carreira, aposentadoria e condições de vida.

Coaching Executivo

Os coaches executivos especializam-se em orientar executivos. Eles lidam com pessoas que detêm autoridade e poder em uma organização. Os coaches executivos são familiares com este mundo, e se enquadram nele. Eles podem ser diretores que tiveram treinamento em coaching e, portanto, conhecem os tipos de pressões a que os executivos de ponta estão submetidos e os tipos de decisões que eles precisam tomar.

Executivos de ponta ocupam uma posição isolada. Espera-se que eles tenham respostas, as pessoas recorrem a eles para orientação e não é uma tarefa fácil ao discutirem sobre as pressões e dificuldades no trabalho com uma pessoa compreensiva e capaz. Normalmente, não há qualquer pessoa na organização com quem eles possam realmente falar sobre suas perspectivas e sonhos, dúvidas e temores. Um coach executivo cumpre este papel muito importante.

Um executivo de ponta desempenhando melhor tem um efeito enormemente positivo em uma empresa. Isso pode significar milhões de dólares de lucro extra. O retorno do coaching executivo pode ser fantástico.

Coaching Empresarial

O coaching executivo é o topo da carreira do coaching empresarial. Os coaches empresariais orientam as pessoas nos assuntos ligados ao trabalho. Eles normalmente trabalham com os gerentes dentro de uma empresa, e podem orientar equipes de trabalho. Por exemplo, um executivo pode ter dificuldades no relacionamento com outros parceiros de trabalho e necessita de coaching, ou um diretor pode precisar de maior clareza sobre a visão, valores, missão e propósito da empresa, ou algumas equipes podem passar pelo processo de coaching para tornarem-se mais efetivas.

O coaching concentra-se em indivíduos, não em sistemas de negócios, mas ele, indiretamente, provocará impacto e melhorará os resultados de um negócio.

O coaching empresarial é também o melhor sistema de monitoramento de qualquer tipo de consultoria ou treinamento. Sem o coaching, treinamento e consultoria geralmente representam um desperdício de dinheiro, pois a inércia do sistema o levará para a posição anteriormente ocupada. A resistência à mudança não é algo ruim, e é inevitável. Um negócio tem de ter estabilidade, pois de outra forma colapsaria. Portanto, ele resiste a mudanças – qualquer espécie de mudança, inclusive aquela que você deseja.

De modo geral, o coaching empresarial invade o campo do coaching pessoal porque ninguém pode separar seu trabalho do restante de sua vida. Os gerentes freqüentemente têm baixo desempenho porque algo em suas vidas pessoais está sendo motivo de preocupação, por exemplo o relacionamento com o(a) companheiro(a).

O Gerente como Coach

Uma pessoa pode ser gerente e coach ao mesmo tempo? Esta é uma importante questão. Com o crescimento da popularidade do coaching, muitas empresas tentam combinar as duas funções por meio do treinamento de gerentes em coaching, ou pior, esperam que eles possam atuar como coaches sem qualquer tipo de treinamento.

Um gerente, certamente, pode atuar como coach de maneira informal, entretanto é muito difícil que um gerente possa substituir o coach externo devido a quatro razões:

1. Ele verá seus "clientes" todos os dias, dificultando para que seja meta.
2. Ele já é atarefado o suficiente para se acrescer um serviço extra no seu dia de trabalho.
3. Sua principal responsabilidade é com a empresa, não com o cliente, e isto faz da confidencialidade um tema complicado.
4. O gerente pode ser responsável pela avaliação do mesmo indivíduo que está sofrendo orientação no coaching, e isto leva a problemas. O quanto deve ser difícil a um "cliente" confessar a seu gerente que ele não gosta de seu trabalho ou que considera que está sendo mal gerenciado? Em qualquer dessas realidades, o cliente terá de reprimir os sentimentos e experiências significantes sobre seu trabalho.

Portanto, enquanto o gerente que atua como coach pode trabalhar dentro de limites bem definidos, tal como aprimorar a habilidade de um cliente no curto prazo, o trabalho de um coach externo proporcionará melhores resultados como um todo.

Coaching de Carreira

Um coach de carreira especializa-se em orientar pessoas que querem encontrar um emprego, mudar de carreira, ou retornar ao mercado de trabalho após uma interrupção na mesma. Esta é uma área cada vez mais importante. No mundo ocidental, há mais pessoas do que empregos devido a duas razões. Primeiro, pessoas mais qualificadas estão adentrando no mercado de trabalho. Segundo, várias vagas têm sido perdidas devido ao avanço da tecnologia. Um computador é capaz de executar o trabalho que, previamente, era feito por meia dúzia de pessoas. Muitas pessoas estão se aposentando mais cedo e vivendo mais tempo, de modo que há milhares de pessoas que gostariam de trabalhar, mas também encontram muitas dificuldades. A partir de 2003, no Reino Unido, as reformas na estrutura do sistema de pensões farão com que a maioria das pessoas trabalhe até os 70 anos. Isto significa que os melhores empregos serão ocupados mais tempo, e isto terá um efeito "arrasador". Já é praticamente impossível para alguém com mais de 50 anos de idade conseguir um novo emprego como assalariado.

Os coaches de carreira normalmente trabalham juntos com uma agência de recolocação de pessoal. Entretanto, o planejamento de carreira também deve ter suas ramificações no coaching pessoal e empresarial, de forma que não se trata de uma área isolada.

Coaching Esportivo

Este é o campo em que o conceito de coaching surgiu. O coaching tem sido tradicionalmente associado com o esporte, e todos os atletas importantes atualmente contam com um coach, geralmente um jogador de mais idade bem-sucedido no seu tempo, embora não necessariamente de altíssimo nível. Mas, por que apenas os melhores atletas contam com um coach? Talvez eles tenham atingido o topo da carreira *porque* têm um coach. Por que nem todo atleta extremamente dedicado a seu esporte tem um coach?

Todos os tipos de coaching são fascinantes e compartilham os mesmos padrões – estabelecer metas e valores e construir habilidades para o futuro. Em qualquer área que você escolher para se especializar, estará levando seu cliente além dos limites que ele conseguirá perceber.

O coaching foca na compreensão do presente e no desenho do futuro, não "fixando" ou entendendo o passado. Essa técnica é geralmente muito mais do tipo "um para um" do que "um para muitos", embora o coaching aplicado a equipes seja também muito efetivo. O coach não é o especialista, provavelmente não tem um conhecimento detalhado da ocupação do cliente e faz mais perguntas do que dá respostas. Reúne estas diferenças e fornece uma abordagem característica, que se diferencia de todas as outras. As diferenças entre coaching e outras propostas, tais como treinamento e mentoring, estão resumidas na página 199 – na seção de Recursos para o Capítulo 2.

O JOGO INTERNO

Embora nos últimos anos o coaching tenha sido aplicado a todas as áreas da vida, ele ainda carrega a marca de sua introdução no campo esportivo – a ênfase está na ação, execução, excelência, em ser o melhor e na importância de resultados mensuráveis.

Em 1974, foi publicado um livro altamente influente, *The Inner Game of Tennis*, de autoria de Timothy Gallwey. Se pudéssemos remontar às origens do coaching em um livro, este é o mais apropriado. Embora Gallwey fosse um técnico de tênis, ele aplicou idéias derivadas do coaching esportivo de uma maneira muito mais extensa, de forma que elas se tornaram universalmente relevantes. Ele se concentrou no jogo interno – a batalha que cada atleta tem com suas próprias limitações mentais.

Um atleta que está competindo tem dois adversários. Um deles é o seu oponente externo que está na pista, quadra ou ringue. O outro é o seu oponente interno: suas próprias limitações. Primeiramente você ganha o jogo interno para ganhar o jogo externo. Normalmente, o componente interno é o mais resistente dos dois. Gallwey identificou o componente interno como a parte que pensa em demasia, analisa em excesso e "se esforça" muito. A tentativa interfere na execução. Ele coloca ênfase na consciência, saber o que você está realmente fazendo (não o que deveria fazer), de modo que seja possível mudar isso. Estes princípios aplicam-se a todos os tipos de coaching.

O coaching responde a questão básica: "Como posso melhorar?" Esta é a mesma pergunta que iniciou a PNL. Há pessoas com desempenho excepcional em todos os setores da vida. Qual é a diferença entre as pessoas com esse desempenho e as medianas? A PNL investigou a resposta a esta pergunta modelando as pessoas dotadas de desempenho excepcional para descobrir como elas atuavam e o porquê de atuarem tão bem. Como elas pensavam? Como elas usavam seus corpos? Quais eram suas metas, valores e suas crenças sobre elas mesmas e sobre os outros? De que maneira usam a linguagem? A partir dessas peças, a PNL construiu modelos que funcionam. Em outras palavras, se você atua como o modelo, obterá a mesma classe de excelentes resultados obtidos por ele.

Os Três Suportes do Coaching

Crenças, valores e metas provêem o suporte para o coaching, semelhantemente às três pernas de uma banqueta.

1. Coaching foca no que você quer – sua meta – e no como alcançá-lo.
2. Coaching encoraja-o para conhecer seus valores e os vivencia no alcance de suas metas.
3. Coaching desafia opiniões limitantes e reforça as positivas graças ao fornecimento de tarefas que promovem *feedback*.

Construindo Habilidades

O coaching, como a PNL, desenvolve habilidades. Ele implementa quatro dos principais pressupostos da PNL:

1. *Todas as pessoas têm os recursos que precisam ou podem adquiri-los*. Um coach sempre trata o cliente como alguém rico de recursos. O coach não tem a resposta, o cliente sim. O coach deixa o cliente cônscio de sua situação, trabalha com ele em cima de suas metas e valores, aponta onde ele pode fazer escolhas, combate hábitos que o estão reprimindo e suporta-o nas mudanças feitas.

2. *As pessoas optam pela melhor opção possível naquele instante.* Todos nós estamos nos esforçando ao máximo no momento. Quando adquirimos mais conhecimento e temos mais opções, nosso melhor nos levará adiante na direção onde queremos ir. Somos como um corredor que corre bem e com esforço uma corrida, mas na pista errada. Nossa corrida é ótima; nossa direção está fora de rumo.
3. *O comportamento humano é premeditado.* Todos nós somos impelidos por metas e valores – o que queremos e por que queremos algo. Estes são os fatores que nos levam a mudanças.
4. *Se você quiser entender, aja!* O último pressuposto, e de alguma forma o mais importante, porque sem ele o restante é apenas boas idéias. Há muitas pessoas que entendem o porquê de estarem "presas", mas sem ação não podem entender como mudar. Todo coaching que não resultar em novo comportamento é inútil.

No entanto, distintamente da PNL, o coaching não se resume na aplicação de um conjunto de ferramentas. Coaching é muito mais uma postura, um relacionamento baseado naquelas idéias. O resultado do coaching é de excelência no longo prazo, e a habilidade para o cliente avançar em seus próprios termos – para ser autoprodutivo. Como qualquer bom professor, um coach capacitado deve estar sempre trabalhando para tornar-se redundante, não indispensável.

RESUMO

Há cinco áreas principais de especialização para coaches:
- *coaching empresarial*
- *coaching executivo*
- *coaching de carreira*
- *coaching de vida*
- *coaching esportivo*

O coaching iniciou-se na área esportiva, mas atualmente é aplicável em todas as áreas da vida.
O coaching responde à seguinte pergunta básica: "De que maneira eu posso ser melhor?"

As três áreas de coaching são:
1. *Metas: focar no que você quer e no como alcançá-lo.*
2. *Valores: saber os que são importantes para você e vivenciá-los no alcance de suas metas.*
3. *Crenças: desafiar opiniões limitantes graças ao fornecimento de tarefas que promovem* feedback.

4. O coaching implementa quatro dos principais pressupostos da PNL:
   1. Todas as pessoas têm os recursos que precisam ou podem adquiri-los.
   2. As pessoas optam pela melhor opção possível naquele instante.
   3. O comportamento humano é premeditado.
   4. Se você quiser entender, aja!

O coaching compartilha alguns aspectos do aconselhamento profissional, terapia, treinamento, ensino, consultoria e mentoring. Ele ainda tem uma abordagem característica que é distinta de todas essas técnicas.

O coaching é produtivo, foca no presente e no futuro, e atinge o entendimento pela tomada de ações.

PLANOS DE AÇÃO

Se você quiser entender, aja. Eis aqui alguns exemplos de como explorar as idéias neste capítulo. Você ainda pode usá-los como tarefas para seu cliente, e, caso queira, para você mesmo.

1. Que aptidão em sua vida você mais gostaria de aperfeiçoar?
   Como você decidiria quando estivesse suficientemente bom?

2. Planeje seu trabalho perfeito.
   Que trabalho você realmente gosta tanto que não lhe parece trabalho?
   Como você gostaria de trabalhar?
   Onde você gostaria de trabalhar? Projete seu perfeito ambiente de trabalho.
   Quando você gostaria de trabalhar? Esboce seu perfeito dia de trabalho.
   Qual é o primeiro passo que você pode adotar que o trará para mais próximo dessa realidade?
   Faça isso.

3. Qual é a coisa mais gratificante em sua vida?
   Como você pode obter mais disso?
   Faça uma coisa hoje que lhe trará mais disso.

⇨ O SONHO CONTINUA...

Parece que a estranha mulher conhece este lugar muito bem... Nós ainda não sabemos exatamente o que ela está fazendo aqui, mas talvez ela possa nos ajudar. Ela tinha dito que precisaríamos ser cuidadosos nesta área e ficamos intrigados: "Cuidadosos sobre o quê?" Nós passamos horas explorando o local e não vimos absolutamente nenhum perigo. Tudo parecia maçante...
Então percebemos que tínhamos andado em círculos!

A estranha mulher disse que havia riscos nos lugares aonde a gente não vai. Provavelmente ela quis dizer que os riscos estavam aonde ainda não tínhamos ido. Portanto, existem muitas outras coisas para se ver. Nós tivemos o pressentimento de que há algo estranho praticamente atrás de nossa visão, como um movimento que é perceptível pelo canto do olho. De vez em quando podíamos ouvir risadas trazidas pelo vento, mas era impossível distinguir de que local elas eram provenientes... Talvez esta fosse a resposta.

De repente nós vimos uma enorme porta dupla de madeira. Uau! Nós não tínhamos visto aquela porta antes, se bem que ela se encontrava lá durante todo o tempo! Ela está muito próxima, como pudemos deixar de vê-la? Ela se parecia com a porta de uma grande e antiga mansão; tinha bonitas esculturas intrincadas em ambos os lados que pareciam se mover quando olhávamos para elas.

Nós atravessamos a porta e vimos um elevador. Ele estava abarrotado de pessoas e achamos que não havia espaço suficiente para nós, mas isto não parecia preocupar nossa misteriosa acompanhante.

A porta deslizante do elevador se fechou. Ele partiu.

Nós ficamos sem saber o que fazer e, então, vimos a mulher abrir a porta de um outro elevador.

Este outro elevador estava completamente vazio, totalmente diferente do primeiro...e não parecia ser tão novo também. As portas tinham o mesmo padrão intrincado da enorme porta do lado de fora, bonito mas um pouco bizarro para um elevador.

A mulher abre a porta e nos acena de dentro do elevador. Nós permanecemos no mesmo lugar, não sabendo exatamente o que fazer. Ela pergunta: "Vocês *realmente* querem ir para o topo?" e começa a fechar a porta...

"Sim, mas..."

Ela balança a cabeça de maneira compreensiva e sussurra: "Se quiserem subir, cuidado com o vão de entrada."

Agora estamos dentro do elevador. O piso dele não é rígido; ele está balançando como se estivéssemos de pé em uma rede de dormir. Talvez isso explique por que todos apanharam o primeiro elevador...

Uma lateral do elevador é transparente; podemos ver o edifício movendo-se para baixo à medida que subimos. O elevador oscila como um pêndulo desequilibrado; o movimento é tão forte que mal podemos ficar de pé. Tudo está balançando, exceto a chama da lamparina da mulher. Ela permanece completamente estabilizada. Por alguma razão, não estamos surpresos.

De qualquer maneira, nós não temos muito tempo para pensar nisso, porque bem no instante em que pensamos que o elevador iria parar, um tranco quase nos lançou para fora.

Nós permanecemos calados; estávamos com medo. Olhamos para a mulher e ela parecia estar gostando daquele passeio. Tudo parecia bem normal para ela. Será que ela é louca?

Nós deixamos o térreo, mas iríamos atingir o topo?

Não sabíamos, mas não havia jeito de retornar.

O elevador subiu um longo tempo; parecia grudar na lateral do edifício como um inseto. Lembramos justamente de como era grande o edifício. Por que fizemos isso?

Em seguida, o elevador pára com uma sacudida e a porta se abre. Despencamos para fora com alívio. Não tinha sido uma jornada nada fácil, mas agora estávamos mais próximos do ponto em que queríamos estar.

Olhamos em volta e a visão era fantástica. Existiam muito mais coisas em torno de nós do que imaginávamos. O edifício se assemelhava mais a uma cidade. Desse ponto no alto pudemos ver muito mais vida; havia pessoas e flores em todo os lugares. Podíamos ver, bem abaixo, os locais onde tínhamos caminhado, e muitos lugares que deixamos de notar, mesmo quando estávamos dentro deles. Podíamos ver os grandes círculos em que tínhamos caminhado.

Uma catedral gótica enorme chama nossa atenção. Agora seria interessante visitá-la.

A mulher se aproxima para juntar-se a nós. Seus olhos movem-se gentilmente desfrutando daquele panorama.

A catedral majestosa encontra-se nas nossas costas. Decidimos caminhar para dar uma olhada nela.

PARTE II

A ARTE DO COACHING

CAPÍTULO 3

⇨ METAS E VALORES

⇨⇨⇨ Até que ponto você está satisfeito com sua vida atual? Nós tendemos a nos habituar com o que temos. Continuamos fazendo as mesmas coisas antigas que sempre fizemos e que sempre deram resultado. Nossas vidas provavelmente são confortáveis, mas ainda poderá existir um pensamento persistente: eu realmente tenho tudo que mereço neste momento?

A beleza e o perigo da vida moderna é que você precisa continuar a se mover em sua própria direção, do contrário as pessoas o moverão para a delas. Se você desconhece o que quer, é fácil encontrar pessoas que lhe dirão o que elas desejam que você faça, e elas tentarão forçá-lo a isso. Se essa situação lhe convém, talvez seja a hora de parar de ler este livro. Se você deseja extrair algo a mais da vida, se deseja ter tudo que merece, prossiga lendo...Você tem tudo que merece neste momento?

A vida é uma série de pequenas decisões. Uma decisão isolada pode parecer incoerente, se bem que em conjunto elas se complementam. Cada uma delas é importante. Vidas inteiras podem ser mudadas por conta de uma decisão aparentemente pequena. Tudo que fazemos, cada pequena decisão, tem algum propósito, e encarregar-se de sua vida significa ter seu próprio propósito e estabelecer suas próprias metas, não deixando que outros os definam para você. Todas as pessoas bem-sucedidas estabelecem metas. Metas são sonhos dotados de pernas – elas vão para toda parte!

Quando eu, Andrea, me interessei em metas pela primeira vez, fiquei intrigada se elas realmente funcionavam na vida real ou eram apenas boas idéias. Eu havia lido bastante sobre como as pessoas podiam alcançar coisas maravilhosas se trabalhassem com metas e fizessem algo diferente do que estavam acostumadas a fazer. Um dia eu decidi testar esta idéia. O pior que poderia acontecer é que nada mudaria!

Eu vinha me esforçando muito no trabalho durante anos, mas não estava desfrutando de minha vida. Será que estava me esforçando tanto por algo que não queria? Aquela, definitivamente, *não* era a vida que eu tinha sonhado!

Eu dei um importante passo adiante: comecei a anotar minhas metas. Iniciei a assentar o primeiro tijolo da vida que tenho hoje naquele dia. Eu queria mudar totalmente.

Quando comecei a trabalhar seriamente com metas, muitas coisas aconteceram... Antes disso, toda minha vida profissional tinha sido dedicada às artes, especialmente ao teatro. Eu passei anos vivendo dentro de estúdios de cinema e teatros, trabalhando dia e noite, e tinha sido fascinante. Era uma vida maravilhosa, no entanto eu estava convencida de que necessitava fazer algo mais se quisesse me sentir plenamente satisfeita. Não é fácil iniciar um novo caminho, com nenhuma garantia de obter o que se quer no final. Eu tinha medo. É normal sentir medo do desconhecido. O medo, entretanto, pode ser positivo se você conseguir direcionar a energia nele contida. O medo nos impele adiante, ele pode ser um elemento motivador quando não for paralisante. O medo é um instinto de sobrevivência, assim ele tem um papel na vida, mas geralmente nos mantém no mesmo lugar seguro. Eu respeitava meus receios e estava agradecida por isso.

Quando temos suporte suficiente para ir buscar nossas metas (este suporte pode ser a crença no futuro e em nossas possibilidades), podemos transcender nossos medos. Nós, então, nos deparamos com um período de transição, quando deixamos a segurança do ponto onde estávamos, mas ainda não chegamos ao ponto aonde queremos chegar. Este período pode ser nosso melhor aliado (ele o torna mais preparado para a meta), ou pior inimigo (ele o fará deixar de acreditar que sua meta é possível somente porque você *ainda* não conseguiu atingi-la). Quando decidi deixar a área do cinema para me tornar uma instrutora de PNL, não estava preparada. Eu tinha lido muitos livros sobre a disciplina, mas isso era tudo. Assim, embora estivesse impaciente, o período de transição foi meu melhor aliado, porque me deu a oportunidade de preparar-me para minha meta.

Isto ocorreu há alguns anos. Agora estou sentada numa linda casa em Majorca escrevendo este livro sobre PNL e coaching junto a uma pessoa muito especial com quem compartilho os mais bonitos momentos e realizações de minha vida. Nosso relacionamento é baseado em amizade, amor e total confiança – exatamente o que sempre quis. Passamos a maior parte do tempo viajando, ministrando cursos de coaching e PNL, e somos muito felizes. Recordo que muitas vezes em minha vida eu quase parei de acreditar que isso seria possível. Estou contente que continuei acreditando que meus objetivos eram possíveis durante cada etapa da jornada.

Agora eu sorrio quando relembro as palavras que escrevi naquele pedaço de papel há muitos anos. Aquelas palavras – minhas metas – foram as mais poderosas que já escrevi algum dia.

EXPLORANDO O PRESENTE E DESENHANDO O FUTURO

Uma meta é um sonho dotado de pernas. O que isso quer dizer?

Metas são o que nos impulsiona para a frente. Elas representam o que queremos. Por que nós ainda levantamos da cama pelas manhãs? Pelo fato de querermos algo. Pode ser algo trivial, como o café da manhã; ou algo fantástico, como melhorar a vida de alguém graças a um trabalho valioso. Metas são o alicerce do coaching. Este método ajuda os clientes a articularem o que querem, sonhar grande, conferir pernas a esses sonhos e correr com eles.

Nós sempre estamos nos movendo na direção de algo. Nos movemos de um estado presente para um estado desejado. No momento em que estamos insatisfeitos com o que temos, nos empenhamos em uma jornada para obter algo melhor. O que distingue uma pessoa da outra é o que elas querem. Algumas pessoas dispõem de todo conforto material, ainda assim estão insatisfeitas. Outras vivem muito simplesmente, e no entanto podem ser muito felizes. Nossas metas são tão singulares para nós como nossas impressões digitais.

O oposto de estabelecer metas é pensar em problemas. Esta abordagem foca no que é errado. Muitas pessoas ficam perdidas em um labirinto de problemas, descobrindo a história, custo e conseqüências dos problemas bem como o culpado. A abordagem do estabelecimento de metas transforma a questão de "O que está errado?" para "O que eu quero?". Isto o conduz adiante de uma maneira estruturada.

Coaches ajudam o cliente a explorar o presente e desenhar o futuro. Eles levam o cliente de onde eles estão para aonde eles querem ir fornecendo-lhes mais opções, e mais recursos, para suas jornadas.

Isto envolve dois tipos diferentes de metas:

⇓ **A meta de resultado:** seu destino final, para aonde você está apontando.

⇓ **A meta de processo:** sua jornada, como você chegará lá. Quando você faz um plano para atingir sua meta final, este processo envolverá várias metas menores que irão compor sua jornada.

Distinguir estes dois aspectos muito diferentes no estabelecimento de metas é crucial. Muitas informações sobre metas fazem uma mistura entre eles.

AS SETE REGRAS DE OURO DAS METAS

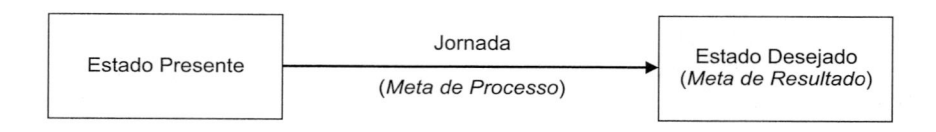

```
┌──────────────────┐      Jornada         ┌──────────────────┐
│ Estado Presente  │─────────────────────▶│ Estado Desejado  │
│                  │  (Meta de Processo)  │ (Meta de Resultado)│
└──────────────────┘                      └──────────────────┘
```

Quando você estabelece uma meta, ela deve valer a pena. Ela deve expressar seus valores, senão qual a razão de atingi-la? Há sete regras de ouro das metas que são muito úteis na definição de suas próprias metas e também para ajudar os outros com as suas. Estas regras aplicam-se a metas pessoais e profissionais, bem como são adequadas para uma empresa.

1. As metas são expressas de forma positiva.

Toda meta de resultado deve ser expressa de maneira positiva – ela deve ser o que você quer, não o que você não quer ou deseja evitar. Muitos clientes vêem o que está errado com suas vidas e querem se afastar disso. Eles lhe narrarão exatamente o que não querem. Mas, estabelecer uma meta negativa é como ir às compras com uma lista de itens que não se deseja comprar.

O poder do estabelecimento de metas é que ele fixa sua atenção e foca seus pensamentos. Se você define uma meta negativa, então você está fixando sua atenção naquilo que você não quer. Assim, por exemplo, se você estabelecer que não quer perder dinheiro, então "perder dinheiro" preocupará seus pensamentos. Se você estabelecer uma meta de parar de fumar, então sua atenção será fixada em fumar. Em lugar disso, é muito melhor pensar no que você quer – nesses casos, ganhar dinheiro, ter melhor saúde e tranqüilidade.

Esta regra de ouro apenas se aplica à *meta de resultado* – em outras palavras, ao seu destino final. Um propósito deve ser positivo; é algo para o qual você se move. Todavia, a meta de processo – como chegar lá – poderá muito bem ter um sentido negativo. Na verdade, conseguir a meta poderá envolver a desistência de algo. Este é um assunto que trataremos quando formos desenhar um plano de ação (*páginas 45-53*).

> **Questões-chave para perguntar ao cliente a respeito da primeira regra de ouro:**
> ⇓ "O que você quer?"
> ⇓ "O que você quer em vez disso?"
> ⇓ "O que você prefere ter?"

2. Especifique sua meta.

Especifique sua meta de resultado, ou seja, seu destino final, o máximo possível. Para algumas metas esta tarefa é fácil, por exemplo um novo computador, um novo carro, uma nova casa. Para metas abstratas ou intangíveis, ela é mais complicada. É difícil especificar sobre um melhor relacionamento ou o desejo de ter mais confiança. Para estas metas abstratas, seja específico sobre a evidência que o levará a saber que você as obteve. Por exemplo, se a meta for mais confiança, é possível dizer que você a atingiu ao fazer um discurso de dez minutos após um jantar sem irromper em suores frios e ficar acordado se revirando durante a noite anterior. A fala terá de ser reconhecida como razoável ao menos por duas pessoas presentes, que jurarão fornecer um *feedback* verídico.

No caso de resultados objetivos – por exemplo, "eu quero um novo carro", em que o resultado é um objeto descritível, específico e sensorial – especifique o resultado, mas entre certos limites apropriados. Não seja um perfeccionista. Um perfeccionista não é apenas exageradamente específico, mas não aceitará algo a menos do que pretende.

Um coach inicia com as metas de longo prazo do cliente, e nesses tipos de metas não é possível ser muito específico. É impossível deter o futuro assim como fazemos com uma borboleta em um receptáculo de vidro. Quanto mais próximas forem as metas, mais específico você pode ser. É possível dizer *quando*, *onde* e *com quem* você as atingirá.

No caso de resultados abstratos – por exemplo, "eu quero mais confiança", em que confiança é uma qualidade abstrata – não tente especificar o resultado; em seu lugar especifique o que você quer ver, ouvir e sentir – a evidência que lhe informará que você o obteve.

Uma coisa que *sempre* deve ser especificada é a escala do tempo:

⇩ Quanto tempo demandará esta meta?
⇩ Quando você quer atingir esta meta?
⇩ Quanto tempo é necessário para atingi-la?

Isto é aplicado tanto à jornada como ao destino final. A duração da jornada fornece-lhe o tempo em que você atingirá seu destino final.

> **Questões-chave:**
> ⇩ "O que exatamente você quer?"
> ⇩ "Você pode descrevê-lo com maior precisão?"
> ⇩ "O que exatamente você verá e ouvirá quando conseguir obtê-lo?"
> ⇩ "Quanto tempo demandará para isso?"
> ⇩ "Quando você quer atingir essa meta?"

3. Decida como você obterá evidência e *feedback* pela realização.

No caso da meta de resultado, é importante definir a evidência que o informará que você a atingiu. Assim que você vir, ouvir e sentir X, Y e Z, então obterá seu resultado.

No caso da meta de processo, a jornada, o que o guiará será o *feedback*. O retorno lhe mostrará se você está na pista correta para atingir seu destino final. O retorno para um vendedor, por exemplo, é a qualidade de *rapport* que ele alcança com um cliente, os pequenos sinais de compra revelados em resposta aos benefícios do produto. Um bom vendedor fica envolvido com a venda e isso é feito rastreando o *feedback* do cliente a partir de sua linguagem corporal, tom de voz e palavras.

Não é difícil perder inteiramente a meta se você não prestar atenção no recebimento do *feedback*. Isto é aplicável especialmente a metas de longo prazo.

Imagine uma aeronave decolando em São Paulo com destino final em Honolulu. O piloto define o plano de vôo: Honolulu é o final da viagem. Entretanto, o piloto não deixa o avião voar sozinho após a decolagem. Ele, constantemente, monitora as condições de vôo, a altura da aeronave, a quantidade de tráfego aéreo ao redor, todos os equipamentos de segurança e, com certeza, a direção, para certificar-se de que o avião ainda está na rota correta. Ele sabe que o avião estava na rota correta quando eles deixaram São Paulo, mas a jornada merece atenção constante. Isto é importante mesmo se não houver qualquer emergência inesperada. Se os aviões fazem isso com todo seu equipamento computadorizado à prova de falhas, o quanto isso deve ser mais importante em razão das incertezas e caprichos da comunicação humana?

Portanto, quando você estiver ajudando um cliente a definir suas metas, é preciso fazer diversas perguntas para auxiliá-los a pensar sobre o *feedback*:

⇩ "Como você medirá o seu progresso?"

Existem duas maneiras principais, embora a maioria das metas contenha elementos de ambos os métodos:

1. *Relativo a você mesmo*. Você mede seu próprio desempenho uma vez e, mais tarde, mede-o novamente, notando o quanto você melhorou.
2. *Relativo a uma outra pessoa*. Por exemplo, suponha que você pretende ser o vendedor de melhor performance da equipe de vendas no próximo mês. Para fazer isso, você não necessariamente desempenhará melhor do que está conseguindo no momento, mas os demais devem se sair pior do que você.

⇩ "Com que freqüência você medirá seu progresso?"

> Se voltarmos a nosso vôo para Honolulu, o piloto constantemente está certificando-se de que o avião está na rota certa. Seria tolice esperar um longo tempo entre as medições. A 800 quilômetros por hora, um avião pode se desviar muito do plano de vôo em meia hora. Na verdade, ele nunca está precisamente sobre a rota. Às vezes, ele está mais para a direita; outras mais para a esquerda. O piloto tem de corrigir constantemente, do contrário o avião percorrerá um longo trajeto na direção errada e a correção será mais difícil e tomará mais tempo. Os mesmos princípios aplicam-se às metas. Nós precisamos sempre ficar procurando pelo retorno para assegurar que estamos na rota correta para atingi-las.
>
> Se tivermos marcas de referência na estrada, então podemos nos manter em nossos próprios termos na rota correta. Estas marcas podem ser nosso

guia; sua falta pode ser nossa ruína. Em países de clima muito frio, são colocadas balizas em ambos os lados das rodovias, distanciadas a cerca de 9 metros. Elas parecem estranhas no verão, permanecendo desoladamente imóveis, mas quando a neve tiver coberto tanto as rodovias como os campos em volta, elas lhe sinalizarão que você se encontra na estrada. Sem elas, você poderia estar dirigindo no meio de um campo ou sobre a encosta de uma montanha.

Questões-chave:
⇓ "Como você saberá que atingiu sua meta?"
⇓ "Que marcos você disporá ao longo do percurso?"
⇓ "Como você saberá que está no rumo certo para atingir a meta?"
⇓ "Com que freqüência você conferirá que está no rumo certo?"

---

4. Disponibilize seus recursos.

Você precisará de recursos durante a jornada. (Isto não se aplica ao destino final.) Os recursos podem ser:

⇓ *Objetos:* Livros que tenha lido, equipamentos e tecnologia, fitas de áudio e de vídeo com as informações necessárias.
⇓ *Pessoas:* Família, amigos, colegas, outros contatos que você tenha, talvez de um tempo bem remoto.
⇓ *Tempo:* Você dispõe de suficiente tempo para se dedicar à consecução da meta? Se não, de que maneira pode criá-lo? Como você lidará com longas esperas?
⇓ *Modelos (a seguir):* Você conhece alguém que já obteve êxito em atingir aquela meta? O que você pode aprender deles? Alguém já escreveu sobre o que fizeram para atingir a meta? Há uma personagem ficcional em um livro, peça de teatro ou filme que pode ser usado como modelo?
⇓ *Qualidades pessoais:* Que qualidades (aptidões e habilidades) você tem ou necessita desenvolver para atingir seu resultado?

A meta pode parecer muito grande e distante, e a jornada longa e árdua, mas um pequeno recurso exatamente no local certo pode fazer a diferença. Pequeno empurrão, grande efeito. Isto é alavancagem, e não força bruta. Alavancagem é o princípio de obter o maior efeito a partir do menor esforço, e ela pode representar tanto parar de fazer coisas como fazê-las. Pense em alavancagem quando utilizar recursos.

> **Questões-chave:**
> ⇩ "Que recursos você precisará para atingir a meta?"
> ⇩ "De quais recursos você já dispõe?"
> ⇩ "Onde você encontrará os recursos necessários?"

5. Seja proativo.

Este princípio novamente se aplica à jornada, não ao destino final. Para atingir sua meta, *você* deve agir, não uma outra pessoa. Você deve perceber a causa de sua vida, não o efeito. Vários clientes recorrem ao coaching sentindo que eles estão sempre sendo repelidos, sempre respondendo ao que outras pessoas estão fazendo, em lugar de fazer algo para eles próprios. A primeira etapa adequada para eles é que estabeleçam suas metas, e neste ponto esta regra é particularmente importante.

Há duas maneiras de falar sobre o que fazemos e as palavras refletem como nos sentimos sobre isso. A primeira é a que denominamos de "a voz ativa". Esta forma significa que *você* é o sujeito da oração, *você* realiza algo, por exemplo: "eu fiz isto", ou "eu defino minhas metas", ou "eu fiz a apresentação".

A segunda maneira de nos expressarmos é "a voz passiva". Esta forma coloca ênfase no *o que foi feito* e elimina *quem* o fez, por exemplo: "As metas foram definidas", "A apresentação correu bem". Ninguém na verdade está dizendo *quem* realmente realizou essas coisas. Às vezes os clientes usam a voz passiva porque eles sentem desconforto sobre se apoderar de uma meta (o que ocorreria se eles falhassem?), ou por causa da falsa modéstia. Ouça cuidadosamente e certifique-se de que os clientes usem a voz ativa, pois assim eles assumem responsabilidade por suas metas.

> **Questões-chave:**
> ⇩ "Até que ponto esta meta está sob seu controle?"
> ⇩ "O que você fará?"
> ⇩ "Que atitudes tomará para atingir esta meta?"
> ⇩ "O que você pode oferecer aos outros que também os fará querer ajudá-lo?"

6. Preste atenção nas conseqüências num âmbito maior.

Não foque somente em você mesmo. Toda ação tem conseqüências no sistema mais amplo em que vivemos. Toda meta que perseguirmos terá conseqüências para nós mesmos e para outras pessoas. Desde o início, nós precisamos levar esse fato em consideração.

Esta regra aplica-se tanto ao destino final como à jornada. O fim vale a pena? Ele conduz a uma maior felicidade? Ele proporcionará que sua vida se torne mais equilibrada? Um número significativo de outras pessoas será atingido negativamente? Qual será o custo para você e para os outros?

Há ainda a jornada a considerar. Que meios você utilizará e quais serão os efeitos nas outras pessoas? Pode haver uma tentação de as pessoas atacarem tenazmente suas metas com uma ferocidade que pode ter efeitos adversos em amigos e na família.

Diz o ditado que você pode ter tudo que deseja contanto que esteja disposto a pagar por isso. Qual é o preço de sua meta, e você está disposto e é capaz de pagá-lo? Ele não se refere somente ao valor em dinheiro, mas também em tempo e oportunidade.

> **Questões-chave:**
> ⇩ "Quais são as conseqüências para as outras pessoas?" Você precisa ter em mente a perspectiva das outras pessoas significativas (*veja página 84*) e imaginar o que elas pensam de suas metas.
> ⇩ "Qual é o custo em tempo, dinheiro e oportunidade?"
> ⇩ "O que poderia fazê-lo desistir?"
> ⇩ "De que maneira o balanço entre os diferentes aspectos de sua vida (relacionamentos, lazer, lado profissional, saúde) seria afetado quando você obtiver este resultado?"
> ⇩ "O que é importante em sua atual circunstância que poderia ter de deixar para trás?"

7. Determine um plano de ação.

Isto é o que transforma um sonho em uma meta. Quando você define as etapas para atingir sua meta, está colocando pernas em seu sonho.

A fim de agir, você precisa estar motivado. Esta é a razão pela qual as metas precisam ser estimulantes bem como realistas. É preciso ser desafiado ao máximo por uma meta e manter uma mente aberta de que ela é possível.

Uma meta, especialmente a de longo prazo, pode parecer desencorajadora. O plano de ação divide a meta em etapas menores. Ele é um mapa da jornada.

Consideraremos o plano de ação com maiores detalhes no transcorrer deste livro.

As Regras de Ouro Aplicadas às Metas de Resultado e de Processo

DESTINO FINAL	JORNADA
(META DE RESULTADO)	(META DE PROCESSO)
POSITIVO	PROATIVO
EVIDÊNCIA DA REALIZAÇÃO	*FEEDBACK*
	Medido como?
	Medido com que freqüência?
	Como julgar que você está no rumo certo?
Apropriadamente especificado	RECURSOS
	Objetos
	Pessoas
	Qualidades pessoais
	Tempo
	Dinheiro
	Modelos (a seguir)
	Livros

TANTO NO DESTINO FINAL COMO NA JORNADA:
    VALE A PENA
    Medido em tempo
    PLANO DE AÇÃO
    Conseqüências:
        – para outras pessoas
        – em outras áreas de sua vida
        – do que você tem de desistir
        – o que você quer preservar

TRABALHANDO COM METAS

A primeira etapa principal ao aplicar coaching numa pessoa é fazer com que ela defina suas metas. Deve-se iniciar de suas metas de longo prazo, e "longo prazo" significa no mínimo dez anos no futuro.

Várias pessoas não estão habituadas a pensar num tempo tão distante, mas é essencial proceder dessa forma para obter um senso de direção. Somente por meio da determinação de metas de longo prazo elas podem começar a cumprir as metas de prazos mais curtos que irão apoiá-las.

Peça ao cliente para escrever no mínimo cinco metas no longo prazo (pelo menos dez anos no futuro). Esta é uma parte essencial de seu planejamento de vida.

É mais aconselhável efetuar uma mistura equilibrada das metas:

Uma sobre sua carreira,
Uma sobre sua saúde,
Uma sobre seus relacionamentos,
Uma sobre dinheiro,
Uma sobre desenvolvimento pessoal,
Outras sobre desenvolvimento espiritual, contribuição à comunidade, lazer ou criação de seus meios ambientes ideais.

Terminada essa etapa, a próxima é pedir que eles escrevam algumas metas de médio prazo (cinco anos ou cerca disso no futuro), depois no mínimo cinco metas a serem cumpridas em dois anos, e, finalmente, pelo menos mais cinco metas a serem cumpridas em um ano. Este processo pode tomar diversas sessões. Alguns clientes considerarão que essa tarefa é mais fácil do que outros. Na seção de Recursos existem algumas planilhas de trabalho que você pode utilizar com os clientes na determinação das metas (*página 203*).

Finalmente, para repetir o ponto mais importante de todos: a meta deve conter algum valor. Ela deve alinhar-se com os valores do cliente. Metas são desenvolvidas pelos valores; são eles que fornecem o ímpeto para a jornada e mantêm os clientes em ação quando eles estão desencorajados. O valor é a real razão existente por trás de uma meta. O cliente quer algo em um nível mais profundo.

Valores

O que são valores? Muito simples. Valores são aquilo que é importante para você. Eles estão no centro do que você é. Todas as pessoas têm valores. Se alguém disser que não, simplesmente não sabe o que ele é.

Valores são estados de espírito e princípios de ação normalmente abstratos, como, por exemplo, amor, honestidade, diversão, saúde, respeito, lealdade, integridade, segurança e amizade. Nós valorizamos essas qualidades nos outros, e em nós mesmos.

Na técnica de coaching nós queremos descobrir os valores do cliente, de modo que eles possam expressá-los plenamente em suas vidas. Você encontrará valores fazendo as seguintes perguntas:

- "O que é importante para você?"
- "O que lhe interessa aqui?"
- "Qual o proveito que você tira fazendo isso?"

Uma outra boa maneira de se conseguir descobrir valores é perguntar: "Que metáfora você usaria para descrever a si próprio quando faz isso? Quem você é quando faz isso?". A metáfora apresentada pela pessoa – por exemplo, um estudioso da cultura e história do Egito – terá certos valores implicados; por exemplo, nesse caso em particular, a curiosidade, a exploração e a coragem.

Várias pessoas pensam sobre valores de uma maneira muito lógica, mas valores não são lógicos – eles são uma expressão de quem nós somos, e as pessoas não são lógicas. Muitas delas lhe descreverão logicamente o que elas acham que são, mas seus valores mais profundos podem ser diferentes.

Valores podem ser dependentes do contexto; o que as pessoas valorizam em relacionamentos provavelmente não é o mesmo que elas valorizam em suas vidas profissionais. Elas também tendem a ter valores centrais que permanecem os mesmos, independentemente do contexto.

Não julgue os valores de um cliente, mesmo se eles parecerem peculiares. A função de um coach não é julgar. Um coach deve respeitar os valores do cliente, ou não trabalhar com ele.

Valores são mostrados no comportamento, embora o comportamento revelador de um valor seja diferente de pessoa a pessoa. Na maioria das vezes, quando uma pessoa ou empresa faz algo inaceitável ou inapropriado, é porque elas estão incertas sobre o valor que está originando seus comportamentos, e não estão seguras do que fazer para satisfazê-lo.

Todas as metas são geradas por valores. A coisa mais simples que queremos no mundo material é uma expressão de um valor que desejamos satisfazer. Queremos viajar na direção de nosso destino final porque ele nos é importante. No entanto, a jornada tem muitas ciladas. Uma das maiores é negligenciar exageradamente a jornada em favor do destino final. É crucial que você respeite primeiramente o valor que gerou a meta nas ações tomadas para atingi-la. É preciso vivenciar o valor na jornada no caminho para a meta.

Esta é a resposta para a velha questão sobre meios e fins: os fins justificam os meios? Alguns dizem que sim; outros que não. A resposta é que os fins e os meios estão interligados. Os fins são as metas finais. Estes são gerados por um ou mais de nossos valores. Se negligenciarmos o valor em nossa pressa de atingir a meta final, ela será vazia, isso se conseguirmos obtê-la. Ao estabelecer o destino final de acordo com nossos valores você automaticamente mapeia a jornada que o levará até lá. Os valores que geraram a meta são nossa bússola na jornada. Eles lhe assegurarão que você irá atingi-la de forma satisfatória.

Às vezes as pessoas estabelecem metas, mas tentam cumpri-las sem satisfazer o valor que as tornaram tão atrativas de início. Por exemplo, um homem pode amar sua família e quer lhe proporcionar uma vida maravilhosa. Ele valoriza o amor de sua família e se esforça bastante no trabalho para ganhar muito dinheiro e trazer boas coisas para seus familiares. Todavia, no processo, ele está sempre fora no trabalho, portanto negligenciando-os; ele transforma-se num estranho para seus filhos, que se tornam infelizes. Ele está infeliz também; ele sabe que algo está errado, mas justifica o que está fazendo porque o que faz é "para sua família". Ele está fazendo isso, mas suas ações são exatamente o oposto das razões do porquê ele as está tomando. Provavelmente ele cumpre a meta de ganhar muito dinheiro para ele próprio e sua família, mas todos estarão infelizes, porque ele não respeitou o valor que originou aquela meta da maneira como ele tentou atingi-la.

Quando conhecemos nossos valores, estamos livres a fim de encontrar a melhor maneira de satisfazer nossas necessidades mais profundas. E mais, vivenciar nossos valores durante a jornada nos mantém motivados.

A questão é: como podemos descobrir o valor que está gerando uma particular meta?

Descobrindo o Valor Existente por Trás da Meta

Apresentamos agora uma sessão de coaching para mostrar como podemos descobrir o valor central que existe por trás de uma meta. A meta do cliente era se aposentar num período inferior a dez anos. Quando lhe perguntamos qual seu valor mais importante sobre essa decisão, ele respondeu que era a independência financeira. Isto é lógico, e certamente muito importante, mas a coach queria explorar mais profundamente o valor que estava originando aquela meta.

Coach: Pense por um instante sobre a aposentadoria e diga-me: quando você consegui-la, o que isso lhe proporcionará?
Cliente: Eu terei paz de espírito.
Coach: Quando você tiver paz de espírito, o que isso lhe proporcionará?
Cliente: Eu terei segurança financeira! [O tom de voz se alterou um pouco tornando-se mais animado.]
Coach: E quando você tiver segurança financeira, o que isso lhe proporcionará?
Cliente: Eu não ficarei preocupado sobre estar velho. [Seus olhos moveram-se para baixo, à sua direita, e em seguida retornaram imediatamente. Seu valor era negativo, de forma que ele precisava ser transformado em algo positivo.]
Coach: Quando você não ficar preocupado sobre estar velho, o que isso lhe proporcionará?
Cliente: Felicidade. [Esta resposta parecia ser o final da estrada, mas a coach pressionou mais porque ela não estava convencida, pelo tom da voz ou linguagem corporal do cliente, de que ele tinha atingido o valor central. Sua resposta ainda parecia um tanto superficial e seu corpo não estava equilibrado na cadeira; ele estava apoiado em um lado.]
Coach: Quando você obtiver felicidade, o que isso lhe proporcionará?
Cliente: Eu cresço pessoalmente! [Seu tom de voz mudou drasticamente, sua postura corporal estava mais equilibrada e ele olhava diretamente nos olhos da coach. Ele também tinha utilizado, pela primeira vez na sessão, uma declaração de identidade. Ele associou a si próprio com o valor – "Eu cresço pessoalmente!".]
Coach: Isso soa diferente!
Cliente: Mas...eu pensava que a segurança financeira era a razão principal...

Coach: Tudo bem! Então, diga-me, quando você obtiver segurança financeira, o que isso lhe proporcionará?
Cliente: Eu poderei viajar e conhecer pessoas de diferentes lugares.
Coach: Quando você viajar e conhecer pessoas de diferentes lugares, o que isso lhe proporcionará?
Cliente: Eu aprendo.
Coach: Quando você aprender, o que isso lhe proporcionará?
Cliente: Eu cresço pessoalmente!

Todas as estradas pareciam desembocar neste valor central: "Eu cresço pessoalmente!"

Este era o valor central que estava gerando aquela meta de ele se aposentar.

O Processo do Valor Central

Apresentamos agora o processo para descobrir o valor central existente por trás de uma meta:

1. Qual é a meta do cliente? O que o cliente quer?
2. O coach colhe a informação e, utilizando as palavras do cliente, faz uma pergunta que o move para um nível mais alto (conhecido como "segmentação para cima") ao questionar: "Quando você tiver [a meta do cliente, com suas próprias palavras], o que isso lhe proporcionará?" (Note que a pergunta começa com "quando", e não "se", porque "se" pressupõe dúvida sobre se eles conseguirão obter a meta.) Esta questão também deve associar o cliente com a meta. Em outras palavras, eles devem experimentar no presente momento como será obter aquela meta. Uma outra maneira de perguntar isso seria: "Suponha que você tenha obtido sua meta agora. O que você ganha com isso?"
3. O cliente responde com uma outra meta ou valor.
4. O coach agora faz a mesma pergunta novamente, utilizando a resposta do cliente à questão prévia.
5. O cliente responde com uma outra meta ou valor.
6. O coach e o cliente continuam este processo até que o cliente chegue em algo realmente importante. Este é o valor que existe por trás de uma meta.

É muito importante utilizar *exatamente* as palavras do cliente neste processo; assim, por exemplo, se o cliente diz "paz de espírito", *não* tente parafraseá-la e dizer, por exemplo, "tranqüilidade". Isto poderá significar algo muito diferente ao cliente e a paráfrase interferirá no processo.

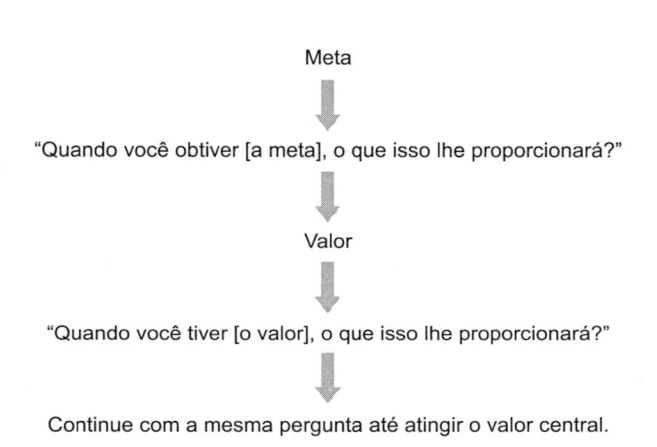

Meta
⬇
"Quando você obtiver [a meta], o que isso lhe proporcionará?"
⬇
Valor
⬇
"Quando você tiver [o valor], o que isso lhe proporcionará?"
⬇
Continue com a mesma pergunta até atingir o valor central.

De que maneira você sabe se encontrou o valor central?
Existem várias maneiras:

⬇ Quando o cliente repete a mesma palavra várias vezes durante o processo.
⬇ Quando o cliente enfatiza algumas palavras com um gesto ou tonalidade forte de voz.
⬇ Quando o cliente utiliza uma declaração de nível de identidade, com o pronome pessoal "eu" mais um verbo. (No exemplo, a resposta foi "eu cresço pessoalmente!")
⬇ Quando o processo gira em círculos e o cliente está repetindo as mesmas respostas dadas anteriormente.
⬇ O coach pode conferir o valor central ao reforçar a partir da razão lógica que estava pronta para se iniciar. (No exemplo, a coach utilizou "segurança financeira" para verificar o valor, porque isto era o que o cliente pensava que seria a razão principal que existia por trás de sua meta.)

Assim que você encontrou o valor por trás da meta, atingi-la em seguida torna-se um processo agradável. Sem descobrir – e vivenciar – o valor que existe por trás da meta, a jornada na sua direção pode implicar anos de sofrimento. Algumas pessoas passam uma vida miserável procurando a felicidade.

Isso nos conduz à próxima etapa. A coach precisa descobrir a melhor maneira de o cliente viver e respeitar o valor em sua jornada na direção da meta.

A sessão continuava:

Coach: Como você pode se certificar de que está crescendo pessoalmente à medida que se move na direção da aposentadoria?

Cliente: Fazendo o que faço agora. Pesquisando as melhores formas de melhorar meu corpo e alma usando de todos os recursos disponíveis e, em seguida, verificando onde me encontro no processo e o que mais pode ser feito.

Coach: Como você se sente sobre isso?

Cliente: Eu me sinto bem e surpreso ao descobrir que "crescer pessoalmente" é a razão pela qual estou fazendo isso. Isso é algo que percebo que influenciou extremamente minha vida e decisões.

Neste estágio, um espectador poderia estar pensando: "Certamente isto é óbvio?!" A resposta é que, semelhantemente a todas as respostas significativas e profundas sobre as questões da vida, ela é somente óbvia numa percepção tardia. Também, a exata forma das palavras carrega muito significado pessoal. Se um coach tivesse dito ao cliente antes disso: "Você tem uma porção de atividades em sua vida porque valoriza o aprendizado?", ele provavelmente teria respondido: "Sim", mas sem muita crença. Aqui ele surgiu com as palavras e elas emitiram um profundo acorde com ele. Elas vieram de seu interior; não foram impostas para ele do exterior. Ele conectou-se com o valor.

Portanto, descobrir o valor central por trás da meta e como respeitar e vivenciar isso durante a progressão na direção da mesma é um processo profundo e muito simples que envolve apenas duas perguntas:

⬇ "*Quando* você obtiver a meta, o que isso lhe proporcionará?"
⬇ "Como *você* pode garantir que *estará vivendo* esse valor no processo?"

Note as pressuposições por trás das perguntas. Perguntar "*Quando* você obtiver a meta, o que isso lhe proporcionará" pressupõe que ela será atingida. Perguntar "Como *você* pode garantir que *estará vivendo* esse valor no processo?" pressupõe que o cliente é responsável pelo valor e é possível para ele vivenciar o valor no processo.

O PLANO DE AÇÃO

Em primeiro lugar, o coaching ajuda o cliente a ser claro sobre suas metas, utilizando as sete regras de ouro.

A seguir, o coach auxilia o cliente a estabelecer os valores centrais que geraram as metas e isso o guiará durante sua jornada.

Finalmente, ele está preparado para elaborar um plano de ação.

A maioria das pessoas elabora um plano de ação pensando para a frente. Elas iniciam no presente e olham para o futuro, definindo as etapas lógicas a seguir para ir deste ponto até aquele ponto. Acreditamos que é muito melhor planejar recuando no tempo. Inicie da meta. Ela é quem gera a ação, de modo que a meta é o local lógico para começar. Muitas pessoas não iniciam com a meta, porque elas não estão seguras de que irão atingi-la, de forma que pensam que devem começar do presente. Na verdade quando você estabelece uma meta, ela é o que é certo. Inicie da certeza do futuro desejado, em vez da incerteza do presente. Quando você inicia do fim conseguirá refletir muito bem sobre o que, e o que não, fazer.

Representando o Tempo

Um plano de ação significa planejar no período de tempo, de forma que precisamos de alguma maneira para representar o tempo. A melhor forma de representar o tempo é pela distância. Falamos de um passado remoto e de um futuro distante. Vemos uma longa distância representando um longo período de tempo e uma curta representando um curto período de tempo. Relógios consistem simplesmente numa longa linha enrolada em círculos; os ponteiros movendo-se ao redor dessa linha cada vez mais medem o tempo. Calendários alocam um certo espaço para cada dia. Portanto, para elaborar um plano de ação, a primeira coisa que um coach precisa fazer é solicitar que o cliente represente o tempo como distância.

É fundamental que o coach traga à tona o modo pessoal do cliente de representar o tempo. É possível fazer isso de uma maneira muito fácil de compreender, pedindo-lhe: "Imagine uma linha que represente sua existência.

Aponte para a direção onde seu passado aparentemente se encontra. Agora, aponte para a direção onde parece estar seu futuro." A linha conectando os dois pontos será a "linha do tempo".

Futuro
↑
Passado

Estabelecendo o Plano de Ação

Uma vez que o cliente tenha uma idéia do tempo como distância, você pode trabalhar com ele para estabelecer as etapas necessárias em seus planos de ação. É possível efetuar este processo sob uma das duas diferentes maneiras:

1. O cliente pode passar por todo o processo escrevendo em um pedaço de papel. Faça-o colocar o presente e o futuro no papel – por exemplo, o presente poderia ser na parte inferior e o futuro (com a meta) no topo, ou o presente no canto esquerdo e o futuro no direito. Assim, ele pode redigir as etapas do plano de ação entre os dois. (Talvez você precise de uma folha de papel grande!)
2. O cliente pode marcar uma linha de tempo no chão. Peça-o para apontar na direção de seu futuro (por exemplo, à direita dele). Defina um local para "o presente" e faça-o caminhar pela linha do tempo no chão, definindo as etapas do plano de ação. Enquanto ele faz isso, é preciso anotar as etapas do plano de ação ditas por ele.

Nós descreveremos o processo com uma linha de tempo disposta no chão com o cliente caminhando.

Etapas do Plano de Ação

⇩ Estabeleça a meta do cliente e o valor por trás dela.
⇩ Deixe o cliente fixar uma linha de tempo.
⇩ "Onde está o seu presente?"
⇩ "Em que direção está o seu futuro?"
⇩ "Quando você quer atingir sua meta?"
⇩ "Em que ponto no futuro você pensa que ela se concretizará?"

METAS E VALORES **49**

⇩ Coloque um pedaço de papel no chão no "futuro" com a meta escrita nele. Isto representa o momento quando ele atingirá sua meta.
⇩ Peça ao cliente para pisar naquele pedaço de papel no "futuro" e ajude-o a realmente se sentir associado com aquele momento futuro.
⇩ "Agora você está aqui, você realmente obteve-a!"
⇩ "Veja, ouça e sinta sua realização. Como você se sente? Você está desfrutando de todas as coisas que seu resultado traz; você tem tudo que planejou anteriormente."

Certifique-se de que o cliente está realmente vivendo aquele momento. Note como sua postura corporal e cor da pele mudam. Eles estarão realmente naquele tempo futuro, desfrutando do sentimento de realização.

Quando o cliente estiver plenamente associado ao momento de atingir a meta, pergunte: "O que você fez antes disso?" O cliente lhe dirá o que tinha de preceder à meta a fim de ocorrer isso. Anote esta informação. Isto precisa ser uma ação. Alguns clientes descreverão os sentimentos que os conduziram até aquele lugar. Se um cliente lhe fornece os sentimentos, então pergunte qual ação dele promoveu o surgimento daqueles sentimentos.

⇩ Quando o cliente estiver preparado, peça-lhe que recue um passo de seu futuro desejado.
⇩ Quando ele tiver feito isso na direção da ação antes da meta, associe-o àquele momento: "O que você está fazendo aqui? Veja, ouça e sinta exatamente como é essa etapa. Faça-a ser tão real quanto possível."
⇩ Verifique se o cliente está completamente associado ouvindo a linguagem que ele está utilizando. Por exemplo, ele deve estar falando na primeira pessoa do singular do tempo presente (p. ex.: "Eu estou escrevendo uma carta", não "Talvez eu pudesse escrever uma carta" ou "Eu estarei escrevendo uma carta" ou "Eu tinha estado escrevendo uma carta").
⇩ Quando você estiver seguro de que o cliente está associado, pergunte: "O que você fez antes deste momento para torná-lo possível?" O cliente lhe informará. Anote essa etapa.
⇩ Peça ao cliente para recuar mais um passo.
⇩ Continue repetindo o mesmo processo, até o cliente chegar no momento presente. Certifique-se de que há no mínimo seis etapas do plano de ação (isto é para assegurar que as etapas são suficientemente precisas), cada uma delas descrita por um verbo no tempo presente: "Eu estou fazendo X."

Não se satisfaça com respostas prontas. Com um cliente que fizemos passar por este processo, ele tinha claramente arquitetado seu plano de ação do presente para o futuro e estava simplesmente nos informando o que havia atrás.

Tudo estava ocorrendo rápido e fácil demais. Nós lhe dissemos para esquecer completamente o plano que ele tinha antes e somente pensar sobre o que ele estava fazendo naquele momento. As etapas que ele apresentou foram completamente diferentes e muito mais proveitosas.

- Quando o cliente estiver no momento presente, peça-lhe para relatar o que ele acha do plano. Em seguida, peça-lhe para passar para o lado da linha de tempo. O que ele acha dela a partir desta posição destacada? Isso fornece ao cliente duas maneiras de avaliar. Uma é estar no momento presente, vendo o plano à frente. A segunda é uma visão mais independente, colocando-se numa maneira externa ao tempo e capaz de avaliar as etapas mais criticamente. Ambas as visões são necessárias.

- Faça estas perguntas com base nos dois pontos de vista:

    "Como você se sente sobre este plano?"

    "Há algo que você gostaria de alterar na ordem das etapas?"

    "Há algo importante que parece estar faltando?"

    "Existem etapas desnecessárias?"

- Partindo da posição lateral, peça ao cliente para definir um tempo para cada etapa. "Quando cada etapa deverá ser completada?". Anote estes prazos limites para cada etapa. Verifique que sejam prazos limites realistas e não quando o cliente "espera" que cumprirão as etapas.

- Quando o cliente estiver satisfeito sobre as etapas e os prazos limites, ele deve retornar ao momento presente e caminhar na direção de sua futura meta, imaginando cada etapa à medida que progride. O coach utiliza suas anotações sobre as etapas e prazos limites para fazer lembrar ao cliente do processo. Ele está explorando as etapas novamente, dessa vez do presente para o futuro. Ele ainda está mentalmente ensaiando outra vez o plano e tornando-o mais real. Esta maneira de estabelecer o plano de ação também decompõe a meta em etapas manejáveis.

- Agora o cliente tem um plano de ação. Forneça-lhe uma tarefa que o posicionará no caminho e o ajudará a cumprir a primeira etapa.

- Inclua algumas comemorações! Com muita freqüência nós ignoramos uma etapa importante porque ela parece simplesmente uma etapa na direção da próxima tarefa, da maneira como um exame o qualifica para efetuar o próximo. Comemorações ao longo do percurso dão mais motivação e mantêm o cliente em contato com suas metas.

- Finalmente, como ele pode assegurar que o cliente está vivendo seus valores no plano de ação? O plano de ação realmente representa seus valores? Quando o processo é feito com cuidado e atenção, os valores estarão presentes em cada etapa da jornada.

As Duas Jornadas

Há duas jornadas paralelas no plano de ação. Uma é a jornada exterior: uma série de ações que a pessoa tomará que modificarão algo em seu meio ambiente e que outras pessoas irão ver. Entretanto, há também uma jornada paralela, invisível: a jornada interior. Esta é uma jornada de sentimentos, de aprendizado e de autodesenvolvimento. Com alguns clientes, a jornada exterior será a mais óbvia. Eles apresentarão facilmente suas etapas do plano de ação e provavelmente comentarão pouco sobre seus sentimentos e aprendizado a partir das etapas do processo. Outros clientes falarão sobre seus sentimentos, sobre o que estão aprendendo e seus desenvolvimentos; o mundo interno deles é mais vívido do que o externo neste processo. O coach trabalha com ambos os casos de uma só vez. Todavia, para gerar um plano de ação, é necessário ter alguma ação; portanto, mesmo enquanto estiver explorando a jornada interior, certifique-se de que há etapas estabelecidas, com ações também definidas, no caminho para atingir a meta. Aprender sempre surge de fazer algo diferente.

Nós sugerimos que você inicie com o cliente neste trabalho com suas metas e valores imediatamente após a sessão inicial. A sessão inicial se dá quando coach e cliente se encontram pela primeira vez e negociam a maneira como irão trabalhar em conjunto. Este será nosso próximo tópico.

RESUMO

Metas
Metas são sonhos dotados de pernas – elas vão para toda parte!
Cada decisão que tomamos em nossa vida molda nossa realidade.
Use seu medo do desconhecido para dirigi-lo a um futuro melhor.
O tempo pode ser seu melhor aliado ou seu pior inimigo quando você estabelece suas metas.
Nós estamos mudando de um estado atual para um estado desejado. No momento em que estivermos insatisfeitos com o que temos, nos empenhamos em uma jornada para algo melhor.
O oposto de estabelecer metas é pensar em problemas. Esta abordagem foca no que é errado.
Um coach ajuda o cliente a explorar o presente e desenhar o futuro.

Existem dois tipos diferentes de metas:
- *A meta de resultado: seu destino final, para onde você está apontando.*
- *A meta de processo: sua jornada, como você chegará lá.*

As Sete Regras de Ouros das Metas:
1. **As metas são expressas de forma positiva.** Isto somente é aplicado à meta de resultado.
2. **Especifique sua meta.**
   Especifique sua meta de resultado o máximo possível.
   Para metas tangíveis, descreva-as exatamente da melhor forma possível. Para metas abstratas, seja específico sobre a evidência que o levará a saber que você as obteve.
   Quanto mais distante a meta estiver no futuro, menos específico o cliente precisa ser sobre ela. Metas no longo prazo estabelecem direções.
3. **Decida como você obterá evidência e** feedback *pela realização.*
   No caso de uma meta de resultado, defina as evidências que o informarão que você a atingiu. No caso da jornada, decida com base no feedback *ao qual deve ser dada atenção.*
   O que você está medindo?
   Como você medirá o seu progresso? Relativo a você mesmo ou a uma outra pessoa?
   Com que freqüência você medirá o seu progresso?
4. **Disponibilize seus recursos.**
   Você precisará de recursos para a jornada, não para o destino final.
   Os recursos podem ser:
      objetos
      pessoas
      tempo
      modelos (a imitar)
      qualidades pessoais
   Utilize recursos que promovam alavancagem. Alavancagem é o princípio de obter o maior efeito a partir do menor esforço, e ela pode representar tanto parar de fazer coisas como fazê-las.
   De que recursos você já dispõe?
   Quais recursos precisará desenvolver?
5. **Seja proativo.**
   Este princípio aplica-se à jornada, não ao destino final.
6. **Preste atenção na ecologia.**
   Ecologia é o sistema mais amplo no qual vivemos. Esta regra é aplicável tanto ao destino final como à jornada.
   Quais são as conseqüências para as outras pessoas?
   Qual é o custo em tempo, dinheiro e oportunidade?
   O que é importante na sua atual circunstância que você poderia deixar para trás?

7. **Determine um plano de ação.**
   O plano de ação divide a meta em etapas menores. Ele é um mapa da jornada.
   Para definir um plano de ação, é preciso conhecer os valores do cliente.

Valores
Valores são aquilo que é importante para você.
Não há valores ruins.
Os valores são normalmente definidos em termos abstratos.
Todas as metas são geradas por valores.
Uma das coisas que podem deter a realização de suas metas é não respeitar seus valores durante o processo.

Encontre os valores centrais que geraram uma meta, perguntando "O que isso proporcionou para você?" até conseguir descobrir o valor central.
Assegure que o cliente viva o valor no cumprimento da meta.

O Plano de Ação
Inicie na meta e trabalhe recuando no tempo para desenhar o plano de ação.

⇨ ⇨

ETAPAS DO PLANO DE AÇÃO

Se você quiser entender, aja. Eis aqui alguns exemplos de como explorar as idéias neste capítulo. Você ainda pode usá-los como tarefas para seu cliente, e, caso queira, para você mesmo.

1. Pense sobre uma meta que você atingiu no passado. Verifique a maneira como ela se enquadra nas sete regras de ouro das metas.
2. Planeje sua vida, se você ainda não o fez, anotando suas cinco metas mais importantes a serem cumpridas num período de dez anos no futuro. Certifique-se de que elas sejam um conjunto equilibrado, partindo de diferentes áreas da roda da vida (*veja* página 70).
3. Pense sobre uma meta que você ainda não atingiu.
   Descubra o valor existente por trás dela.
   Verifique se você está respeitando este valor no processo de atingir esta meta.
   A maneira como você planeja atingir sua meta é congruente com o valor que a gerou?

4. Defina uma meta de curto prazo (uma que você deseja cumprir no próximo ano), utilizando as sete regras de ouro.

   Desenhe o plano de ação recuando no tempo a partir da meta.

5. Faça um balanço de seus recursos.

Que habilidades você possui? Pense em todos os contextos possíveis.

Que conhecimentos você possui? Pense em sua formação, conhecimento especializado e o que aprendeu na universidade da vida.

Com quem você tem um relacionamento, embora pequeno, tanto no passado como no presente? Relacione as pessoas que você conhece em seu ambiente de trabalho, amigos do passado e do presente, família, mentores e professores, conhecidos etc.

Quando você tiver terminado, pense de que maneira algum deles ou todos poderiam ser recursos para você na qualidade de um coach.

CAPÍTULO 4

⇨ A Primeira Sessão

⇨⇨⇨ O coaching começa na primeira sessão entre cliente e coach. Este é o ponto em que é construído o *rapport*, tem início a confiança e o método dá sua partida. A reunião inicial descreve o cenário, trata dos detalhes práticos de como o coaching funcionará, explora a presente situação do cliente e desenha de que maneira coach e cliente trabalharão em conjunto no futuro.

A sessão inicial é o começo de algo profundo. O cliente assumiu um compromisso com a própria vida e com a felicidade.

A primeira sessão de coaching tem oito estágios:

1. Estabelecer *rapport* e a base da confiança
2. Administrar as expectativas do cliente
3. Avaliar o cliente e coletar informações
4. Descobrir a preocupação imediata do cliente
5. Desenhar a aliança do coaching
6. Lidar com os aspectos práticos
7. Comprometimento com o programa de coaching
8. Iniciar o coaching com a questão imediata

CONSTRUIR *RAPPORT* E A BASE DA CONFIANÇA

Rapport é um relacionamento de respeito mútuo e influência. Há somente uma chance para causar uma primeira impressão, mas *rapport* pode ser construído todo o tempo. Ele surge de uma tentativa honesta de entender a outra pessoa em seus termos, para ver o mundo a partir de seus pontos de vista, para ouvir sons da maneira como eles os ouvem, para imaginar como seria colocar-se na situação deles. Não é algo que você "possui", mas uma qualidade do relacionamento. Isso não significa amizade, somente uma disposição de ser aberto. *Rapport* não quer dizer concordância – é razoavelmente possível ter-se um bom *rapport* e fortes desacordos. O *rapport* também não é uma qualidade que vai de um extremo a outro; há graus. Quando o *rapport* persiste com o tempo, ele normalmente se desenvolve para confiança. *Rapport* é natural e fácil de estabelecer em vários níveis. O principal é não fazer nada que interferirá com ele.

Respeite Crenças e Valores

A fim de construir *rapport* é importante respeitar as crenças e os valores do cliente. Isto não significa que você tem de concordar com eles, mas você tem de estar disposto a enxergar eventos a partir de suas perspectivas e entrar no relacionamento de coaching com curiosidade e uma vontade de ter modificado seu modo de ver as coisas, senão você somente será coach de pessoas similares a você e tentará transformá-las em alguém como você mesmo.

Um cliente é a personificação de seus valores e crenças, e você pode discordar de ambos, mas a essência do respeito é aceitar como o cliente é e como ele se apresenta a si próprio. Talvez você não goste do que ele faz, mas pode aceitar e respeitar o que fez, dadas suas circunstâncias.

Se você não puder aceitá-lo de forma alguma, não o pegue como cliente. Você tem seus próprios limites, que também precisam ser respeitados.

Combine Comportamento

Como você pode mostrar que respeita o cliente e quer entendê-lo?

As pessoas gostam de pessoas que são como elas. Se você observar pessoas que estão se dando bem, notará que elas tendem a igualar suas posturas corporais e gestos. Ambas sentarão à frente, ou atrás. Às vezes suas posturas corporais serão praticamente idênticas. Tampouco estão, deliberadamente, imitando a outra; isso ocorre naturalmente. Este comportamento foi investigado pela primeira vez por William Condon, na década de 60. Ele denominou-o de *micro-ritmos culturais*.

Vídeos de pessoas que estão tendo um bom relacionamento revelam que há uma dança de linguagem corporal. Quando os vídeos eram reduzidos para separar quadros de 1 e 45 milésimos de segundo cada, a dança do *rapport* era clara. Uma pessoa fazia gestos, em seguida, poucos segundos depois, a outra pessoa fazia um gesto similar; elas tendem a mover-se na mesma velocidade e ritmo. Suas linguagens corporais se equiparam.

O mesmo é verdadeiro quanto a seus tons de vozes. As pessoas que estão desfrutando de um bom relacionamento tendem a falar praticamente na mesma velocidade e com o mesmo volume. A freqüência fonoaudiológica (o número de sons de fala por segundo) se nivela. O período de latência (a pausa entre uma pessoa parando de falar e a outra começando) tende a se igualar. Pessoas num *rapport* muito próximo até mesmo estarão respirando no mesmo ritmo.

Isto é *rapport* no nível do comportamento. Ele deve surgir de um desejo sincero de entrar no, e entender o modelo do, mundo da outra pessoa. Portanto, ele é simples, poderoso e natural.

Assim, preste atenção nos seus clientes em um nível comportamental. Se eles levantarem, levante-se. Se eles sentarem, sente-se. Se eles moverem-se lentamente, mova-se lentamente também. Adapte-se à quantidade de contato visual feito por eles. O contato visual não é bom nem ruim, mas as pessoas tendem a nos olhar assim que se sentem confortáveis recebendo nosso olhar, de forma que procure igualar o que elas fazem. Um olhar fixo efervescente não criará *rapport*, no entanto muitas autoridades dizem que o contato visual é bom.

Acompanhe a velocidade e o volume da voz dos clientes. Se eles conversam alto, fale alto também. Preste atenção de quanto espaço pessoal eles precisam; isto varia de cultura para cultura. Na cultura anglo-saxônica e européia ele tende a ter o comprimento de um braço, daí a expressão inglesa "manter alguém à distância da extensão de um braço" (*to keep someone at arm's lenght*).

Quando você equipara a linguagem corporal e o tom de voz, os clientes inconscientemente entendem que você está fazendo uma tentativa honesta de entrar no mundo deles – como eles se sentem, como eles falam, como eles se movem e vêem – e, dessa forma, eles se sentirão mais confortáveis. Igualar não quer dizer fazer mímicas; não tente combinar minúcias do comportamento do cliente. Isso terá o efeito oposto ao que você pretende; deixará um desconforto nos clientes.

Certifique-se de que você iguala sua postura corporal e tom de voz se discordar de um cliente. Suas palavras podem discordar, mas seus gestos e sua voz ainda lhe passarão que você o respeita e o entende.

Na primeira reunião inicie igualando:

⇩ postura geral
⇩ velocidade de movimento
⇩ contato visual
⇩ a velocidade da fala
⇩ o tom da fala

Se a sessão não estiver indo bem, concentre-se menos no que você diz e mais na equiparação de voz e postura corporal.

Combine Palavras

As palavras das pessoas refletem seus pensamentos, e estes representam suas realidades. Assim, as palavras exatas importam. Faça uma anotação mental das palavras ou frases importantes que o cliente utiliza para seus valores e metas (ou anote-as, se achar necessário). Repare como o cliente as enfatizará com um gesto ou um tom de voz mais forte. Quando você utiliza as palavras exatas do cliente para expressar suas metas e valores importantes, lhe revela que está prestando atenção no que ele está pensando e no que é importante para ele. Isto é conhecido como *backtracking* (retrocedimento).

Parafrasear *não* revela que você entende. Uma paráfrase fornece *suas* palavras e isso provém de *sua* realidade. Se você tiver sorte, ela pode estar próxima o bastante do pensamento do cliente para ser aceita, mas por que assumir o risco de incompatibilidade?

Quando você repete as frases dele, redefine os pontos-chave usando as próprias palavras do cliente, e é possível até mesmo igualar o gesto. *Backtracking* é útil em cada estágio do coaching, quando você desejar:

⇩ conferir concordância
⇩ construir e demonstrar *rapport* fornecendo pistas de que está prestando atenção
⇩ reduzir mal-entendidos
⇩ esclarecer valores do cliente

O método de *backtracking* é simples mas efetivo. Execute-o da mesma forma como fez no acompanhamento da linguagem corporal do cliente, embora seja respeitoso e somente combine o que é importante. Se você aplica essa técnica excessivamente, o cliente poderá pensar: "Por que o coach está apenas repetindo o que eu digo todo o tempo?"

Combine Modo de Pensar

O que é modo de pensar? Ele representa diferentes coisas para diferentes pessoas. Para algumas pessoas é, na maioria dos casos, um retrato em sua mente. Para outras é uma voz interna ou um sentimento que não pode ser analisado tão rigidamente. Em outras palavras, nós vemos, ouvimos e sentimos em nossas mentes da mesma maneira que vemos, ouvimos e sentimos com nossos sentidos no mundo exterior. Nós reexperimentamos ou *reapresentamos* o mundo para nós mesmos usando nossos sentidos:

visual	(V)	ver
auditivo	(A)	ouvir
cinestésico	(K)	sentir
olfativo	(O)	cheirar
gustativo	(G)	saborear

Quando usamos nossos sentidos interiores para pensar, eles são conhecidos como *sistemas representacionais* na PNL. Quer nos lembremos de experiências reais do passado ou imaginemos possíveis (ou impossíveis) experiências futuras. Você pode imaginar-se correndo atrás de um ônibus (imagem visual rememorada) ou descendo correndo os canais de Marte com um macacão espacial (imagem visual criada). A primeira teria acontecido. A segunda não, mas você pode representar as duas.

Nós não utilizamos nossos sistemas representacionais fora do contexto, pois não experimentamos o mundo simplesmente através de um sentido. Pensar é uma rica mistura de todos os sistemas, da mesma forma que experimentamos o mundo graças a todos os nossos sentidos.

Utilizamos nossos sistemas representacionais em tudo que fazemos – lembrar, planejar, aprender, fantasiar ou resolver problemas.

O *sistema visual* é como criamos nossas fotos internas, visualizamos, temos devaneios, fantasiamos e imaginamos. Quando você imagina que está contemplando seus lugares favoritos ou lembrando quando esteve na praia de areia branca nas férias, ou planejando como seu quarto ficará, você está utilizando o sistema visual.

O *sistema auditivo* é como nos lembramos de músicas, falamos com nós mesmos e ouvimos novamente as vozes de outras pessoas. O pensamento auditivo é em geral uma mistura de palavras e outros sons. Quando você imagina a voz de um amigo, o estrondo das águas do mar ou o som do silêncio, você está utilizando o sistema auditivo.

O *sistema olfativo* lida com criar cheiros e o *sistema gustativo* se compõe de sabores criados e lembrados. Lembre-se de uma boa refeição. Repense novamente como ela era para cheirar e apreciar os alimentos. Você está utilizando seus sistemas olfativo e gustativo.

O *sistema cinestésico* é formado de nossos sentimentos internos e externos de toque e consciência corporal. Ele ainda inclui o sentido de equilíbrio. As emoções também são partes do sistema cinestésico, embora sejam levemente diferentes – elas são sentimentos *sobre* algo, se bem que ainda são representadas cinestesicamente no corpo. Quando você imagina balançando-se numa viga, o sentimento de tocar uma superfície lisa ou algo parecido para sentir-se plenamente feliz, você está usando o sistema cinestésico. De vez em quando, os sistemas olfativo e gustativo são tratados como parte do sistema cinestésico, pois eles são menos importantes nas culturas da Europa Ocidental e da América do Norte.

    Todavia, como alguns de nossos sentidos são mais bem desenvolvidos e mais sensíveis ao mundo externo, alguns sistemas representacionais se desenvolverão melhor para pensarmos, e tenderemos a favor desses sistemas. A maioria das pessoas tem um sistema de representação preferido. Pensamos mais fácil e fluentemente com nosso sistema preferido. Isto nos fornece uma vantagem em situações familiares. No entanto, pode limitar nosso modo de pensar em situações não familiares de pressão e estresse.

    O sistema representacional preferido normalmente vincula-se com um sentido agudo incomum ou preferido. Por exemplo, se você presta bastante atenção no que vê, então provavelmente você utiliza o sistema de representação visual no seu pensamento. Pessoas com excelente audição podem favorecer o sistema representacional auditivo. Dotado de uma preferência visual, você poderá estar interessado em desenho, design de interiores, moda, artes visuais, televisão e cinema. Com uma preferência auditiva, você poderá ficar interessado em idiomas, escrita, drama, música, treinamento e ministrar palestras. Com uma preferência cinestésica, talvez você fique interessado em esportes, ginástica e atletismo.

Descrito isso, quais são as aplicações práticas para o coaching? Ouça com atenção as palavras usadas por seu cliente. As palavras revestem nossos pensamentos de modo que eles possam se aventurar para fora de nossas mentes e apareçam vestidos respeitosamente no mundo exterior. Elas revelam suas origens mentais. Quando um cliente diz: "eu vejo o que você quer dizer", ele deve estar formulando um retrato mental, senão as palavras não fazem sentido. Se ele diz: "deixe-me falar a respeito de uma idéia com você", então deve estar pensando em sons ou palavras. E se ele disser: "eu não consigo ter controle sobre minha vida", está pensando com o sistema de representação cinestésica. Cada sistema tem sua própria linguagem de palavras e frases baseadas nos sentidos. Há uma lista repleta dessas palavras e frases na seção de Recursos (*veja página 219*).

Continuando a partir desse ponto, nós não pensamos somente com nosso cérebro, mas com nosso corpo inteiro. Nós "sintonizamos" nosso corpo em posturas, gestos e padrões de respiração para ajudar-nos a pensar sob certos aspectos. Há uma lista geral de como os sistemas representacionais se revelam em nossa linguagem corporal, posturas e respiração (*veja Recursos, página 215*). Estas maneiras são conhecidas como *pistas de acesso* na PNL.

Em particular, o modo como nossos olhos se movem revelam claramente *como* estamos pensando (mas não *o que* estamos pensando). Por exemplo, quando as pessoas estão utilizando seus sistemas cinestésicos, elas tenderão a olhar completamente à sua direita. Quando elas estão falando para si próprias, tenderão completamente à sua esquerda. Quando elas visualizam, normalmente olharão para cima ou de modo não focado. Estas são conhecidas como *pistas oculares de acesso* (*veja Recursos, página 216*).

Suponha que você cumprimenta um cliente que aparece vestido com cores brilhantes, olha exageradamente para cima quando conversa, tem uma postura ereta e fala rapidamente. A partir desses dados você poderá seguramente assumir que ele efetua um bocado de pensamento visual. Assim, como você obtém o *rapport* mais adequado com ele? Adapte-se à sua velocidade na conversa – fale rápido. Abuse de palavras visuais. Se ele disser que não consegue ver uma saída, diga que o coaching irá elucidar sua visão. Fale sobre expandir seus horizontes e proporcione-lhe um ponto de vista renovado. Pinte um quadro de uma vida melhor. Quando ele olhar à distância ou desprovido de foco, pare e deixe-o literalmente ver o que você está dizendo com os olhos da sua mente. Você ainda lhe fornecerá material para que trabalhe a representação de suas questões visualmente, como a roda da vida (*página 71*).

Seu próximo cliente pode ser um professor. Ele fala de modo contínuo, fluente e fácil, com uma voz agradável, nem rápida nem lentamente. Ele o ouve cuidadosamente. Ele pode apoiar o queixo nas mãos e olhar para baixo à sua esquerda enquanto lhe pede para dizer o que você pode fazer por ele. Ele deixa claro que gosta de música e de conversar. Com este tipo de cliente, você falaria mais lenta e ritmicamente, e as conversas que envolvessem discussões de questões conteriam mais detalhes. Você poderia considerar a programação de um maior número de sessões de coaching por telefone, ou lhe forneceria fitas de áudio de tarefas ou exercícios a serem feitos.

Seu terceiro cliente pode estar com uns quilos a mais. Ele se veste de maneira confortável e não seguindo a moda. Ele move-se mais lentamente e respira mais profundamente. Ele se ajeita comodamente na cadeira. Fala lentamente sobre como precisa ter mais controle sobre sua vida. Ele pode descrever a si próprio como impedido de prosseguir, de modo que você pode lhe oferecer uma "mão salvadora". Ele talvez faça pausa e olhe para baixo antes de responder. Com este tipo de cliente, equipare a lentidão no falar. Fale sobre a importância dos sentimentos no coaching, e de como é importante agir. Diga-lhe como pode ajudá-lo a direcionar sua vida para um canal melhor.

Estes são exemplos extremos de três diferentes tipos de pessoa e isso é raramente tão nítido quanto nós representamos aqui no texto. Contudo, o princípio é confiável. Preste atenção no modo de vida de um cliente, imagine como ele pensa e sente, e as palavras que usa. Combine estes elementos e você obterá um excelente relacionamento.

Um bom coach, portanto, necessita desenvolver três aptidões:

1. A primeira é ouvir atentamente não só o *tipo* de palavras usadas pelo cliente como também o que está descrevendo. Isto não é tão fácil como parece – há mais nessa questão do que tirar conclusões pelo olhar, e o conceito pode ser "traiçoeiro", pois estamos acostumados a dar sentido ao que alguém diz, não à forma como diz.
2. A segunda é fazer a conexão entre as palavras usadas pelo cliente e o sistema representacional que estão utilizando.
3. A terceira é responder com palavras do mesmo sistema representacional. *As palavras exatas realmente importam.* Quando um coach responde no mesmo sistema representacional, o cliente inconscientemente percebe que ele é compreendido num nível mais profundo.

Um Ambiente Confortável

O *rapport* é muito mais fácil em um ambiente confortável; então transforme sua sala de trabalho na mais confortável possível. Quando o ambiente é excessivamente quente ou frio, muito barulhento ou abafado, é difícil para você e o cliente se concentrarem. Assegure-se de que não será incomodado por ligações telefônicas, e-mails ou visitantes. Desligue o aparelho celular. O cliente deve sentir-se em seu território assim como você.

Seu vestuário e o jeito de se arrumar também fazem parte dos elementos que vão rodear o cliente, portanto vista-se confortável e elegantemente. Você será julgado pelas roupas que traja e pelo seu aspecto pessoal. Isto é superficial, mas acontece, de forma que é melhor ter cuidado. Se você for oferecer coaching a diretores, então se vista com elegância, talvez num terno. Por outro lado, se você estiver promovendo coaching pessoal a vários clientes diferentes, um vestido formal talvez traga algum tipo de desconforto para algum deles.

No coaching de executivos de ponta também é importante certificar-se de que você os retire da "posição de poder" durante a sessão. Quando eles estão em seus escritórios particulares, sentados em suas próprias cadeiras, onde estão habituados a estar no comando, eles se sentem responsáveis pelas outras pessoas, e isto pode dificultar o processo.

Quando eu, Andrea, tive como cliente de coaching o presidente de uma grande companhia, primeiramente nós tentamos algumas sessões em seu escritório. Sua secretária tinha ordens estritas de que nós não podíamos ser perturbados por razão alguma, mas foi difícil para ele "se abrir". Eu achei que seria muito mais produtivo ir a um local diferente para realizar as sessões de coaching. Ele gostou muito mais das novas sessões, e elas foram mais produtivas.

Conquiste Confiança

Rapport pode ser construído rapidamente, e perdido da mesma forma, mas confiança demanda tempo. Para conquistar a confiança de uma pessoa é necessário demonstrar algumas qualidades essenciais a partir da primeira sessão.

- Seja verdadeiro. Não finja ser alguém que não é ou sentir algo que não sinta. Você não é perfeito; você é humano, como seu cliente.
- Seja sincero. Mantenha sua palavra. Se você disser que fará algo, então o faça. Se disser que não fará, tenha uma boa razão para isso.
- Seja competente. Seja capaz de cumprir seus compromissos.
- Seja honesto. Diga a verdade como você a vê – não desperdice o tempo do cliente ou seu próprio tempo. No entanto, sempre diga a verdade de uma maneira

respeitosa. Admita quando você não entende e quando não sabe a resposta para algo. Arrisque aparentar que você é humano – isto o fará ser mais confiável.

⇓ Seja congruente. Congruência é quando suas palavras e ações são equivalentes. Se você for congruente, não dará mensagens desencontradas a seu cliente. Quanto mais você estiver em conflito consigo mesmo, menos disponível você está para o cliente. Você achará difícil dar a um cliente sua total atenção e fazer perguntas claras se ele estiver descrevendo um conflito que você sente em si mesmo. Às vezes uma questão do cliente pode despertar algumas emoções desconfortáveis em você. De vez em quando você precisa dizer que não discutirá as questões dele porque elas são questões também para você. Você precisa de tempo até superá-las. Contar com um próprio coach lhe confere uma ajuda enorme nesta situação.

⇓ Esteja presente! Apareça na hora. Esteja presente de corpo e alma; dê ao cliente toda sua atenção.

ADMINISTRAR AS EXPECTATIVAS DO CLIENTE

É necessário preparar o cliente para a técnica de coaching. Quais são as expectativas dele?

Alguns clientes esperam terapia, com o coach pesquisando seus passados. Outros esperam que o coach diga-lhes o que fazer. Você deve explicar que dará o melhor de si no trabalho a eles dedicado, de modo que eles possam ter uma vida mais feliz e plena, levar a cabo suas metas e viver seus valores, mas eles detêm o processo e os resultados. Explique o que ocorre no processo de coaching e forneça-lhes um resumo escrito ao qual eles podem recorrer.

Você ainda pode avisar os clientes que às vezes os interromperá durante a sessão de coaching. Coaching não é o local para um cliente contar histórias desconexas que reforçam a insatisfatória situação presente. Diga-lhes que de vez em quando você os interromperá porque acredita que a conversa não está se dirigindo para o melhor de seus interesses. Isto deve ser suficiente para obter permissão para qualquer intrusão que você perceber necessária.

Confidencialidade

Esclareça para o cliente que você não discutirá nada sobre o que ele lhe revelar com uma terceira parte sem a devida permissão. Quando o cliente está pagando diretamente pelo coaching, não há qualquer problema. Quando o empregador do cliente estiver assumindo as custas do programa, então a questão é mais delicada pois a empresa esperará algum retorno de informação. Tenha cuidado neste caso. Proponha um acordo com a empresa antes de iniciar o coaching. Existem diversas possibilidades.

Primeiro, você pode acordar sobre os resultados do coaching, e, contanto que eles fossem bons, a empresa não precisa conhecer os detalhes do processo. Por exemplo, no caso de você ser contratado para ser coach de um gerente que está desempenhando abaixo do esperado. Você concorda adiantadamente sobre o quanto o gerente precisa melhorar. Quando isto é atingido, o trabalho está concluído, e a empresa não precisa de mais detalhes dos problemas do cliente ou detalhes do coaching. Desde que você tenha alguma condição de avaliar os resultados em termos de melhoria na eficiência, você ainda mantém as discussões com o cliente no campo inteiramente confidencial.

Eu, Joseph, já estive nesta situação. Fui contratado para ser coach de um membro sênior de uma equipe de executivos. Ele estava em conflito com os outros membros da diretoria. Todos o viam como um problema. Eu esclareci para a empresa que não revelaria qualquer das discussões do coaching sem a permissão de meu cliente, e eles concordaram.

Quando iniciamos a sessão inicial, o cliente era bastante ciente do que estava acontecendo e não concordava de que era o causador de todos os problemas! Tornava-se mais e mais evidente que sua posição na empresa era difícil, principalmente devido ao modo como ela estava estruturada. Os interesses de seu departamento freqüentemente conflitavam com outros departamentos, e ele era muito assertivo quando discutia com seus pares. Ele era um homem muito inteligente, extremamente competitivo e energético, e realmente tinha tido sérias divergências com alguns dos outros diretores. No entanto, uma sessão de coaching de quatro horas de duração foi tudo que precisamos para solucionar o problema. Ele percebeu como a estrutura da empresa estava colocando-o numa posição difícil, e sabia que etapas teria de passar para mudar essa situação. Ele se tornou mais consciente da maneira exata como estavam ocorrendo os choques de personalidade, de que forma eles eram desencadeados e o que ele podia fazer para evitá-los.

Uma segunda possibilidade é acordar para fornecer o retorno de informação à empresa, mas deixar o cliente vê-la e dar autorização para que ela possa ser passada adiante. Você, então, precisa discutir com o cliente que *feedback* repassar à empresa. Digamos que o cliente fale sobre um problema em casa ou no trabalho que está afetando seu desempenho. Você não compartilharia esta revelação sem permissão, mesmo que ela fosse extremamente importante e estivesse afetando o trabalho do cliente.

Se você, a empresa e o cliente não conseguem concordar sobre que *feedback* pode ser repassado, ou como repassá-lo, então não aceite ministrar o coaching. O cliente provavelmente não ficará totalmente aberto com você, se ele pensar que o que foi dito será reportado a seus gerentes. Você obterá uma versão mais amenizada do problema e não será capaz de fazer muito.

Isto toca em padrões éticos. Ética é sobre seus padrões *internos*. Seus padrões afetam suas ações, e são elas que conformam a pessoa que você é. Todos nós somos participantes do drama humano, não os observadores científicos assistindo de um local distante. O que fazemos afeta outros e a nós mesmos. Se você estiver a ponto de divulgar uma confidência, mesmo se isso nunca for descoberto, ainda assim teria um efeito sobre você – você deve saber disso.

Nós ainda temos padrões externos que esperamos dos outros, e estes esperam de nós. Estes padrões são nossa ética exterior. Seus padrões se aplicarão a como você efetua o coaching, seu treinamento, habilidade, supervisão dos pares e qualificações. Coaching é uma profissão razoavelmente nova, portanto padrões são muito importantes; eles são a face pública do coaching. Os clientes esperam por coaches competentes, qualificados. Se você é membro de uma organização que promove coaching ou passou por treinamento certificado como o que ministramos, então você desejará trabalhar dentro dos padrões éticos. Altos padrões públicos são uma garantia para o cliente sobre a qualidade de seu trabalho. Esses padrões elevam sua credibilidade. Se você for membro de um quadro profissional dotado de padrões claros, isto o auxiliará a conseguir clientes. (Nossos padrões de certificação e competências centrais e de ética de coaching são publicados; *veja Recursos, páginas 189-197.*)

Você ainda firmará um contrato com o cliente a respeito dos honorários, horários e métodos do coaching. Esta é uma questão diferente dos padrões, divergindo de coach para coach. Nós fornecemos algumas diretrizes sobre este ponto na seção de Recursos (*ver páginas 205-206*).

AVALIAR O CLIENTE E COLETAR INFORMAÇÕES

Informações Iniciais

Na primeira sessão com o cliente, ou anteriormente, é necessário que você obtenha informações básicas para contato com o mesmo:

nome
endereço
número do telefone
número do celular
número do fax
endereço de e-mail
site na Web

Se o cliente estiver empregado, então você precisará também de:

nome e endereço da empresa
número do telefone
número do fax
site na Web

Tenha um formulário impresso para coletar todas essas informações.

Curriculum Vitae

Vários coaches de carreira trabalham com agências de recolocação de pessoal para encontrar empregos a seus clientes, e ministrar-lhes coaching em planejamento de carreira para eles obterem conhecimento para suas novas posições. Neste caso, você precisará de um currículo mais detalhado, como, por exemplo:

formação acadêmica e qualificações profissionais
histórico das funções desempenhadas
empresas em que o cliente trabalhou
título e descrição do trabalho das posições ocupadas
faturamento e lucro das empresas (quando apropriado)
a gama de serviços e produtos pelos quais o cliente era responsável
o perfil dos clientes das empresas
experiência (se houver) em empresas flutuantes no mercado de ações
qualquer cargo de diretoria não-executiva

É mais apropriado elaborar um formulário para obter as informações necessárias.

Todas essas informações revelam um pouco sobre o cliente, mas não o que ele tem feito na vida e como contatá-lo. Agora você precisa saber mais sobre a vida pessoal do cliente.

O Cliente

Apresentamos agora alguns tópicos essenciais para discutir com o cliente. Em quais áreas você concentrará depende do tipo de coaching que está promovendo e da questão imediata para o cliente. Tudo pode ser importante.

A seguir há algumas perguntas que você provavelmente não fará diretamente, mas elas apontam para áreas que talvez você queira conhecer a fim de fazer um coaching efetivo. Quando apropriado, você pode explorar estas questões durante o decorrer do relacionamento de coaching.

Carreira

Uma carreira é o trabalho no decorrer do tempo. Nem todos os clientes pensam dessa forma. Alguns podem se ocupar com diferentes tipos de trabalho que não guardam uma linha comum.

- O que o cliente faz?
- O que ele pensa sobre seu trabalho?
- Que interesse ele está perseguindo em seu trabalho?
- O que ele tem feito para proteger sua carreira?
- O que ele tem feito para desenvolver sua carreira?
- Ele se sente impedido de prosseguir?
- Ele tem arrependimentos?
- O trabalho dele está provendo suas necessidades financeiras?

Relacionamentos

A qualidade dos relacionamentos de uma pessoa reflete na qualidade de sua vida e na felicidade.

- Que tipos de relacionamento o cliente tem?
- Ele é casado?
- Ele tem uma família?
- Ele tem muitos amigos íntimos?

A quem ele é mais chegado?
Ele é feliz com seus relacionamentos?

Saúde e energia

A maneira como o cliente se sente psicologicamente e seu nível geral de energia são dados importantes. Um coach não é um médico, de modo que você não está diagnosticando, mas se você sente que um cliente necessita de um *check-up* físico e de tratamento médico, para complementar o coaching, então estimule-o a visitar seu médico.

Como está sua saúde?
O que ele faz para manter sua saúde?
Ele está preocupado sobre sua saúde?
Ele se sente bem?
Como está seu nível de energia?

Situação financeira

O que ele pensa sobre dinheiro?
Ele está satisfeito com o dinheiro que recebe?
Ele tem economia suficiente para ajudá-lo a enfrentar uma crise inesperada?
Como ele cuida de sua segurança financeira?

Metas e valores

O que ele quer na vida?
O que é importante para ele?
O que ele está fazendo para atingir suas metas?
Por que ele faz o que faz?

Compromisso com o autodesenvolvimento, equilíbrio de vida e desenvolvimento espiritual

Que tipo de vida espiritual ele tem?
O que ele investe em seu autodesenvolvimento?
De que maneira ele contribui para a comunidade como um todo?

Atividades de lazer e interesses

Que passatempos ele tem?
O que ele gosta de fazer para relaxar?
O que ele lê?
Seus passatempos são solitários ou compartilhados?

A preocupação imediata

Por que ele recorreu ao coaching?
O que ele espera dessa técnica?
O que ele pensa que o coaching trará de benefícios?

A Roda da Vida

Uma excelente ferramenta de coaching para avaliar a presente posição e balanço de vida do cliente é a roda da vida (*veja Recursos, página 159*). A roda é dividida em oito quadrantes:

meio ambiente físico (arredores e bens)
saúde
carreira
relacionamentos
romance
autodesenvolvimento
finanças
diversão e recreação

O cliente preenche os dados na roda com uma porcentagem que mede sua *satisfação* com cada item *no presente momento*. Não em valor absoluto, somente satisfação.

Por exemplo, um cliente que ganha 48 mil reais ao ano poderia apresentar 90% de satisfação em relação ao seu estado financeiro, mas um milionário poderia estar apenas 50% satisfeito.

Apresentamos agora a roda da vida de um cliente:

A roda da vida

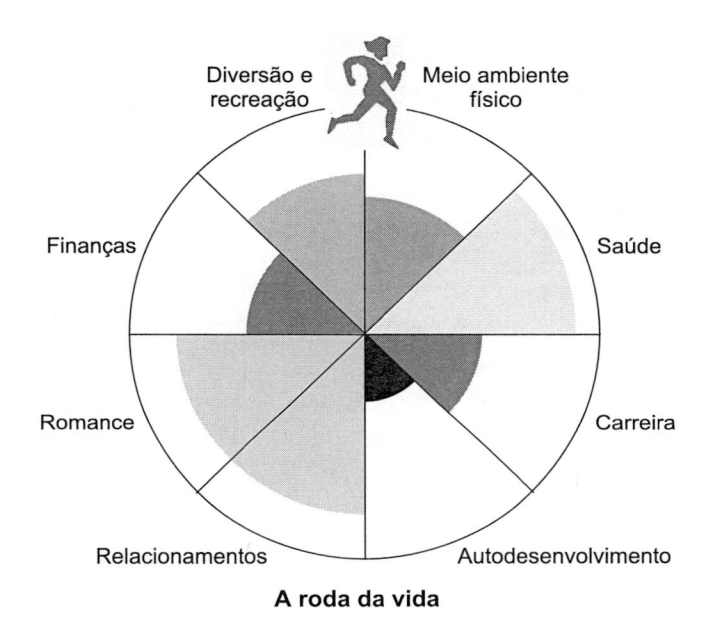

Esta roda revela:

60% de satisfação com seu meio ambiente físico
90% de satisfação com sua saúde
50% de satisfação com sua carreira
30% de satisfação com seu autodesenvolvimento
80% de satisfação com seus relacionamentos
80% de satisfação com seus romances
50% de satisfação com suas finanças
70% de satisfação com sua diversão e recreação

Suponha esta roda acoplada a um carro levando o cliente pela jornada de sua vida. Isso resultaria num passeio repleto de solavancos. A vida dele não é equilibrada. As áreas óbvias a serem trabalhadas são autodesenvolvimento, carreira e finanças, mesmo se elas não figurassem como suas imediatas preocupações.

Também é interessante analisar como um aperfeiçoamento em uma área pode melhorar outras na qualidade de um "efeito colateral". Por exemplo, se este cliente prestar mais atenção a seu autodesenvolvimento, isto pode ter um bom efeito em sua carreira e, portanto, melhorar sua renda. Em geral há um ponto de alavancagem na roda da vida – o ponto em que um pequeno esforço em uma área pode ter os melhores resultados naquela área e em outras áreas. Neste caso, o autodesenvolvimento é o ponto de alavancagem para melhora das outras duas áreas, que absolutamente não necessitariam de qualquer esforço direto.

Elaborar uma roda da vida com seu cliente todos os meses fornece um bom *feedback* sobre o coaching. A satisfação irá aumentar gradualmente (algumas vezes de maneira drástica).

A meta não é estar 100% satisfeito com todos os aspectos da vida. Independentemente de nosso nível de satisfação, nós nos acostumamos a isso mais cedo ou mais tarde e queremos mais. Às vezes um cliente torna-se mais insatisfeito com a progressão do coaching. Por exemplo, inicialmente um cliente pode ter uma satisfação de 80% diante de sua situação financeira, mas após passar por algumas sessões de coaching ele conclui que deve estabelecer suas marcas em valores mais altos. Ele percebe que merece ganhar mais e que está sendo remunerado inadequadamente pelo seu trabalho. Sua satisfação financeira poderia cair para 50% nesse caso.

Avaliação Informal

A maneira como você avalia um cliente será pessoal para você. Não julgue, aprove ou condene, somente observe e ouça-o com atenção. Deixe que ele seja ele próprio. Que tipo de pessoa ele é?

- Como ele vê, ouve e sente o mundo?
- Como ele interpreta suas experiências?
- Qual é o seu humor emocional prevalecente?
- Que espécie de posição ele toma em relação aos outros?
- Como ele vê seus direitos e responsabilidades e quais ele julga como os mais significativos?
- Como é a aparência dele?
- Como ele se veste?
- Que gestos ele usa habitualmente?
- Qual o tom da voz dele?
- O tom é forte ou suave?
- Ele fala rápida ou lentamente?
- Que padrões típicos de fala ele tem?
- Que palavras ou frases habituais ele usa?
- Que movimentos de olho ele usa?
- Quanto de contato visual ele faz?

Notar esses detalhes o ajudará a obter *rapport* graças à equiparação da linguagem corporal e tom de voz. À medida que você ouve atentamente seus clientes, começará a obter um senso de quem eles são e como eles pensam.

Eles são impulsivos ou prudentes? Eles têm tendência a se segurar e pensar antes de tomar alguma ação?
Eles falam em termos gerais ou prestam atenção a detalhes?
Eles são interessados em idéias ou são mais pragmáticos?
Qual o grau de dependência que eles têm em relação à opinião dos outros?
Qual o grau de atenção que eles dispensam ao retorno de informações?

Um amigo nosso nos contou como ele lida com *feedback* sobre estar atrasado. "Eu ouço atentamente o que dizem as outras pessoas. Então, de qualquer maneira, eu penso nas vantagens em fazer o que eu faço. Em seguida decido se mudarei." Ele é um homem que sempre decidiu em seus próprios termos. Outras pessoas são muito mais dependentes de um retorno vindo de fora e, normalmente, admitirão que estão erradas e que as outras pessoas estão certas apesar de tudo.

Alguns clientes notam o que está errado. Eles lhe dirão exatamente o que está errado com suas vidas e o motivo pelo qual sugestões úteis não funcionarão. Esses clientes talvez sejam do tipo *"yes butters"**. Você dá uma sugestão e a primeira reação deles é, "Sim, mas...". Na primeira sessão, você não precisa fazer nada exceto ouvir com atenção e observar. Mais tarde, durante o processo, você precisará lidar com isto (*veja páginas 95-96*). Uma vez que você saiba como seus clientes pensam, você será capaz de ajudá-los.

Quando os clientes inicialmente recorrem a você, eles estão freqüentemente insatisfeitos e frustrados. Eles descreverão suas situações em diferentes tipos de metáforas. Alguns deles dirão que estão impedidos de prosseguir. Outros poderão dizer que estão bloqueados, ou detidos numa areia movediça; eles sentem-se imobilizados e não conseguem se libertar. Todas essas são metáforas cinestésicas. Outros clientes podem dizer que estão procurando por uma saída, mas não conseguem encontrá-la, ou não podem visualizar qualquer solução, ou que seus horizontes são muito estreitos. Estas são metáforas visuais. Metáforas auditivas são mais raras, mas temos ouvido algumas pessoas dizendo que elas sentem como se todo mundo estivesse gritando com elas ao mesmo tempo.

---

* N.T.: Os autores estão se referindo às pessoas que têm o hábito de responder às perguntas usando a seqüência: "Sim..., mas...".

A primeira coisa que um coach deve fazer é combinar com a linguagem dos clientes. Se eles dizem que se sentem impedidos de prosseguir, então fale em termos gerais sobre como você pode fazê-los se moverem novamente. Se eles dizem que não conseguem enxergar uma saída, diga-lhes que você pode mostrar-lhes uma. Se eles dizem que suas vidas estão muito repletas de "tagarelice" sem sentido, então se ofereça para acalmar a "zoeira" de modo que eles possam pensar claramente. Desta maneira o cliente irá inconscientemente perceber que você entende a situação dele. Você está falando na mesma linguagem que ele.

Uma vez que você obtete *rapport* com um cliente, conduza-o para um outro sistema representacional. Peça ao cliente que se sente impedido de prosseguir que imagine como seria ver sua situação sob um outro ponto de vista. Solicite ao cliente que não consegue ver uma saída para ele imaginar tomar algumas medidas no sentido de avançar. Essas simples intervenções ajudarão o cliente a rever sua situação sob uma nova maneira.

DESCOBRIR A PREOCUPAÇÃO IMEDIATA DO CLIENTE

A preocupação imediata do cliente será óbvia no início da sessão. Alguns clientes sentem que eles não estão atingindo o que poderiam. Eles querem avançar, mas não estão seguros da maneira como devem agir. Eles dirão o que esperam do coaching e responderão prontamente nos trabalhos sobre metas.

Outros clientes são mais conscientes das dificuldades em suas vidas. Eles perceberam um problema e esta é a razão pela qual recorreram a um programa de coaching. Estes clientes ainda precisam de trabalho sobre metas, mas necessitam de uma direção e de um destino final para avançar antes que possam se afastar de seus passados que lhes trazem desconforto.

Algumas preocupações imediatas são sobre aprender novas habilidades. Isto pode tomar uma ou duas sessões. Na qualidade de um coach, você esclarecerá o resultado, obterá os valores existentes por trás dele, explorará quaisquer crenças que podem estar atrapalhando e, em seguida, desenhará um plano de ação para criar ou aumentar a habilidade. Depois, talvez você precise ficar disponível para atender ligações telefônicas durante algumas semanas no sentido de prover suporte.

Um segundo tipo de cliente necessitará de uma conversa mais complexa durante diversas sessões. Ele pode ter crenças limitantes e circunstâncias difíceis que você necessita trabalhar em conjunto. As metas dele precisarão ser esclarecidas e o coaching talvez envolva vários aspectos de sua vida e poderá ocupar semanas ou meses.

Finalmente, há aqueles clientes que precisam de uma conversa mais aprofundada e querem uma mudança fundamental em suas vidas. Talvez eles queiram passar por um coaching pessoal. Os tipos de questões que poderiam precipitar esta modalidade de coaching seriam uma mudança na carreira ou criar filhos. Este tipo de coaching poderia tomar diversos meses.

Independentemente da questão envolvida, é preciso explorar as seguintes perguntas com o cliente:

> Como vocês dois saberão que o programa de coaching está obtendo êxito? Vocês dois precisam ser claros sobre o que constitui obter sucesso num programa de coaching.
> O que o cliente necessitará fazer?
> O que ele precisará parar de fazer? Que hábitos ele tem que está mantendo os obstáculos e o que é presente em sua vida que está dificultando seu progresso? O cliente necessitará avaliar seus hábitos, abandonar alguns e criar outros.
> Em que o cliente precisará atuar mais?
> O que o cliente precisará fazer diferentemente?
> Que exercícios e tarefas você pode atribuir que lhe permitirão conseguir isso? Mesmo na sessão inicial, você pode dar uma idéia do que poderiam envolver essas tarefas.

ESTABELECER A ALIANÇA DO COACHING

Agora que você informou ao cliente as particularidades do coaching, você está em uma boa posição para estabelecer a "aliança do coaching". De que maneira o cliente gosta de ser orientado? Como vocês dois trabalham para obter os melhores resultados?

Uma forma de estabelecer esta aliança é fornecer ao cliente uma folha de papel na primeira sessão em que constam dois títulos:

> O coaching promove bons resultados para mim quando o coach faz estas coisas...
> O coaching não promove bons resultados para mim quando o coach faz estas coisas...

Dessa forma você tem uma boa idéia do que se ajusta às expectativas do cliente. Isto os ajuda a estabelecer a aliança.

O coach precisa ser mais flexível do que o cliente. Quando um coach não consegue mudar seu estilo para se enquadrar a diferentes clientes, ele sempre será limitado a um certo tipo de cliente.

A aliança possibilita aos clientes serem responsáveis pelos resultados do coaching. Eles detêm suas soluções; eles são responsáveis por elas. Quando o coach fala ao cliente o que fazer, este não possuirá a solução. Isto não significa que o coach não possa fazer sugestões, algumas firmemente, e ajudar o cliente a chegar à sua própria solução por meio de perguntas, sugestões e tarefas. Todavia, o cliente sempre tem a possibilidade de optar.

Este ponto é muito importante. A menos que o cliente conclua que ele tem os resultados e que é responsável pelo coaching, ele esperará que o coach o modifique. Se houver uma falta de progresso, os clientes provavelmente culparão o coach pela situação, e o coach, em contrapartida, pode cair na armadilha de sentir-se responsável por isso.

Coaching é uma aliança. Isto fica mais claro no coaching esportivo. O coach de esporte trabalha com o atleta, mas é o atleta que sobe no pódio dos vencedores, não o coach. O atleta consegue a glória e as medalhas. O coach tem sido essencial, mas ele não ganha qualquer crédito público.

LIDAR COM OS ASPECTOS PRÁTICOS

Existem alguns aspectos práticos a serem tratados – como e quando você aplica coaching e quanto você cobra pelo serviço. Há muitas possibilidades a decidir: o custo, coaching presencial e/ou por telefone, os horários e duração do programa. Essas questões são discutidas nos Recursos (*página 209*).

COMPROMETIMENTO COM O PROGRAMA DE COACHING

O coaching só funciona se coach e cliente se envolverem com o programa. Não aceite um cliente a menos que você esteja preparado para ajudá-lo sem reservas e respeite-o por quem ele é. Se você estiver indeciso ou sentir que ele tem problemas psicológicos que seriam tratados mais convenientemente pela terapia ou aconselhamento profissional, então recomende-o a um bom terapeuta ou conselheiro. Você pode ser honesto e dizer que não se sente a pessoa ideal para ajudá-lo nesta hora e que considera que seria preferível que ele procurasse um outro tipo de profissional.

O cliente também necessita se comprometer com o coaching. Isto não é simples. Ele já está comprometido com várias coisas em sua vida, por exemplo trabalho, amigos, família e passatempos. Você está pedindo-lhe que se comprometa com mais uma coisa. Onde o coaching se encaixará em seus compromissos já existentes?

Para promover um comprometimento congruente, vocês dois necessitam explorar os possíveis obstáculos e impedimentos para a realização do programa de coaching. Analisar os possíveis obstáculos não significa ser negativista ou pessimista. Quando ambos sabem o que poderia deter o programa, então estão mais bem preparados para envolver-se com ele.

- O que, a seu ver, poderia interromper este programa de coaching?
- Como o coaching se encaixa no que você já está fazendo?
- O que você faria se o coaching aparentemente se desenvolvesse de forma lenta, ou ficasse maçante ou sem sentido?

O comprometimento não é somente intelectual; ele é também emocional. O cliente somente agirá e continuará no relacionamento do coaching se ele estiver emocionalmente envolvido. O comprometimento intelectual em seus próprios termos não é o bastante.

Quando você iniciar o programa, explore o comprometimento real do cliente com ele:

- Primeiro, discuta sobre o que pode ocorrer no programa de coaching quando ele obtiver sucesso. Isto promove motivação e fornece a ambos uma meta para o programa.
- Em seguida declare seu próprio comprometimento com o programa.
- Solicite o comprometimento de seu cliente. Isto significa que ele estará disponível para atender suas ligações ou comparecer às suas sessões, e que executará as tarefas sobre as quais vocês concordaram em conjunto.

INICIAR O COACHING COM A QUESTÃO IMEDIATA

Agora que vocês estabeleceram o compromisso, vamos ao trabalho! Iniciá-lo abordando a questão imediata na primeira sessão dará ao cliente um sentido de movimento e motivação. Independentemente da questão, comece trabalhando com metas. A roda da vida também é um bom exercício para o início dos trabalhos.

Passe trabalho de casa ao cliente no final da sessão, para que você tenha algo a discutir no início da próxima.

RESUMO

A primeira sessão de coaching tem oito estágios:

1. **Construir** rapport e a base da confiança.
   Respeite as crenças e valores do cliente.
   Equipare linguagem corporal e tom de voz de uma maneira honesta com a intenção de entender o cliente.
   Repita as frases mais importantes dele a fim de conferir concordância, demonstrar rapport, esclarecer valores e reduzir mal-entendidos.
   Combine o estilo de pensamento do cliente procurando por pistas de acesso ao sistema representacional. Ouça palavras baseadas nos sentidos e equipare-as.
   Ofereça um ambiente confortável e acolhedor.
   Conquiste confiança com o tempo. Seja verdadeiro, competente e honesto.

2. *Administrar as expectativas do cliente.*
   Informe ao cliente o que ele deve esperar.
   Explique-lhe o que ocorre no programa de coaching.
   Respeite suas confidências.
   Esclareça antes de iniciar os preparativos do retorno de informações se o cliente não for seu empregador.
   Atenha-se aos padrões e à ética dos profissionais de coaching.

3. *Avaliar o cliente e coletar informações.*
   Obtenha informações básicas para contato.
   Faça uma avaliação informal da personalidade dos clientes. Que tipos de pessoas eles são? O que eles querem?

Colete informações sobre:
   sua carreira
   seus relacionamentos
   suas saúde e energia
   sua situação financeira
   suas metas e valores
   seu compromisso com o autodesenvolvimento, equilíbrio de vida e desenvolvimento espiritual
   suas atividades de lazer e interesses
   suas preocupações imediatas
Obtenha um currículo detalhado, se necessário.
Utilize a roda da vida para explorar o equilíbrio atual da vida e os níveis de satisfação do cliente.

4. **Descobrir a preocupação imediata do cliente.**
   O que faz um cliente recorrer ao coaching?
   Como ele saberá que o programa de coaching é bem-sucedido?
   O que o cliente precisará fazer de forma diferente?
   O que ele precisará parar de fazer? Que hábitos ele tem que está mantendo os obstáculos e o que é presente em sua vida que está mantendo esses hábitos?

5. **Estabelecer a aliança do coaching.**
   De que maneira o cliente gosta de ser orientado?
   Faça um acordo. O cliente detém os resultados do coaching.

6. **Lidar com os aspectos práticos.**
   Discuta pagamentos, tempos do programa e programação das sessões.

7. **Comprometimento com o programa de coaching.**
   Explore o comprometimento real do cliente com o programa.
   Discuta sobre o que pode ocorrer no programa de coaching quando ele obtiver êxito.
   Compare e esclareça quaisquer potenciais impedimentos:
      O que poderia interromper este programa de coaching na visão do cliente?
      Como o coaching se enquadra no que o cliente já está fazendo?
      O que o cliente faria se o coaching, aparentemente, se desenvolvesse de forma lenta, ou ficasse maçante ou sem sentido?

Declare seu próprio comprometimento com o programa.
Solicite o comprometimento de seu cliente.

8. **Iniciar o coaching com a questão imediata**
   Passe trabalho de casa ao cliente, e programe a próxima sessão.

ETAPAS DO PLANO DE AÇÃO

Se você quiser entender, aja. Eis aqui alguns exemplos de como explorar as idéias neste capítulo. Você ainda pode usá-los como tarefas para seu cliente, e, caso queira, para você mesmo.

1. Observe pessoas conversando em restaurantes (não de modo muito manifesto!).
   Você consegue distinguir quem está em *rapport*?
   Por que você acha isso?

2. Com que pessoas você gostaria de se dar melhor em sua vida?
   Na próxima vez em que encontrá-las, fique muito curioso sobre a razão pela qual você não se dá bem com elas tanto como gostaria. Preste atenção em suas linguagens verbais e observe suas linguagens corporais. Há algumas dessas características que se combinam. Isto faz alguma diferença?

3. Na próxima vez em que estiver ao telefone, inicie combinando o nível e a velocidade de voz da pessoa que está na outra ponta da linha. Quando você quiser que a conversa termine, desfaça a combinação, ou seja, fale mais fortemente ou suavemente, ou mais rápido ou mais lento. Esse procedimento faz a conversação ficar mais fácil quando você se equipara com a outra pessoa, ou facilita a sua interrupção quando você pára de se equiparar com ela?

4. Na próxima vez em que você tiver uma conversa com um cliente, ouça-o cuidadosamente e então repita os quatro pontos mais importantes que ele acentuou enquanto falava. Utilize as exatas palavras dele para repetir os pontos-chave. Note se isto torna a conversação um pouco mais fácil.

5. Descubra seu sistema representacional preferido, se ainda não o conhece. Você pode fazer isso gravando a sua própria conversa sobre algo de seu interesse durante alguns minutos. Em seguida, ouça atentamente a gravação e repare quais palavras baseadas nos sentidos você tende a usar com maior freqüência. Você ainda pode

pensar sobre sua postura geral, gestos, padrão de respiração e interesses gerais.
6. Quando você encontrar seu sistema representacional preferido, descubra o sistema preferido de cada um de seus clientes. Você acha que se dá melhor com aqueles que compartilham de seu sistema preferido?
7. Elabore uma roda da vida para você hoje. O que ela lhe revela sobre o equilíbrio de sua vida? Qual é o ponto mais importante que requer o início dos trabalhos de coaching?
8. De que maneira você gostaria de ser orientado no programa? Faça uma lista dos itens que fariam o coaching dar bons resultados caso você fosse um cliente. O que isso lhe informaria sobre seu próprio estilo de ministrar coaching aos seus clientes?

CAPÍTULO 5

⇨ A ARTE DO COACHING

⇨⇨⇨ As aptidões de um coach são de simples descrição. Elas envolvem prestar atenção. Atenção é um dos bens mais preciosos existentes no mundo. Você não consegue comandá-la. Ela somente pode ser dada. Nós nos sentimos menos animados, menos ativos, quando não obtemos atenção suficiente. Atenção é vital para nosso bem-estar psicológico, assim como o ar e a água o são para o nosso bem-estar físico.

Desde a primeira sessão de coaching, prestar atenção no cliente envolve duas habilidades:

⬇ calibração
⬇ escuta

CALIBRAÇÃO

Calibração é um termo da PNL que significa reconhecer precisamente como uma outra pessoa está se sentindo pela leitura de sinais não-verbais.

Calibração é a diferença entre ver, notar e observar. A maioria das pessoas apenas *vê* uma outra pessoa. Ver é apenas deixar o comprimento de onda eletromagnético da luz registrado no olho. Assim uma pessoa pode ver os movimentos dos olhos de outra pessoa, seus gestos e suas roupas, mas não extrairá qualquer significado desses dados.

O próximo nível é notar. Se você nota algo, o que você vê se torna significativo. Houve um movimento de olho. O que ele representou? Houve um gesto rápido da mão. O que isso significa? Tem significado para o cliente, portanto deve ter significado também para o coach.

O último nível é observar. Neste nível, é possível calibrar. Agora não somente você nota mas ainda vê padrões. Por exemplo, você observa que quando o cliente está aborrecido ele retesa a boca e a testa numa maneira sutil. O lado esquerdo de sua boca vira para cima. Seu tom de voz torna-se um pouco mais grosso e ele fala mais rapidamente. Você vê isso consistentemente. Você nota ainda que, quando ele fala sobre os chefes, os mesmos padrões são observados. Ele está irritado com seus patrões? Provavelmente. Você está em uma posição de perguntar, e o seu cliente pode ficar admirado com sua intuição, mas foi a observação cuidadosa e a calibração que lhe permitiram se adiantar tanto na matéria.

Seus clientes lhe contarão sobre suas vidas em cada encolhida de ombros, cada suspiro, cada olhadela para o lado – se você estiver olhando. Suas vozes revelarão suas esperanças e sonhos, o que é importante para eles, quando estão furiosos, tristes, contentes ou aborrecidos. Suas linguagens corporais são ricas de significado e mensagens. Observe os movimentos de seus olhos. Observe seus gestos. Quando eles falam sobre o tempo, fazem gestos para os seus lados direito ou esquerdo? Eles fazem gestos para trás ou para a frente? Uma vez que calibrou um cliente, você o conhece muito bem. Você o entende, e isto ajudará seu cliente a se entender melhor.

ESCUTA

O ato de escutar parece simples. No entanto, quando você presta bastante atenção no seu cliente e o ouve cuidadosamente, desprovido de julgamento, interpretação ou distorção, é uma profunda experiência. Há quatro níveis de escuta:

1. Ouvir

   O nível mais superficial é ouvir. Este ato registra as ondas sonoras da voz de uma outra pessoa. É possível ouvir alguém conversar e pensar em algo diferente, ou até fazer outra coisa. Você não tem de prestar atenção em seus clientes para ouvi-los. Um coach nunca pode estar neste estágio.

2. Dar ouvidos a

   O segundo nível é dar ouvidos ao cliente, mas com uma pergunta na mente: "O que isso significa para mim?" Você está ouvindo do interior de sua própria experiência, utilizando a experiência de uma outra pessoa para desencadear suas próprias reminiscências. Eles poderiam estar lhe contando uma conversa sobre seus(suas) parceiros(as) e você poderia estar rememorando uma conversa similar que teve com seu(sua) parceiro(a). Este é o nível cotidiano da escuta e é adequado para conversas no dia-a-dia, mas não para o coaching.

3. Ouvir com atenção

   O terceiro nível é ouvir com atenção algo falado pelo cliente. O coach talvez tenha uma idéia e está filtrando o que o cliente diz; depois, selecionando para fazer um julgamento. O coach provavelmente está envolvido em um diálogo interno com os clientes a fim de fazer isso.

4. Ouvir com consciência

   O ouvir com consciência é uma escuta profunda com o mínimo de julgamento. Você não se intromete no caminho. Há o mínimo de diálogo interno. Este é o nível em que sua intuição pode trabalhar melhor.

Há três inimigos do ouvir conscientemente:

- *Diálogo interno*. Quando você está ouvindo atentamente a si mesmo, é impossível dar ouvidos a seu cliente. Seu diálogo interno talvez nem seja sobre o que o cliente está dizendo, mas sobre outra coisa totalmente diferente: "Será que deixei a chaleira no fogo?", "O que haverá para o almoço?", "Eu estou morrendo de sede", "Eu queria saber que filme passará na TV esta noite". Este tipo de diálogo interno garante que você está ouvindo o cliente mas não prestando atenção nele. Mesmo se o seu diálogo interno *for* sobre o que o cliente está dizendo, isso somente o leva para o nível três. Portanto, deixe o cliente conversar com você, não fale consigo mesmo.
- *Tensão muscular*. É difícil prestar atenção quando você está tenso. Assim, se você achar que sua atenção está divagando, relaxe. Também se certifique de que está confortável; desconforto físico também o distrairá.
- *Um olhar fixo focado*. Sua mente ficará mais aberta e mais receptiva se você usar todo seu campo visual, de modo que suavize o foco de seus olhos e amplie sua visão. Tente abranger o máximo possível com um foco aberto e suave.

POSIÇÕES PERCEPTUAIS

Um coach é o mestre das diferentes perspectivas. Um bom coach conhece suas próprias metas e limites, mas também tem a habilidade de ver o mundo a partir do ponto de vista do cliente e adotar uma visão objetiva. Em PNL estas três perspectivas são conhecidas como *posições perceptuais*.

- A *primeira posição* é sua própria realidade, sua própria visão de qualquer situação, suas crenças, sentimentos, opiniões, interesses, preocupações e valores. O domínio em coaching advém de uma primeira posição acentuada, ou seja, conhecer a si próprio, suas metas, valores e limites.

⇓ A *segunda posição* representa assumir o ponto de vista do cliente. Significa desenvolver a habilidade de dar um salto criativo com sua imaginação para entender o mundo sob a perspectiva de uma outra pessoa, pensar da maneira como ela pensa. Quando você adota a segunda posição é preciso compreender o ponto de vista do cliente, embora isto não indique que você tenha de concordar com ele. A segunda posição é a base do coaching, pois ela conduz à empatia e ao *rapport*.

⇓ A *terceira posição* é assumir uma perspectiva isolada, fora de sua visão e da do cliente. Nesse ponto você pode ver a conexão e o relacionamento entre os dois pontos de vista.

Nós gostaríamos de acrescentar mais uma perspectiva a estas três.

⇓ A *quarta posição* é a perspectiva do sistema em que o cliente está atuando. Poderia ser a empresa na qual ele trabalha. Quando você está dando coaching empresarial é preciso conhecer como as ações do cliente têm impacto no sistema mais amplo da empresa, e como, por sua vez, o sistema da empresa restringe o que o cliente pode fazer e influencia seus pensamentos.

Outra possível quarta posição seria a família do cliente. De que maneira as ações do cliente têm impacto sobre seus familiares? De que maneira a família limita ou autoriza as metas do cliente?

A quarta posição também se refere à ecologia, sobre verificar o impacto que as decisões do cliente terão sobre outras pessoas que serão influenciadas pela mudança.

Normalmente o coaching envolverá instruir o cliente a tomar diferentes posições a fim de lidar com um problema. Por exemplo, a habilidade de assumir a segunda posição é fundamental para bons relacionamentos; assim talvez você precise aplicar coaching em um cliente para ele se sair melhor na segunda posição se ele tiver problemas com seus relacionamentos. Por outro lado, se um cliente estiver sempre rejeitado e sentir que as metas de outras pessoas são mais importantes do que as dele, provavelmente você precisará fortalecer sua primeira posição. E a terceira posição possibilita que eles tenham uma visão mais objetiva da situação e encontrem o ponto de alavancagem que pode produzir os resultados desejados.

Todas as posições são proveitosas. Elas são recursos inestimáveis. Várias pessoas são excelentes em uma posição, mas não revelam tanta competência em outras. O melhor entendimento provém de assumir todas as posições. Um coach precisa ser qualificado em todas as posições.

RESUMO

Preste atenção no cliente.

Calibre o cliente – reconheça precisamente seu estado pela leitura de seus sinais não-verbais. Há três níveis de calibração: ver, notar e observar.

Ouça cuidadosamente seu cliente. Há quatro níveis de escuta: ouvir, dar ouvidos a, ouvir com atenção e ouvir com consciência.

Há três inimigos para se ouvir conscientemente:
 tensão muscular desnecessária
 diálogo interno
 um olhar fixo focado

Um coach deve ser capaz de assumir diferentes perspectivas e ensinar o cliente a adotá-las, se necessário.

1. *A primeira posição é a própria realidade da pessoa – suas metas, valores e interesses.*
2. *A segunda posição é capaz de apreciar a realidade de uma outra pessoa a partir de seu ponto de vista.*
3. *A terceira posição é ver o relacionamento mais objetivamente sob uma maneira isolada e engenhosa.*
4. *A quarta posição é o ponto de vista partindo do sistema no qual está o cliente, por exemplo sua empresa ou família. É uma boa posição para verificar o impacto de suas metas no sistema.*

⇨ ⇨

ETAPAS DO PLANO DE AÇÃO

Se você quiser entender, aja. Eis aqui alguns exemplos de como explorar as idéias neste capítulo. Você ainda pode usá-los como tarefas para seu cliente, e, caso queira, para você mesmo.

1. *Escolha uma conversa que não seja importante e ouça com atenção uma pessoa com uma mente completamente aberta, sem qualquer diálogo interno. Não tente entender ou interpretar. Que novas reflexões você conseguiu captar daquela pessoa?*
2. *Qual das três posições perceptuais você suspeita que é mais facilmente adotada por você?*

3. *Se você prefere uma posição, faça uma lista dos benefícios de se ater firmemente a ela. A seguir faça uma lista dos inconvenientes. (Por exemplo, se você tem uma primeira posição acentuada, você conhece sua própria mente, mas talvez seja considerado de forte opinião. Uma segunda posição de peso lhe confere grande empatia, mas pode levá-lo a negligenciar seus próprios interesses. Uma terceira posição forte lhe dá objetividade, mas com o risco de parecer "distante".) Em seguida, faça uma relação dos benefícios que conseguiria se atingisse desenvolvimento em outras duas posições.*

CAPÍTULO 6

⇒ PERGUNTAS SÃO A RESPOSTA

⇨⇨⇨ A sessão inicial terminou e você tem um novo cliente. E agora? O coaching tem uma estrutura. Aqui está o quadro geral:

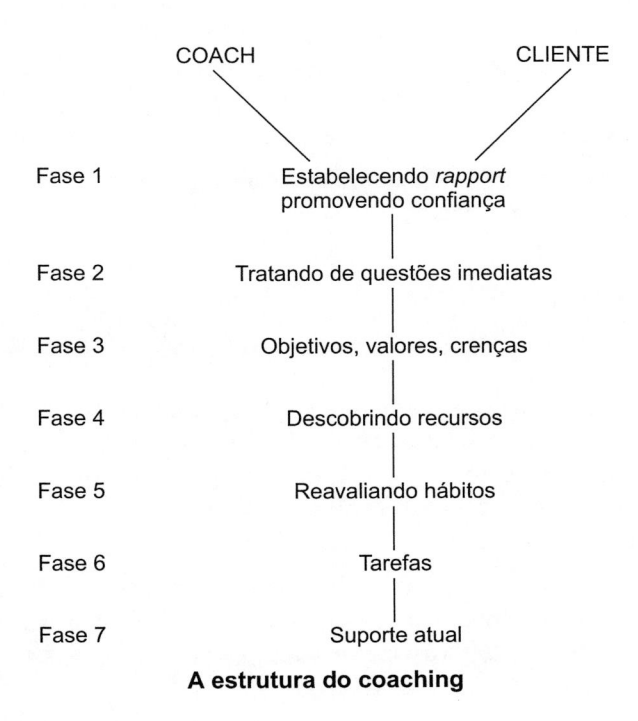

	COACH	CLIENTE
Fase 1	Estabelecendo *rapport* promovendo confiança	
Fase 2	Tratando de questões imediatas	
Fase 3	Objetivos, valores, crenças	
Fase 4	Descobrindo recursos	
Fase 5	Reavaliando hábitos	
Fase 6	Tarefas	
Fase 7	Suporte atual	

A estrutura do coaching

A primeira fase corresponde ao estabelecimento do *rapport*. Comece-o na sessão inicial e preste atenção a este ponto durante todas as fases do programa de coaching. Com o passar do tempo, o *rapport* se transforma em confiança.

A segunda fase em nossa estrutura global é lidar com a questão imediata do cliente. Esta é a razão principal pela qual ele recorreu ao coaching. Às vezes o coaching mantém essa questão durante todo o programa. O cliente quer, por exemplo, que um problema seja resolvido, ou deseja melhorar uma habilidade, e o coaching foca nesses pontos. Com mais freqüência, no entanto, ele é ampliado para outros temas, tocando em muitos aspectos da vida do cliente.

Assim que tiver iniciado a exploração do problema imediato do cliente, você entrou na terceira fase: definir as metas e valores dele. Esta é uma fase rica. Metas e valores são as cores com as quais o cliente pinta o quadro de sua vida. Eles são as notas musicais na canção de suas vidas. As vidas de vários clientes são mais sombrias e silenciosas do que precisavam ser. O coach abre as portas para um mundo mais colorido, mais rico.

Nesta fase, coach e cliente trabalham em conjunto, transformando os sonhos do cliente em realidade, iniciando com as metas no longo prazo. Eles transformam problemas em metas e estabelecem um plano de ação para atingi-las. Eles, ainda, trabalham em conjunto para descobrirem a energia existente por trás das metas, o motor que impulsiona o cliente para a frente – seus valores. Todo o método de coaching é baseado nas metas e valores do cliente. A vida dele se move na direção de suas metas, impelidas pelos seus valores.

De que maneira um coach efetua esta transformação? Na maior parte dos casos fazendo boas perguntas.

A TÉCNICA DAS PERGUNTAS

Perguntas fazem muitas coisas. Na sessão inicial, o coach efetua perguntas para obter informação e estabelecer fatos. Nas fases seguintes, ele faz perguntas para explorar as crenças e os valores do cliente, pesquisando fundo para descobrir o modo do cliente pensar, o que ele quer, a razão de querer isso e o que poderia estar impedindo-o de obtê-lo.

As perguntas têm uma estranha qualidade – você não consegue responder a uma pergunta. Elas o forçam a pensar sobre sua experiência. Mesmo se você responder "eu não sei", ainda assim você teve de pensar na questão e examinar sua experiência a fim de dar aquela resposta.

As perguntas são como pontos de luz que brilham em lugares escuros. Uma boa pergunta iluminará novas áreas. Quando você faz uma pergunta valiosa a um cliente, lhe oferece a oportunidade de analisar sua experiência e recursos de um modo diferente, e de encontrar respostas que ele não pensava que podia ter. Os clientes, normalmente, têm procurado respostas em locais em que estão familiarizados, mas as respostas não se encontram lá; senão o cliente já as teria encontrado.

Há uma história da cultura Zen sobre um homem que está olhando desvairadamente debaixo de um poste de iluminação pública. Um transeunte pára a fim de ajudá-lo.

"O que você está procurando?", ele pergunta.

"Minhas chaves", responde o homem.

"Onde você as perdeu", pergunta novamente o Bom Samaritano.

"Oh, eu as perdi em casa", responde o homem.

"Só uma coisa", diz o estranho prestativo, "se você perdeu as chaves em casa, por que as está procurando aqui fora na rua?"

"Porque está escuro dentro de casa", responde o homem. "Eu não consigo ver. Aqui fora está iluminado, portanto eu estou procurando neste local."

Os coaches fazem perguntas que irradiam luz nos lugares certos.

Uma das perguntas mais interessantes que eu, Andrea, tive a oportunidade de responder aconteceu durante uma entrevista para descobrir como eu dou coaching e treinamento. Algumas pessoas estavam modelando minhas habilidades especiais nessas técnicas. Elas não estavam interessadas apenas em me ver aplicando coaching e treinamento, mas também em conhecer minhas estratégias mentais, e minhas metas e valores sobre as duas técnicas. Eu estava respondendo suas perguntas sem pensar muito, pois tinha refletido sobre esses pontos anteriormente. No entanto, a última questão da entrevista era especial: "Que metáfora você usaria para se descrever como coach e instrutora?"

Isto realmente me fez pensar... Eu deixei minha mente vagar livremente, só esperando que surgisse alguma resposta. Repentinamente, eu me vi como uma exploradora de pirâmides antigas, e isso fez bastante sentido para mim.

"Por que uma exploradora de pirâmides?", eles perguntaram.

"Porque quando você sabe para onde olhar, é possível encontrar tesouros dentro de lugares onde ninguém jamais esteve. Eu vejo as pessoas como templos, com tesouros ocultos somente à espera de serem descobertos!"

Esta foi minha metáfora para a coach: uma exploradora de pirâmides, alguém para extrair o melhor. Eu cheguei a essa conclusão por causa de uma boa pergunta no momento certo.

Pressuposições

A metáfora da pergunta como um refletor de luz poderoso é bastante apropriada. As perguntas realmente refletem luz, mas igualmente deixam outras áreas na escuridão. Em outras palavras, perguntas direcionam a atenção do cliente para determinadas questões e, portanto, a distancia de outras. Como elas fazem isso? Principalmente graças às pressuposições implícitas nas perguntas. Uma pressuposição é uma hipótese que tem de ser aceita como verdadeira antes de você poder pensar sobre a questão.

Todas as perguntas contêm pressuposições. Ou você aceita essas pressuposições se estiver a ponto de responder uma pergunta, ou terá de fazer uma nova pergunta sobre a questão. Por exemplo, quando um coach pergunta ao cliente "O que você quer?", isto pressupõe que o cliente quer algo. O cliente pode responder com suas metas ou dizer que não sabe; ambas as respostas indicam que ele aceitou a pressuposição. Opcionalmente, o cliente poderia responder: "Eu não quero nada." Neste caso a resposta é dada de maneira diferente – rejeitando a pressuposição por trás da pergunta. Ele poderia questionar a pressuposição em si ao perguntar: "O que o leva a pensar que eu quero algo?"

Uma parte da técnica de fazer perguntas eficazes é nelas embutir as pressuposições mais proveitosas. Muitas pessoas fazem perguntas com pressuposições inúteis ou prejudiciais.

Por exemplo, considere a pergunta: "Quem deve ser culpado por isso?" Ela contém duas hipóteses. Primeiro, que existe culpa, e segundo que a falha pode ser alocada. Estas não são pressuposições sólidas. A culpa volta-se para o passado. Ela descobre falhas nas pessoas a fim de explicar como foi criado o problema. Mesmo se a culpa puder ser atribuída a alguém, isto não contribui em nada para solucionar o problema. E mais, quando um cliente acredita na culpa, ele tem de admitir que, sempre que algo sair errado, alguém falhou, e, talvez, seja punido por isso. Ele tem de acreditar que os problemas não ocorrem, e sim que são as pessoas que os causam. Nessa perspectiva, se a culpa não puder ser imputada a *outra pessoa*, então ele próprio deve sentir-se culpado, e esta não é também uma hipótese libertadora, embora um subproduto positivo deste enfoque seja a ilusão do controle – há uma explicação para tudo.

O conceito de culpa não encontra lugar no coaching.

Eis um outro exemplo de uma pergunta ineficaz: "Por que ele está tentando magoá-la?" Ela parece apenas um pedido simples de informação, mas contém uma hipótese de que um homem está tentando magoá-la – e de que tenciona fazer isso. Um coach não pode adotar essa abordagem a menos que o cliente reafirme positivamente.

Um exemplo final: "Há quanto tempo você vem permitindo que essa situação persista?" Aqui a hipótese é que a situação está sob seu controle. Se for uma situação ruim isto acresce insulta à injúria, pois você tem se esforçado para resolvê-la, mas não tem obtido sucesso. No coaching esta pergunta pode também ser interpretada como uma repreensão de que um cliente sabia que a situação era ruim e, deliberadamente, deixou que ela se mantivesse da mesma forma.

Todos os exemplos apresentados são de suposições fracas. Exemplos de perguntas eficazes seriam (suposições entre parênteses):

- "De todos os recursos que você dispõe, qual a seu ver seria o mais efetivo em melhorar esta situação?" (Você tem vários recursos e pode optar. E mais, seus recursos podem melhorar a situação.)
- "O que o detém de fazer a mudança?" (Você pode fazer a mudança.)
- "Quantas coisas podem ser aprendidas desta situação?" (Você pode aprender com isso.)

Assegure-se sempre de que suas perguntas contêm suposições sólidas e proveitosas.

Timing (Momento Oportuno)

O *timing* é crucial tanto ao fazer perguntas quanto ao se contar uma piada. Uma pergunta poderia evocar um olhar fixo e vazio em um instante, mas uma expressão de "Eureka!" se feita cinco minutos depois. Como você sabe qual o momento de uma pergunta ser respondida?

O momento oportuno de respondê-la é parcialmente definido no nível da intuição. Intuição é saber quando fazer algo sem saber conscientemente como você sabe. É possível treinar a intuição de duas maneiras:

1. Ouça com atenção! Relaxe. Desligue seu diálogo interno. Pergunte a você próprio: "O que este cliente precisa neste momento?" Talvez você tenha uma grande questão em mente, mas agora ela será adequada ao cliente?

2. Calibre o cliente. Se você prestar atenção à sua linguagem corporal e tom de voz, saberá quando ele está aberto a uma questão. Um coach competente pode modificar a segunda parte de uma questão baseado na resposta não-verbal que os clientes dêem na primeira parte.

À medida que você for melhorando suas qualidades de escuta e calibragem, começará a fazer as perguntas no momento oportuno, pois adquiriu o hábito de ouvir o que as palavras expressam e notar os sinais não-verbais. Quando você fizer essas coisas naturalmente, não ficará cônscio de seu êxito, mas agirá no que você ver e ouvir. O que você notar conscientemente confere o grau de melhoria de suas perguntas.

Sinceridade

Como você saberá que um cliente está dando uma resposta sincera? Como você saberá se ele está somente respondendo a você o que ele acha que você gostaria de ouvir?

Em primeiro lugar, você terá explicado, na primeira sessão, a maneira como o coaching se processa. Você terá dito ao cliente que, ao deixar de responder uma pergunta com sinceridade, ele é que sairá perdendo, pois o coaching foi desenhado para o benefício dele. No entanto, ele sempre tem o direito de recusar o fornecimento de respostas.

Em segundo lugar, você estará calibrando seu cliente, de forma que será capaz de perceber, partindo de sua linguagem corporal e tom de voz, quando ele estiver desconfortável ou inseguro sobre uma resposta. Em seguida, você poderá optar entre deixar aquela área de investigação ou partir para sondagens futuras.

Em terceiro lugar, as questões de um coach surgem de uma atitude aberta e honesta de curiosidade. Um coach modela honestidade para o cliente. Quando o cliente vê isso, ele lhe dá respostas sinceras.

Finalmente, você poderia fazer algumas perguntas eficazes de acompanhamento, como:

"O que mais você observou?"

"De que maneira você diria que realmente não se importou com o que eu pensei sobre isso?"

"Há algo a mais que você gostaria de explorar além do que você já tinha contado?"

Criando *Rapport* com Perguntas

O *rapport* pode ser construído com base em perguntas. Até uma questão desafiadora pode ser feita com respeito, sem necessidade de quebra de *rapport*.

Há duas maneiras principais de fazer perguntas difíceis e manter o *rapport*:

1. Você pode indicar à pessoa com antecedência. Por exemplo, "eu gostaria de lhe fazer uma pergunta sobre isso...".
2. É possível suavizar suas perguntas pelo tom de voz ou com frases habilitadoras, como, por exemplo:

    "Eu gostaria de saber se..."

    "Eu estou interessado em saber se..."

    "Você se incomodaria em me dizer..."

Mesmo uma pergunta provocante pode ser feita com respeito, e não necessariamente iria desfazer o *rapport*. Linguagem corporal e tom de voz são tão importantes como as palavras. "O que você quer?" é o tipo de pergunta básica e excelente usada no coaching, porém, feita num tom de desprezo e com um dedo apontado numa posição acusadora, iria romper totalmente o *rapport*.

Alterando Estados Emocionais

O estado emocional de um cliente pode ser alterado por perguntas. Elas podem colocar o cliente em estados deploráveis, quer pelo uso inadequado de tom de voz e linguagem corporal ou pelas hipóteses limitantes a partir das quais elas foram formuladas. Por exemplo: "Qual é a pior coisa sobre este problema?" é uma pergunta fraca pois a fim de entendê-la o cliente tem de passar por uma série de emoções ruins, decidir qual é a pior e depois responder. "Por que você se sente tão desesperançado?" é uma pergunta tão sem fundamento que seria qualificada como "anticoaching" – receber um cliente que estivesse basicamente bem e fazê-lo sentir-se pior depois da sessão de orientação.

Outras perguntas, é evidente, colocarão o cliente em um estado rico de sensações. Às vezes os coaches fazem perguntas com o único intuito de conseguir isso. Estas questões serão sobre:

os recursos do cliente

as pessoas que ele ama

as boas experiências que ele teve

COMO FAZER PERGUNTAS EFICAZES

Perguntas são o canal principal através do qual o coach explora as questões do cliente e ajuda-o a resolvê-las. Elas podem ser muito eficazes. Mas, perguntas eficazes necessitam ser precisas.

Digamos, por exemplo, que o coach quer fazer uma pergunta para descobrir o valor existente por trás de uma meta. Eis aqui as possíveis questões:

"Se você obtiver essa meta, o que ela proporcionará para você?"
"Quando você obtiver essa meta, o que ela proporcionará para você?"
"Quando você obtiver esta meta, o que ela significará para você?"

A primeira pergunta introduz um elemento de dúvida ("se") como se o cliente fosse realmente obter a meta. Esta não é uma hipótese proveitosa. Ninguém pode saber o futuro, mas é melhor acreditar que o cliente terá êxito do que duvidar dele antes mesmo de ter iniciado o processo.

A segunda pergunta é a melhor porque ela pressupõe que o cliente obterá a meta, e foca o cliente no que reside atrás dela.

A terceira pergunta ainda pressupõe que o cliente obterá a meta mas é muito menos precisa. A resposta poderia ser uma mistura de valores, crenças, experiências passadas, associações e outros resultados. Quando você sabe exatamente o que quer saber, é fácil formular a pergunta com precisão.

As perguntas eficazes no coaching apresentam cinco características.

1. Elas normalmente iniciam com a expressão "O que".

"O que você quer?", "O que é importante para você?" e "O que poderia impedi-lo de atingir esta meta?" são todas exemplos de perguntas eficazes. A primeira explora as metas do cliente, a segunda seus valores e a terceira qualquer crença ou opinião limitante que precisa ser superada.

Perguntas que começam com a expressão "Por que" são normalmente menos eficazes. Estas questões em geral inquirem sobre valores, mas uma melhor pergunta no sentido de obter valores é "O que é importante para você sobre isso?". "Por que isso é tão importante para você?" não é tão precisa, pois o cliente poderia responder com a descrição das expectativas de outras pessoas ou razões lógicas quanto a ele ter tomado uma determinada série de ações.

De modo similar, a pergunta "Por que você fez isso?" poderia ser interpretada como contendo um elemento de culpa. O cliente poderia sentir que estava sendo solicitada sua justificativa para o ato. E ainda, ele poderia responder baseado em razões lógicas por suas ações, ou a descrição dos eventos que levaram às ações, em lugar dos valores existentes por trás delas ou o que ele estava tentando obter ao agir daquela maneira.

Há uma pergunta contendo "O que" que poderia ser feita pelo cliente: "O que eu devo fazer?". "Devo" é uma palavra de pressão – ela implica que há uma regra que o cliente acha que tem de seguir e ele quer lhe transmitir o que isso significa. Na verdade, ele está dizendo: "Diga-me o que fazer. Forneça-me uma regra para seguir." Resista à tentação de fazer isso a todo custo, mesmo se o que ele deve fazer for muito evidente para você. A melhor réplica a esta pergunta é uma outra pergunta: "O que você quer?" Quando alguém apresenta clareza sobre suas próprias crenças, valores e metas, ele saberá o que fazer.

2. Perguntas eficazes levam à ação.

Elas são orientadas à solução. O entendimento intelectual não é suficiente para resolver um problema ou obter uma meta. Você precisa *fazer* algo sobre isso.

3. Perguntas eficazes são orientadas para metas em vez de problemas.

O coaching foca muito mais no presente e no futuro do que no passado. Diferentemente do que se estender no problema, perguntas eficazes nesta técnica movem o cliente para um futuro diferente e melhor.

4. Perguntas eficazes levam o cliente ao futuro em vez de buscar explicações no passado.

Perguntas eficazes apontam o caminho para seguir adiante. Não é necessário entender exatamente como surge uma situação para resolvê-la. Se você estiver no escuro, não tem de entender a teoria da eletricidade a fim de acender um interruptor de luz elétrica.

5. Perguntas eficazes contêm hipóteses sólidas que serão proveitosas para o cliente.

A estrutura básica de uma boa pergunta no coaching é:

> *O que ... você... verbo... futuro positivo.*

"O que" a torna específica e orientada a metas.
"Você" aplica-a ao cliente e torna-o responsável.
O verbo indica ação.
O futuro positivo conduz o cliente para o futuro desejado.

Isto não indica que ela seja uma fórmula que deve ser aplicada rigidamente. Ela é simplesmente uma estrutura básica útil em torno da qual você pode ser criativo e fazer improvisações.

Eis aqui alguns exemplos de perguntas eficazes:

⇩ "O que você quer?"
Esta é a questão básica para se descobrir metas.
⇩ "Quais outras opções você tem?"
Esta pergunta assume que o cliente dispõe de opções.
⇩ "O que esta meta proporcionará para você?"
Esta pergunta obtém os valores existentes por trás da meta.
⇩ "Do que é importante para você sobre isso?"
Esta pergunta revelará valores.
⇩ "O que você está disposto a desistir para realizá-la?"
Esta é uma pergunta sobre a ecologia da meta, o quadro mais amplo. Note a linguagem. A pergunta assume que o cliente está desejoso e é capaz de desistir de algo. Há uma enorme diferença entre esta pergunta e "O que você perderá para realizá-la?". Perder e desistir são conceitos diferentes. Quando eu perco algo, eu posso sofrer. Desistir é um processo voluntário.
⇩ "O que você não está disposto a mudar?"
Esta é uma pergunta mais contestadora, e ela assume que a mudança é possível e sob a influência do cliente.
⇩ "O que você está tentando obter quando conseguir isso?"
Esta é uma boa pergunta se o cliente fez algo que não resultou da maneira como esperado. Ela foca em resultados e pergunta sobre a intenção do cliente. A intenção teria sido boa mesmo se o resultado for ruim. Isto é baseado na pressuposição da PNL de que todas as ações são intencionais. Ela induz à próxima pergunta eficaz:
⇩ "O que você aprendeu a partir disso?"
Esta é uma boa pergunta quando o cliente cometeu um erro, em outras palavras as intenções dele não combinam com os seus comportamentos ou seus esforços deram maus resultados. Melhor do que analisar o erro, esta pergunta solicita ao cliente para examiná-lo desprovido de paixão e aprender com ele.
⇩ "O que você faria de maneira diferente da próxima vez?"
Esta é a pergunta que faz o acompanhamento da última questão.

⇓ "O que melhorou na situação presente?"

Esta é uma pergunta adequada sobre ecologia. Ela assume que há alguns bons elementos na vida do cliente no presente que valem a pena manter. Esta é uma importante questão quando você estiver trabalhando com metas. Toda situação tem seu lado bom.

⇓ "O que você pode fazer para se distinguir?"

Esta pergunta assume que o cliente pode fazer uma diferença.

⇓ "O que poderia demovê-lo de agir?"

Outra vez há um foco na ação futura nesta questão. Não ignore algo que poderia demover o cliente de agir.

Finalmente, quatro perguntas ligeiramente diferentes que podem ser proveitosas na verificação da ecologia:

⇓ "Qual é a pior coisa que poderia acontecer se você fizesse isso?"

Esta pergunta aponta para o futuro e pede ao cliente para avaliar possíveis conseqüências desagradáveis. Ela pode ser útil se o futuro for incerto, pois a resposta pode revelar-lhe que o cenário não é tão sombrio como ele poderia ter pensado. Ela é também proveitosa no caso de um "planejamento por baixo". Se o cliente está preparado para lidar com a pior contingência possível, então ele pode avançar com muito mais confiança. Saber que ele pode lidar com o cenário de pior caso lhe fornecerá mais confiança.

⇓ "Qual é a melhor coisa que poderia acontecer se você fizesse isso?"

Esta é uma boa pergunta para colocar o cliente em um bom estado. Por outro lado, esta questão pode fazê-lo concluir que a recompensa não é tão agradável como ele tinha pensado. Esta pode ser uma conclusão proveitosa.

⇓ "Qual é a pior coisa que poderia acontecer se você não fizesse isso?"

Esta pergunta força o cliente a perceber que não tomar uma decisão é na verdade uma decisão na direção do *status quo* e tem suas conseqüências. A falta de ação é uma opção. Não fazer nada pode piorar a situação.

⇓ "Qual é a melhor coisa que poderia acontecer se você não fizesse isso?"

Esta é uma questão similar, explorando as conseqüências da falta de ação.

Estas questões iniciando com "Qual" são imensamente proveitosas.

Há também um lugar para perguntas iniciando com "Como", mas estas ocupam uma posição secundária. Questões iniciando com "Como" exploram os meios que o cliente utilizará. Elas são primariamente sobre o plano de ação, mas você não pode formular um plano de ação sem ter primeiro as metas e os valores.

As questões iniciando com "Quando" também são proveitosas, mas é preciso saber "O que" e "Como" antes de poder decidir "Quando". Assim a seqüência global das perguntas no coaching é:

O que (metas e valores)
Como (meios de realização)
Quando (timing)

No decorrer das sessões de coaching diferentes questões se entrelaçarão como um lindo "trabalho de tapeçaria" à medida que coach e cliente trabalharem juntos para encontrar respostas. A linguagem das perguntas levará a novos pensamentos que promoverão novas ações. É dessa forma que o coaching com PNL entra em ação.

PERGUNTAS CONFRONTADORAS

Perguntas adequadas obtêm boas informações e freqüentemente esclarecem exatamente o que um cliente quer dizer. As perguntas podem também ser utilizadas para confrontar os limites auto-impostos pelo cliente e para abrir o leque de opções. Para fazer isso, um coach precisa prestar muita atenção além das palavras para alcançar as reflexões que elas implicam. Quando um cliente usa um padrão de palavras que limita suas opções, ele revela que está pensando de maneira limitada, pois a linguagem reflete os pensamentos. Se seus pensamentos forem limitados, isso indica que suas opções de ação são limitadas. Portanto, a PNL pode abrir o caminho para a ação contrapondo as palavras utilizadas pelos clientes.

Palavras   Pensamentos   Ações
Desafie as palavras... para libertar o modo de pensar... para agir.

Existem diversos padrões de linguagem aos quais um coach competente precisa obedecer. Ele, então, pode optar por contestar estes padrões imediatamente ou esperar mais um pouco, talvez para vincular essas informações com outros problemas dos clientes.

Opiniões Desconsideradas

Todos nós temos opiniões, mas elas podem ser limitantes em duas situações.

Primeiro, o cliente pode afirmar suas opiniões como se elas fossem fatos. Mas opiniões são baseadas em crenças, e estas podem ser equivocadas. Ainda que, a partir dessas opiniões, nós nos julguemos e aos outros.

Em segundo lugar, os clientes podem dar as opiniões de outras pessoas como se elas lhes pertencessem. Assim, eles podem julgar a si próprios e aos outros não por seus próprios valores, mas pelos valores de outras pessoas, talvez seus pais, amigos, pares ou figuras significativas de sua infância. Estes juízos podem ser bem antiquados, mas o cliente ainda não percebeu que ele tem ficado ultrapassado, pois ele, na verdade, nunca os examinou. Juízos e opiniões que o cliente não possua podem causar problemas. Ao apontá-los, o coach possibilita que eles façam sua avaliação.

Uma outra classe de critérios para a qual o coach precisa atentar são as comparações. Ouça cuidadosamente quando o cliente utiliza palavras como "melhor", "pior", "mau", "bom" ou "mais fácil". Comparações podem estar limitando a vida do cliente se ele tiver como base comparações inadequadas ou irreais. Um cliente pode estar deprimido ou desmotivado se ele se comparar a um padrão impossível ou a um modelo irreal (que talvez surja de figuras significativas na sua infância) e sentir-se inadequado sem jamais perceber o motivo. O coach pode desafiar o padrão de comparação irreal e lhe fornecer melhores padrões.

Alguns clientes ainda estão tentando viver segundo padrões determinados pelos pais e se sentem inadequados como adultos. É mais permissível (e realista) para o cliente se comparar com onde ele estava alguns meses atrás do que se basear em algum padrão não prático. Os clientes aprendem a definir seus próprios padrões durante o processo de coaching.

Advérbios como "obviamente", "claramente", "naturalmente" e "definitivamente" também revelam valores de juízo. Ouça com cuidado sempre que o cliente disser: "Claramente, isto é tão...", ou "Obviamente, isto é tão..." Essas declarações podem parecer claras e óbvias para o cliente, mas não as tornam verdades absolutas.

Certifique-se de que o cliente tem suas próprias opiniões e efetua comparações realistas.

Generalizações em Excesso

Aprendemos pela generalização – encontramos um ou dois exemplos de algo e concluímos que tudo na mesma classe opera da mesma maneira. Com muita freqüência, estamos certos. Aprendemos a dirigir um carro e, então, somos capazes de dirigir outros carros. Nós não precisamos aprender novamente com cada carro diferente que dirigirmos. Este é o modo como construímos hábitos – eles facilitam as coisas.

O problema surge quando generalizamos a partir de alguns exemplos não representativos. Ouça cuidadosamente quando um cliente utiliza palavras como "sempre", "nunca", "todos" ou "ninguém" – termos que implicam não haver exceções. Estes tipos de palavras são limitantes porque você assumiu que tudo é o mesmo, você fez uma generalização.

Quando você ouve um cliente fazer uma generalização, especialmente se isso for feito para sustentar um problema, contraponha esse procedimento. Peça ao cliente para considerar se a declaração dele realmente não tem exceções. Se ele diz algo como "eu sempre entendo aquilo errado", você pode contestar: "*Sempre?* Nunca houve uma ocasião em sua vida em que você não entendeu aquilo errado?" Uma exceção apenas invalidará a generalização. Quando um cliente generaliza excessivamente, com freqüência isto é uma pista útil de que há uma opinião limitante por trás da linguagem.

Hipóteses Injustificadas

Estas operam exatamente da mesma forma que as hipóteses ou pressuposições existentes por trás das perguntas. O que tem de ser verdadeiro para você aceitar o que é dito pelo cliente? O cliente está induzindo-o para o seu problema? Com freqüência, os clientes adotam hipóteses e as embutem em suas linguagens de tal forma que você as aceita para lidar com os problemas deles. No entanto, geralmente a hipótese *é* a questão. Por exemplo, uma cliente diz: "Eu quero trabalhar na maneira como o temperamento de meu marido me deixa deprimida." Esta frase assume que o temperamento do marido é a causa da depressão. Ele pode ser um fator importante, mas não o mais relevante.

Ouça atentamente hipóteses limitantes, por exemplo (as hipóteses estão entre parênteses):

"Quantas vezes devo lhes dizer antes de eles pararem isto?" (Eu terei de dizer-lhes várias vezes antes de eles pararem.)

"Quando eles agirão com responsabilidade?" (Eles não estão agindo responsavelmente no momento.)

"Até que ponto isso vai piorar?" (Está ruim agora e ficará pior.)

"Não estou seguro de que posso reconstruir minhas possibilidades." (Minhas possibilidades estão interrompidas.)

"Quanto mal ele quer me causar?" (Ele quer me fazer algum mal.)

As pressuposições são em geral astuciosamente dissimuladas como questões iniciando com "Por que", por exemplo:

"Por que ele é tão mal-agradecido?" (Ele é mal-agradecido.)
"Por que ela não consegue fazer nada certo?" (Ela faz tudo errado.)
"Por que eu sou tão insensível?" (Eu sou insensível.)

Hipóteses também podem estar ocultas atrás de palavras como "quando", "desde" e "se", por exemplo:

"Quando ele perceberá que eu não gosto daquilo?" (Eu não gosto daquilo e ele ainda não percebeu.)

Leitura da Mente

Uma fonte de hipóteses é a leitura mental. Um cliente pode supor que sabe o que outra pessoa está pensando com pouca evidência. Ele supõe que sabe a intenção quando tudo o que ele vê é o comportamento. Comportamento é visível, mas intenção é invisível.

Quando um cliente lê a mente, sempre vale a pena questionar se sua leitura mental é acurada. Ele pode estar certo, mas pode estar errado. Pergunte-lhe como ele sabe que a pessoa está pensando do modo como ele está pensando. Pode ser que ele esteja certo, mas por que não se certificar?

Da mesma forma, alguns clientes supõem que outras pessoas devem saber o que eles querem e desejam atuar nisso. Este processo é o reverso da leitura mental – eles supõem que outras pessoas podem fazer leitura mental neles, e eles podem ficar aborrecidos se outras pessoas não satisfizerem suas necessidades, muito embora eles nunca tenham esclarecido este ponto para elas. Clientes que habitualmente têm esse comportamento serão muito insatisfeitos e em geral furiosos com as outras pessoas. Eles acham que os outros estão deliberadamente frustrando-os.

Palavras de Pressão

"Poder" e "não poder", "dever" e "não dever", "deveria" e "não deveria" são exemplos de palavras indicadoras de pressão. Elas criam pressão para fazer ou abster-se de fazer algo. Elas implicam uma regra, e normalmente o cliente não se dá conta dela.

Alguns exemplos:

"Eu posso fazer melhor."
"Eu devo terminar isso até o final do mês."
"Eles não podiam ter feito aquilo."

Na qualidade de coach, você pode confrontar estas palavras de pressão de três modos diferentes:

⇩ Você pode confrontar as conseqüências da regra na mente do cliente perguntando o que ocorreria se a regra fosse desrespeitada. Se o cliente diz "Eu devo fazer isso", você pode perguntar: "O que ocorreria se você não fizesse?" ou "Por que não?". (A última questão demanda algum grau de *rapport*.)
⇩ Você ainda pode confrontar a tirania do "dever", dizendo algo como: "Apenas suponha por um momento que você não deva. Como seria a situação?" Se o cliente fala "Eu *não devo* fazer aquilo", então conteste-o falando "O que ocorreria se você devesse?" ou talvez "Quem disse isso?".
⇩ Você também pode sugerir outras alternativas dizendo: "Apenas suponha que você poderia...Qual seria a situação...?"

As palavras de pressão podem ter uma base na prática aceita ou na moralidade, mas, se você ouvir cuidadosamente, ficará surpreso com a freqüência como os clientes as utilizam para se obrigar a fazer ou não fazer todos os tipos de coisas que não interessam. Estes tipos de palavras podem também apontar para opiniões limitantes. Capte toda e qualquer palavra de pressão que ouvir.

Transformando Pressão em Propósito

É possível transformar pressão em propósito mudando o foco do cliente na direção de suas metas.

Peça ao cliente para transformar suas expressões como "posso", "deveria", "devo" e "preciso" em "Eu quero..." E peça-lhe para falar em voz alta. Assim, se o cliente disser algo como "Eu deveria visitar meus pais", peça-lhe para dizer "*Eu quero visitar meus pais*", e, em seguida, para lhe contar como se sente. Portanto, por que ele está dizendo que deveria fazer isso? Que regra está aplicando para ele próprio? Ele talvez se sinta culpado, e por trás da culpa provavelmente haja ressentimentos.

Da mesma maneira, se ele disser algo como "Eu não deveria fazer isso", peça-lhe para dizer alto: *"Eu não quero fazer isso."* Novamente, pergunte como ele se sente quando tem esse procedimento. Este modelo coloca o cliente no controle de suas ações, lhe fornece uma opção e retorna suas atenções para suas metas.

Quando um cliente diz que ele "não consegue" fazer algo, explore essa declaração como uma crença. O obstáculo pode estar na sua própria mente e não na realidade.

Há várias formas de confrontar um cliente que diz que não consegue fazer algo. Por exemplo, um cliente pode dizer algo como "Eu simplesmente não consigo relaxar". É possível contestar essa afirmação de diversas maneiras:

1. Você pode tratá-la como uma palavra de pressão e contestar os efeitos imaginados perguntando: "O que ocorreria se você relaxasse?"
2. Você pode perguntar: "O que o detém?". Esta questão contém a hipótese que o cliente pode relaxar, somente algo está o impedindo de fazer isso.
3. Você pode pedir ao cliente para fazer a distinção entre possibilidade e capacidade, perguntando: "Você não consegue, ou não sabe como relaxar?" Às vezes os clientes acham que algo é impossível, quando de fato eles simplesmente não sabem como fazê-lo – eles confundem possibilidade com capacidade. Eles somente precisam aprender a maneira de realizar.

"Mas..."

Preste atenção na palavra "mas" na fala do cliente. "Mas" é uma palavra que imediatamente qualifica, ou mesmo nega, o que se passou antes. Quando você ouve "mas" peça-lhe para substituí-la por "e". Por exemplo, em lugar de "Eu concordo com você, *mas* acho que você também poderia considerar este ponto", peça-lhe para dizer: "Eu concordo com você, *e* acho que você também poderia considerar este ponto." Esta abordagem vincula os dois pensamentos, e é mais provável de ser bem recebida com uma mente aberta.

Uma outra maneira com a qual você pode lidar com a palavra "mas" é alterar a ordem das duas declarações. Assim se um cliente diz algo como "Eu tentarei fazer isso, mas será difícil", peça-lhe para substituir por: "Será difícil, mas eu tentarei fazer isso." Esta simples mudança faz uma grande diferença.

Às vezes a palavra "mas" oculta o que poderia ser chamado de um "aparte". Um aparte é um comentário passageiro dito como se fosse trivial, mas na verdade trata-se de um ponto importante. O coach precisa estar alerta para "pegar" estes apartes e começar a questioná-los. Eles são importantes e o cliente está tentando tocá-los levemente com rapidez.

Alguns clientes constantemente utilizarão a frase "sim, mas...". Nada que o coach sugerir funcionará regularmente; há sempre um "mas". Este pode ser um padrão frustrante para ser tratado pelo coach. Frases do tipo "sim, mas..." revelam que os clientes estão "desnivelando" todo o tempo. Eles sempre estão procurando exceções e dificuldades. Foque-os na dificuldade que este padrão está provocando neles. Passe-lhes a tarefa de cortar este padrão de seu vocabulário durante uma semana. Peça permissão para contestá-los toda vez que você ouvi-los dizer isso. Peça-lhes para substituir o padrão por uma outra frase, tal como "Eu tenho uma preocupação sobre isso...".

Significados

Todos nós extraímos significados de nossa experiência. Sabemos, intelectualmente, que não controlamos o mundo, mas assumimos pessoalmente várias coisas que não guardam qualquer conexão conosco. A sabedoria não é apenas sobre o que acontece conosco mas também sobre o significado que tiramos de nossas experiências. Ouça atentamente a maneira como o cliente interpreta o que acontece com ele. Alguns clientes conectam uma série de eventos de modo a se sentirem mal ou retornarem às suas opiniões limitantes. Em particular, preste atenção como eles restituem suas interpretações, por exemplo "Ele estava atrasado, *portanto* não dava a mínima para a reunião". Aqui, o cliente está dizendo que pelo fato de uma pessoa estar atrasada indica que ela não dava a mínima.

Um outro exemplo seria se um cliente estiver fazendo uma apresentação e alguém na platéia bocejar. O cliente poderia receber isso como uma indicação de que a pessoa estava entediada e, portanto, sua apresentação não estava interessante. Posteriormente, ele poderia generalizar e acreditar que jamais teria competência de apresentar-se diante de uma platéia.

Uma outra pessoa que estivesse fazendo uma apresentação poderia concluir que um bocejo indicaria que a pessoa estivesse cansada. Talvez eles tenham dormido tarde da noite e, provavelmente, seria uma boa idéia dar a todos um pequeno intervalo, de modo que eles pudessem prestar melhor atenção. Esta pessoa não tiraria conclusões partindo do bocejo sobre o grau de qualidade dela como oradora e, certamente, não formaria a crença de que ela não tivesse competência em apresentar-se diante de uma platéia. Mesma experiência, mas significados diferentes. Quando você desconhece a resposta, uma interpretação é exatamente tão realista como a outra.

Linguagem Abstrata

Finalmente, preste atenção em muita linguagem abstrata. Nomes abstratos são aqueles como "estresse", "relacionamento", "fracasso" e "depressão". Os nomes abstratos eliminam muitos detalhes. Não há qualquer sentido de ação – um nome abstrato não tem agente e nem ação. Abstrações são os inimigos do coaching baseado em ações.

Faça esta experiência

- Diga a si mesmo: "Comunicação é importante". Repare quais pensamentos surgem na sua mente. Suas figuras podem ser abstratas e paradas.

- Agora diga isso a si mesmo: "Eu quero me comunicar". Repare no sentimento de atividade que isto lhe traz. Você está fazendo algo, em vez de contemplar algo.

    Os substantivos abstratos são proveitosos e de vez em quando necessários, mas o coach deve certificar-se de que o cliente não os utilize habitualmente, porque isto poderia revelar que não há qualquer mudança em sua experiência.

    A frase "Minha comunicação neste relacionamento me dá bastante estresse e medo" contém quatro abstrações ("comunicação", "relacionamento", "estresse" e "medo"). Nenhum coach poderia deixar um cliente sair com uma frase como essa. Em lugar disso, ele deveria começar a sondar a maneira como o cliente está se comunicando, como ele está se relacionando, como está estressado e do que ele está receoso. Insira o ator na abstração e faça-o renascer.

    Abstrações como "comunicação" são substantivos, mas o que elas descrevem são realmente processos. Quando um cliente diz que sente muito estresse, soa como se estresse fosse alguma entidade discreta, mas isso não se dá; ele é algo que está ocorrendo, e portanto o coach precisa fazer perguntas como:

"Como você está sentindo esse estresse?"
"De que maneira exatamente você está ficando estressado?"
"O que o está estressando?"

Se o cliente disser que tem um medo, então o coach poderia perguntar do que ele está sentindo receio. Quando o cliente diz que a comunicação é ruim, o coach precisa perguntar *quem* está comunicando, sobre *o que* eles estão se comunicando e *como* isso está dando errado.

Muitas das perguntas eficazes trarão dificuldades para que o cliente responda fazendo uso de linguagem abstrata. Quando o coach transforma abstrações frias em verbos, ele posiciona o cliente no cenário como um agente que dispõe de opções e pode agir.

Várias dessas linguagens apontam para opiniões limitantes. Elas geralmente são nossos maiores obstáculos. Possibilitar liberdade a nossas crenças pode se tornar um de nossos maiores recursos. O próximo capítulo é dedicado a crenças.

RESUMO

O coaching tem uma estrutura.
Ele começa com **rapport** *e explora as metas, valores e crenças dos clientes.*
O coach fornece ao cliente tarefas e suporta-o na execução das mesmas, de modo que o cliente possa reavaliar seus hábitos.

Perguntas são o canal principal através do qual um coach ajuda um cliente.
Perguntas no coaching:
- *são convites irresistíveis para pensar*
- *têm um propósito*
- *focam como um refletor de luz na experiência do cliente*
- *iluminam certas áreas da experiência do cliente e deixam outras na sombra*
- *contêm hipóteses*
- *têm uma honesta intenção e pedem uma resposta sincera*
- *necessitam de um* **timing** *apropriado*
- *coletam boas informações*
- *criam e mantêm* **rapport**
- *provocam estados emocionais no cliente*

Perguntas eficazes apresentam os seguintes atributos:

- **Elas normalmente iniciam com a expressão "O que".**
- **Elas promovem ação.**
- **Elas são orientadas a metas, não orientadas a problemas.**
- **Elas focam no presente e no futuro, não no passado.**
- **Elas contêm hipóteses habilitadoras.**
- **Elas têm um propósito definido.**

A estrutura básica de uma boa pergunta no coaching é:

O que... você... verbo... futuro positivo.

Perguntas com "O que" focam em metas e valores.
Perguntas com "Como" focam nos meios de atingir as metas dos clientes.
Perguntas com "Quando" focam no timing.

O coach usa um diferente tipo de questão para confrontar o cliente quando ele utiliza linguagem que revela que seus pensamentos estão limitados. Ele contesta a linguagem a fim de confrontar o modo de pensar existente por trás dela para liberar o cliente para agir e fornecer-lhe mais opções.

Confronte um cliente quando ele tiver:
  opiniões desconsideradas
e faça:
  comparações inadequadas
  generalizações em excesso
  hipóteses injustificadas
  interpretações inapropriadas
e forme:
  abstrações
e execute:
  leitura mental
Peça ao cliente para substituir "mas" por "e".
Transforme palavras de pressão tais como "Eu preciso..." e "Eu devo..." em propósitos, substituindo-as por "Eu posso...", ou "Eu quero...".

⇨ ⇨

ETAPAS DO PLANO DE AÇÃO

Se você quiser entender, aja. Eis aqui alguns exemplos de como explorar as idéias neste capítulo. Você ainda pode usá-los como tarefas para seu cliente, e, caso queira, para você mesmo.

1. Note que perguntas você faz quando estiver trabalhando com os clientes.

    Experimente reescrever as frases de suas questões de forma que elas iniciem com a palavra "O que".

    Que diferença isso promove na qualidade das respostas que você obtém?

2. Reserve dez minutos em uma sessão com um cliente na qual você somente faça perguntas. Não faça nada a mais além de fazer perguntas (a menos que isso seja totalmente inapropriado). Que efeitos isso tem? Até que ponto é fácil para você?

3. Ouça atentamente durante um dia inteiro as pessoas fazendo generalizações, por exemplo "nunca", "sempre", "todos", "ninguém". Não as contraponha, mas quantos exemplos você acha que são literalmente verdadeiros e não têm absolutamente qualquer contra-exemplo?

4. Passe um outro dia prestando atenção em palavras de pressão em sua própria fala, por exemplo "Eu preciso...", "Eu devo...", "Eu deveria...". Quando você ouvir a si mesmo utilizando algumas destas palavras, refaça mentalmente as sentenças, mas substituindo as palavras de pressão por "Eu consigo..." ou "Eu quero...". Que diferença isso faz?

5. Que perguntas você realmente quer responder? Formule-as. Por exemplo:

    "Como eu posso ajudar meus filhos a serem felizes e bem-sucedidos?"

    "Como eu posso ter boa saúde?"

    "O que significa a morte?"

    "Como eu posso melhorar?"

    O que estas questões revelam sobre você como pessoa?

⇨ ⇨ ⇨ ⇨ ⇨ ⇨ ⇨ ⇨ ⇨ ⇨ ⇨ ⇨ ⇨ ⇨ ⇨ ⇨ ⇨ ⇨ ⇨ ⇨

CAPÍTULO 7

⇨ CRENÇAS: AS REGRAS DE SUA VIDA

⇨⇨⇨ Crenças são as regras de sua vida, as regras pelas quais você vive. Estas regras podem ser libertadoras e positivas, e lhe conferir permissão para atingir suas metas e viver seus valores. Elas, também, podem ser impedimentos, tornando as metas impossíveis ou levando-o a acreditar que não é capaz de obtê-las.

Crenças são princípios de ação, não teorias vazias. Assim, se você quer saber no que uma pessoa acredita, observe o que ela *faz*, não o que ela diz crer. Nós cremos em gravidade e agimos como se ela existisse. Não procuramos comprová-la tentando caminhar no ar. A gravidade não parece ser influenciada de uma forma ou de outra pela crença que depositamos nela. No entanto, nossos relacionamentos, habilidades e possibilidades são influenciados pelas nossas crenças sobre eles.

Formamos nossas crenças como resultado de nossas experiências. Em seguida, procedemos como se elas fossem verdadeiras. Sob certo sentido, elas são profecias auto-realizáveis. Se você acreditar que é uma pessoa agradável, você agirá dessa forma, abordará pessoas abertamente, será gregário e apreciará estar na companhia de outras pessoas. Elas lhe avisarão e, portanto, confirmarão sua crença. Pensamos que crenças são formadas por experiências, mas igualmente experiências são o resultado de crenças.

Isto significa que você pode escolher suas crenças. Se você gosta dos resultados que obtém, então continue agindo da mesma maneira e mantenha suas crenças. Se não gosta dos resultados, atue de outra maneira e mude suas crenças.

Crenças podem e devem mudar. Mas a convicção de que crenças são alteráveis é em si desafiadora para muitas pessoas porque elas tendem a pensar em crenças como possessões. As pessoas falam sobre "ter" e "manter" crenças, "perdê-las" ou "ganhá-las". Ninguém quer "perder" nada. Seria preferível falarmos sobre "deixar" ou "abandonar" crenças do que "perdê-las".

E mais, temos um investimento pessoal em nossas crenças. Quando o mundo as confirma, então isso faz sentido para nós, é previsível e nos promove um sentido de segurança e certeza. Nós até mesmo podemos ter um prazer perverso sobre desastres, contanto que os prevamos. "Eu disse isso para você" é uma frase denotando satisfação, não porque queríamos que algo resultasse errado, mas pelo fato de que nossas crenças foram acertadas.

COACHING LIDANDO COM CRENÇAS

Alguns tipos de coaching podem ser realizados sem lidar com crenças. Quando um cliente recorre a um coach para aperfeiçoar ou ganhar uma habilidade, ele provavelmente já acredita que pode conseguir isso. Semelhantemente, se um cliente aparece com um problema pessoal ou profissional, o coach pode ajudá-lo a encontrar uma solução dentro da estrutura de suas crenças existentes. Este é o *"single loop coaching"* (coaching de *loop* único) pelo fato de que o coach auxilia o cliente a conseguir sua meta pelo esclarecimento do mesmo, ajudando-o a agir e obter um bom *feedback* de informação e aprender no processo.

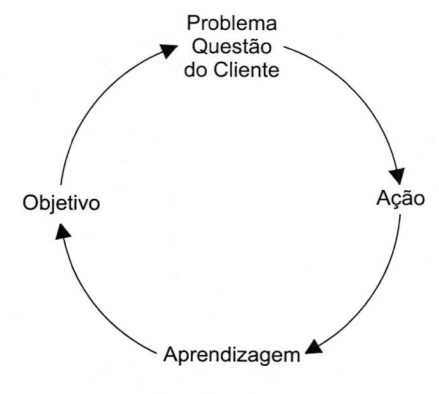

Coaching de *loop* único

No entanto, se o cliente tem dúvidas sobre suas habilidades para atingir sua meta, então o coach precisa explorar suas crenças.

O coaching que lida com crenças é mais poderoso porque não apenas resolve o problema como também muda o pensamento que levou ao problema na primeira instância. Este é o "*double loop coaching*" (coaching de *loop* duplo) porque ele introduz a crença do cliente no sistema de *feedback*. Pelo fato de as crenças atuarem como regras difusas sobre o que é possível, o cliente ganhará ainda mais criatividade em outras áreas de sua vida.

Neste ponto, o cliente aprende que suas crenças sobre o problema são parte do mesmo. Ao mudar suas crenças, ele começa a executar novas ações que não somente solucionam o problema, como levam a novas experiências fora do seu contexto.

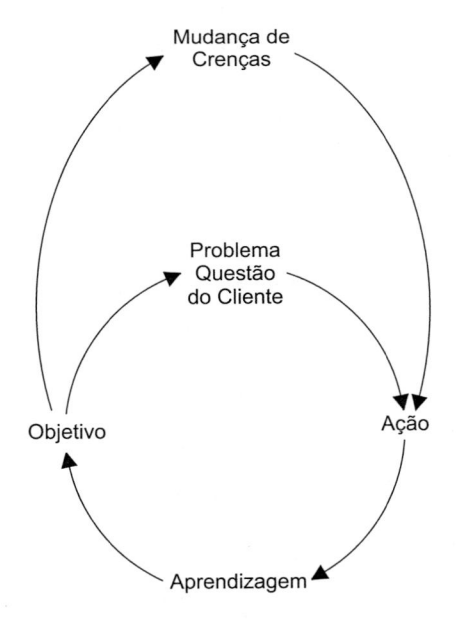

Coaching de *loop* duplo

Uma maneira que você pode começar a trabalhar com um cliente em crenças é lhe passando a planilha de trabalho "Crenças no Tempo" (*veja Recursos, página 218*). Este método explora crenças nas diferentes épocas sobre: envelhecimento, beleza, felicidade, lar, amor, carreira e possibilidades. Por exemplo, o que você acreditava sobre velhice quando era criança? Muito provavelmente você dividia o mundo em crianças, que tinham aproximadamente sua idade, e adultos, que eram mais velhos. Em seguida, na sua adolescência, havia crianças, seus companheiros e velhos (provavelmente bem velhos). Quando você entrou na casa dos vinte anos a categoria "ser velho" talvez tenham retrocedido, como as entradas em seu cabelo, cada vez mais em sua vida. O que você acreditava sobre o amor quando era criança? E quando era adolescente? E em seus vinte anos? Esta planilha de trabalho revela muitas coisas e aponta para o fato de que as convicções realmente mudam. Elas podem mudar como resultado de uma experiência marcante, ou podem desenvolver-se naturalmente.

Quando discutir sobre crenças positivas com um cliente, verifique se elas expressam o cliente no nível de identidade. Por exemplo, um cliente pode dizer "Eu quero ter felicidade". Outro cliente poderá dizer "Eu quero ser feliz". Muito embora essas duas frases soem a mesma, o significado interior é diferente. Tudo que você *tem* não é *você*, pertence a algum lugar externo a você e não é parte do que é você. Isto significa que você pode "ter" algo hoje, mas é possível perdê-lo amanhã. Muito melhor vivenciar isso como parte de quem você é.

Em alguns idiomas, como o português, há dois verbos para o verbo inglês "*to be*". Um implica permanência, que é algo parte da existência de uma pessoa. Em português, este verbo é *ser*. O outro verbo descreve algo que é temporário, representando mais o estado de espírito e corporal naquele momento. Em português, este verbo é *estar*. Assim quando eu digo "*I am tired*", estou me referindo a um estado temporário do corpo e até da mente, portanto eu falo "*Eu estou cansada*", utilizando o verbo estar. Mas se eu digo "*I am Andrea*", esta condição é permanente, portanto eu uso o verbo ser: "*Eu sou Andrea.*" Eu posso estar cansada em certas ocasiões, mas sempre sou Andrea. Quando estou cansada eu não perco minha identidade, é um estado temporário; não sou uma pessoa cansada. E posso dizer "Eu sou feliz!". Não importa se me sinto triste de vez em quando; eu sou uma pessoa feliz.

A língua inglesa não faz esta distinção no verbo "*to be*", mas o coach poderia fazê-la. Às vezes os clientes generalizam partindo de crenças ou estados temporários e os adicionam às suas identidades; eles são enganados pela língua. As crenças negativas temporárias são muito mais fáceis de serem tratadas. Apresentamos agora uma regra útil para ser seguida pelo coach:

Qualquer crença negativa, torne-a temporária. Qualquer crença positiva, torne-a permanente.

Ensine ao cliente a distinção entre as duas, mesmo se no idioma dele não tiver esse problema.

CRENÇAS POSITIVAS

O coaching atua a partir de crenças positivas. Eis aqui algumas das pressuposições do coaching. Aja como se elas fossem verdadeiras, e você será um excelente coach.

⬇ Se você quiser entender, aja.

O primeiro princípio do coaching é que o aprendizado está no executar. A mudança origina-se da ação, não do conhecimento intelectual. Ação resulta em *feedback* e aprendizado.

Ação em coaching é avançar na direção de suas metas, vivendo seus valores e testando suas crenças sobre si próprio e sobre os outros.

⬇ Não há falhas, somente retorno.

Falha é apenas um julgamento sobre resultados no curto prazo. Se você não tiver atingido sua meta, significa somente que você *ainda* não a atingiu. Falha não é uma idéia sensata, porque você não consegue provar algo negativo. Você não pode dizer que falhou a menos que tenha desistido, e essa é sua opção.

⬇ Nós já temos todos os recursos necessários ou podemos criá-los.

Não há pessoas desprovidas de recursos, somente estados de espírito nessa condição. O coach trabalha para realçar os recursos internos do cliente. Nossa sabedoria mais profunda está aguardando para ser descoberta.

⬇ Todo comportamento tem um propósito.

Nossas ações não são ao acaso; nós sempre estamos tentando atingir algo. Estamos sempre nos movendo na direção de uma meta, embora possamos não ter consciência disso. Defina suas próprias metas, porque se você não fizer, há muitas pessoas que, alegremente, as estabelecerão para você.

⬇ Ter uma opção é melhor do que não ter nenhuma.

Se você oferece a um cliente uma melhor opção de acordo com seus valores e crenças, então ele a adotará.

⬇ Você está fazendo o melhor possível e, provavelmente, pode fazer melhor.

⬇ Você cria sua própria realidade.

Todos nós temos diferentes experiências, interesses, temperamentos, responsabilidades, gostos, aversões e preocupações. Assim, formamos crenças diferentes a partir de nossas experiências de vida, perseguimos metas diferentes e temos valores diferentes. Estas metas, crenças e valores são as características principais de nosso mapa mental, que modela o mundo que percebemos. Agimos como se estes mapas mentais fossem reais. Nossos mapas mentais podem ser bons, possibilitando bastante liberdade para explorações, ou podem ser limitados, com fronteiras restritas, rodeadas por perigos aparentes. O coach tem seu próprio mapa, e respeita e trabalha com a visão do mundo do cliente. A

intenção não é alinhar a visão do mundo do cliente com a do coach, mas oferecer-lhe mais opções dentro de seu mundo.
⬇ Coaching é uma parceria sinérgica capacitada.
⬇ Relacionamentos são mais do que a soma de suas partes.
Se você considera que um e um apenas resulta em dois, é somente porque esqueceu o poder do "e" – o poder da conexão.
⬇ O cliente tem as respostas.
O coach tem as perguntas.

Estas pressuposições podem tornar-se recursos valiosos no coaching. Digamos que um cliente está tendo dificuldades em seu relacionamento com o(a) parceiro(a). Se apenas o(a) parceiro(a) parasse de comportar-se de uma certa maneira, então tudo estaria bem. Ele acha que o(a) parceiro(a) está sendo insensato(a). O que um coach pode fazer?

Primeiro, ele pode observar cuidadosamente o cliente, ouvir seus tons de voz, calibrá-los. Então ele pode pedir ao cliente para escolher uma dessas pressuposições valiosas ou pedir a ele para que imagine uma idéia expressiva própria e supor que ela fosse verdadeira nesta situação. Suponha que o cliente escolheu "Você está fazendo o melhor possível". O coach perguntaria ao cliente para imaginar por um momento que isto fosse verdadeiro naquela situação com o(a) parceiro(a). Como ela se parece? Como ele se sente? De que maneira ele pensaria diferentemente?

Neste exemplo, o cliente provavelmente pararia de se culpar pelo mau relacionamento – ele concluiria que está fazendo o melhor possível. Em segundo lugar, ele concluiria que o(a) parceiro(a) também está fazendo o melhor possível, segundo o mapa da realidade. E se lhe desse uma melhor opção, ele a adotaria.

Agora o cliente passou de uma posição de querer fazer uma mudança no(a) parceiro(a) para mudar seu modo de pensar sobre a situação, e vê-la sob o ponto de vista dele(a) e de seu próprio ponto de vista.

O coach calibraria o cliente enquanto ele pensasse sobre a crença. Ele, provavelmente, falaria e atuaria de forma muito diferente do que antes. O cliente não tem de pensar que a opinião que contribuiu para a mudança é sempre verdadeira, somente aplicá-la naquela situação.

Finalmente, o coach passaria uma tarefa ao cliente. Na próxima vez que ele iniciasse uma briga com o(a) parceiro(a), teria de lembrar daquela opinião, agir como se ela fosse verdadeira e ver qual seria o resultado. Seria diferente do resultado habitual? Quase certamente que sim.

Na próxima sessão, coach e cliente podem discutir a diferença e o que o cliente aprendeu da situação.

Apresentamos aqui um resumo do processo.

Intervenção do Coaching: Utilizando Crenças Eficientes

- Calibre o cliente quando ele falar sobre a situação.

    Qual o aspecto dele?

    Qual o tom de voz dele?

- Que palavras ele está utilizando?

    Peça ao cliente para escolher uma das pressuposições do coaching ou uma crença positiva que ele conheça e respeite. Que crença ele, intuitivamente, pensa que ajudaria naquela situação?

- Peça ao cliente para supor que a crença é verdadeira. Que ele possa imaginar qual seria a situação se aquela crença fosse verdadeira, ou pensar em uma época quando ela foi verdadeira para ele. Calibre o cliente.

- Peça ao cliente para imaginar a situação original do problema novamente, mas dessa vez com a nova opinião. Como ele agiria de maneira diferente? Como ele veria a outra pessoa diferentemente? Calibre o cliente novamente. Certifique-se de que ele mantém a fisiologia associada com a opinião positiva.

- Quando o cliente reportar uma diferença proveitosa como resultado da pressuposição e você puder confirmar isso com sua calibração, passe-lhe a tarefa de utilizar aquela pressuposição na próxima vez que a situação surgir novamente.

- Em conjunto, vocês podem discutir o resultado na próxima sessão de coaching.

CRENÇAS LIMITANTES

Crenças limitantes são as principais acusadas por nos deter de atingirmos nossas metas e vivenciar nossos valores. Elas atuam como regras que nos impedem de conseguir o que é possível, do que nós somos capazes e do que nós merecemos. Quando um coach pergunta "O que o impede de atingir sua meta?", normalmente as respostas são crenças limitantes.

Crenças limitantes provavelmente surgem da infância quando copiamos nossos pais – os pais nunca são perfeitos. Estas opiniões precoces, com freqüência, permanecem ocultas e nós, conscientemente, não as avaliamos quando adultos. Nós ainda coletamos crenças limitantes da mídia. Novelas de televisão montam situações em que os personagens precisam atuar em estúpidas limitações, do contrário não há qualquer drama na história.

Eis aqui algumas crenças limitantes típicas:

"Eu preciso me esforçar muito no trabalho para ter dinheiro suficiente para viver."

"Sem esforço – sem ganho (No pain – no gain)."

"Eu preciso ser rico para ser feliz."

"Sucesso demanda um longo tempo."

"Eu não consigo confiar em ninguém."

"A maioria das pessoas tem mais sorte do que eu."

"Você não consegue superar um mau início na vida."

"Eu não consigo trabalhar com computadores."

"Eu não consigo viver sem aquele trabalho."

"Eu não consigo ganhar sem que outras pessoas percam."

"Eu nunca consigo o que quero."

"As outras pessoas são melhores do que eu."

"Coaching é difícil."

"Eu não sou uma pessoa flexível."

"Eu não mereço ser bem-sucedido."

"Eu não consigo obter o que quero."

"Eu atingi meus limites."

Estas e outras crenças similares somente são verdadeiras se você agir como se elas fossem. Suponha que elas sejam equivocadas: que diferença isso faria? A diferença seria grande?

Identificando Crenças Limitantes

No coaching, às vezes simplesmente ser capaz de articular crenças limitantes e ver seus efeitos é suficiente para um cliente mudar suas opiniões e, portanto, sua realidade.

As pessoas não estão normalmente cientes de suas crenças limitantes. A primeira etapa é inseri-las na linguagem. Assim, elas ficarão em aberto e podem ser examinadas. Há duas maneiras simples de se fazer isso. A primeira é com a planilha de trabalho de nome "Crenças Limitantes".

Planilha de Trabalho para Identificação de Crenças Limitantes

⇩ Peça ao cliente para pensar sobre uma meta importante.

⇩ Peça-lhe, enquanto retém aquela meta na mente, para dizer *em voz alta* cada uma das seguintes sentenças. Em cada caso solicite para que ele mencione sua real meta quando a sentença expressar "minha meta". Assim, se a meta for ter melhores relacionamentos, a primeira afirmativa que ele deverá fazer será "Eu mereço ter melhores relacionamentos".

⇩ Quando ele fizer isso, tanto você como o cliente devem conferir uma pontuação de 1 a 10. Um (1) indica que ele não acredita na declaração, e dez (10) representa que ele acredita totalmente na declaração:

1. "Eu mereço atingir [minha meta]."

   1 2 3 4 5 6 7 8 9 10
   Não acredito   Acredito totalmente

2. "Eu tenho as aptidões e habilidades necessárias para atingir [minha meta]."

   1 2 3 4 5 6 7 8 9 10
   Não acredito   Acredito totalmente

3. "É possível atingir [minha meta]."

   1 2 3 4 5 6 7 8 9 10
   Não acredito   Acredito totalmente

4. "[Minha meta] é clara."

   1 2 3 4 5 6 7 8 9 10
   Não acredito   Acredito totalmente

5. "[Minha meta] é desejável."
   1 2 3 4 5 6 7 8 9 10
   Não acredito   Acredito totalmente

6. "[Minha meta] é ecológica."
   1 2 3 4 5 6 7 8 9 10
   Não acredito   Acredito totalmente

7. "[Minha meta] vale a pena."
   1 2 3 4 5 6 7 8 9 10
   Não acredito   Acredito totalmente

Este exercício pode ser muito revelador. Pontuações baixas (menores do que sete [7]) mostram uma crença limitante ou que a pessoa não pensou suficientemente na meta. O coach precisa sondar: "Por que você tem dúvidas? O que poderia fazê-lo duvidar disso?"

Como coach, você pontuou a declaração com o mesmo valor que o cliente? Por exemplo, se um cliente diz "Eu mereço atingir minha meta" e você captou alguma dúvida em seu tom de voz e linguagem corporal, provavelmente você o pontuaria com um sete (7). O cliente, todavia, pontuaria com um dez (10). Desafie-o: "Você está certo?" "Tem certeza?"

Lembre-se de que você está fazendo isso a serviço do interesse particular do cliente. Às vezes ele pontua o que gostaria de acreditar em lugar do que realmente acredita. Certifique-se de que você está convencido de que o cliente é congruente e honesto nas avaliações.

A segunda maneira de identificar crenças limitantes é perguntar ao cliente por que ele não está atingindo suas metas. O que ele considera que o está impedindo? As respostas revelam o que ele percebe como limites. Geralmente estes limites se referem mais ao cliente do que ao mundo.

Um bom princípio para se iniciar o trabalho é:

Independentemente do que o cliente disser que está impedindo suas metas, é uma opinião, e proveniente do cliente, não da realidade.

Obstruções são criadas no mundo exterior a partir de crenças limitantes que existem na mente do cliente.

O Processo PAW

A fim de alcançar suas metas, os clientes precisam crer em três coisas:

Possibility (Possibilidade)   É possível atingi-las.
Ability (Habilidade)   Eles são capazes de atingi-las.
Worthiness (Merecimento)   Eles merecem atingi-las.

Possibilidade, Habilidade e Merecimento: são as três chaves da realização das metas – o Processo PAW.

Possibilidade

Primeiramente, o cliente precisa acreditar que suas metas são possíveis – para ele. Do contrário, ele nem mesmo tentará atingi-las.

Todos nós temos limites físicos pois somos humanos, não super-heróis. Todavia:

Nós não sabemos quais são esses limites.
Nós não podemos saber o que eles são até atingi-los.

Muitas vezes confundimos possibilidade com competência. Pensamos que algo não é possível quando, na verdade, simplesmente não sabemos *a maneira como* fazê-lo.

Habilidade

Quando um cliente acredita que sua meta é possível, então pelo menos ele está no jogo. O próximo bloco é que ele crê que é incapaz de obter suas metas. Ele colocou um limite em suas realizações.

Um coach pode fornecer a seus clientes uma crença verdadeira básica:

Vocês ainda não atingiram o limite do que são capazes.

O único modo pelo qual você prova que é capaz de atingir uma meta é quando a atinge. Até então você não sabe, portanto é melhor acreditar que você pode. É apenas um pensamento tão realista acreditar que você pode como acreditar que não pode. Você nunca consegue provar que não pode atingir uma meta porque é impossível provar um fato negativo. Você somente pode dizer que *ainda* não a atingiu.

No passado, pensava-se ser impossível para qualquer ser humano correr uma milha em menos do que 4 minutos; então Roger Bannister conseguiu esse feito em Oxford, em 6 de maio de 1952. Depois disso, aconteceu um fato singular – mais e mais atletas começaram a correr uma milha abaixo de 4 minutos e dezenas deles conseguiram, dentro de dois anos, o mesmo feito. Esta proeza "impossível" agora é lugar-comum. A realização de Bannister mudou uma crença de âmbito mundial de que isso era possível.

Dessa forma, peça ao cliente para manter uma mente aberta sobre suas habilidades.

Às vezes os clientes proclamam animadamente que eles não têm a habilidade para fazer algo. Eles podem até chegar a se gabar de suas limitações, confundindo isso com modéstia. Ouça atentamente durante um ou dois dias e escutará uma série de confissões das pessoas sobre o que elas não conseguem fazer:

"Eu não sou bom para tratar com dinheiro."
"Eu não consigo controlar minha dieta."
"Eu simplesmente não consigo chegar na hora acertada para nada."

Quando você ouvir este tipo de coisa de um cliente, peça-lhe para mudar suas falas, para, por exemplo:

"*Agora* , eu não sou bom para tratar com dinheiro."
"Eu *não acredito* que não sou bom para tratar com dinheiro."
"Eu não estou controlando meus hábitos alimentares *no momento*."
"No passado, *eu não chegava* na hora acertada nos meus compromissos."

Alterar a linguagem é a primeira etapa para mudar o pensamento e, portanto, as crenças.

Uma boa tarefa para um cliente que se mostre alegre com admissões de incompetência é que ele pare de fazer essas admissões. Isto não significa que ele deva dizer que é bom nessas coisas, ou mesmo proclamar que pode fazer absolutamente tudo. Ele simplesmente tem de parar de dizer que não consegue fazê-las. Ele pode se sentir desconfortável no início, mas esta é a primeira etapa para tornarem-se mais realistas sobre suas habilidades.

O problema com anúncios públicos de incompetência é que outras pessoas acreditam neles. Elas não esperam que você se saia bem, portanto não o encorajam ou estimulam. Elas reforçam sua opinião.

Outro padrão que você provavelmente encontra em seus clientes é que eles pedem desculpas antecipadamente. Geralmente se um cliente, de antemão, surge com uma desculpa é porque ele sente que necessitará dela. Eles estão se preparando para uma falha. Poderá haver algumas boas razões pelas quais ele não atinge metas particulares, por exemplo podem ter um resfriado numa apresentação importante, o que o impossibilitará de pensar (ou falar) tão claramente quanto gostaria. Mesmo assim, é bom não pedir desculpas antecipadamente. Ter uma desculpa preparada facilita o fracasso.

Merecimento

Finalmente, o cliente deve acreditar que ele merece atingir suas metas. Geralmente há uma crença deixada de lado na infância de que ele não merece nada pelo qual não se esforçou muito. Ou a crença pode ser que ele apenas obtém as coisas devido à generosidade dos outros, não por seus próprios méritos. Alguns clientes acreditam que outras pessoas devem fracassar a fim de que eles sejam bem-sucedidos, e isso os torna incongruentes com o sucesso.

Uma tarefa para os clientes nesta situação poderia ser reavaliar sua infância do ponto de vista de que eles realmente merecem coisas, mas outros não pensam da mesma forma – a crença está nas outras pessoas. Em alguns casos, eles podem necessitar falar com seus pais.

Alguns dos processos de coaching mais valiosos é fazer com que os clientes sintam que merecem coisas – eles merecem ter os sentimentos que têm, eles merecem obter as metas pretendidas.

Isto pode resultar em conversas profundas que podem levar os clientes a reavaliarem suas vidas. Opiniões culturais também têm um certo peso. Por exemplo, na parte norte da Europa é crença comum que se você não tiver de trabalhar duro para conseguir algo, então você não o merece. Esta é uma versão sofisticada da crença "Sem esforço – sem ganho". Ela simplesmente não é verdadeira, porque em outras culturas – notadamente em alguns países latinos – a idéia oposta é prevalecente, ou seja, se uma meta demanda muito esforço, então você não deveria realmente obtê-la. É possível "sacudir" estes tipos de crenças fazendo perguntas como:

"O que teria de acontecer para você merecer isso?"

"Sob que circunstâncias você mereceria isso?"
"Conhece alguém que você acha que merece isso"?

O Exercício do Processo PAW

Este é um processo eficaz que pode ser usado com os clientes para lidar com suas crenças limitantes.

⬇ **Peça-lhes para explorar uma de suas metas importantes com a planilha de trabalho "Crenças Limitantes" (*página 118*). Eles descobrirão algumas crenças limitantes nas áreas da possibilidade, habilidade ou merecimento.**

⬇ **Certifique-se de que eles realmente querem a meta e verifique quanto à ecologia. Ela é realmente apropriada para eles? Ela se enquadra em seus valores? Ela fere outras pessoas significativas em suas vidas?**

⬇ **Pergunte-lhes o que os impedem de atingir suas metas.**
Trate os obstáculos que eles apresentam como crenças, não realidade.
Estes obstáculos normalmente se encaixam em cinco categorias:
   Eles não têm os recursos – pessoas, equipamentos, tempo.
   Eles têm os recursos, mas não sabem o que fazer.
   Eles sabem o que fazer, mas não acreditam que têm a habilidade para fazê-lo.
   Eles têm a habilidade, mas ela aparentemente não vale a pena.
   Ela tem valor, mas eles não merecem isso ou isso não parece certo em um nível profundo.

⬇ **Peça-lhes para pensar sobre as crenças limitantes que eles descobriram.**
   Sobre quais eles têm certeza?
   Sobre quais eles guardam dúvidas?
   Quais crenças são importantes para obter essa meta?
   Quais, segundo eles, são os obstáculos mais importantes?
   Quais não são importantes?

Eles podem representar isso na "Grade de Crenças" (*veja Recursos, página 223*). Crenças sobre as quais eles têm certeza e são importantes para atingir a meta são inseridas no canto esquerdo superior. Crenças sobre as quais eles guardam dúvidas, mas não são importantes, são inseridas no canto direito inferior. Crenças sobre as quais eles têm certeza, mas não são importantes, são posicionadas no canto direito inferior.

⇓ Solicite ao cliente para selecionar uma crença que seja importante – que esteja disposta no lado esquerdo da grade. Entre vocês, crie uma tarefa para ele que testará esta crença. Você não está tentando provar que esta crença é errada, e sim obter *feedback* a partir dela. Crenças limitantes crescem e se proliferam no escuro se elas nunca receberem a luz do retorno do mundo exterior. Este não é um processo desenhado para mudar crenças, mas para arrastá-las sob a luz do retorno. O cliente fez com que sua crença fosse verdadeira representando-a dramaticamente. Com o *feedback* a crença será enfraquecida e o cliente, com freqüência, a deixará de lado de maneira espontânea.

MUDANÇA DE CRENÇA ⇓

Crenças mudam naturalmente no decorrer da vida, conforme demonstrado na planilha de trabalho "Crenças no Tempo" (*veja Recursos, página 224*). O ciclo se dá da seguinte forma:

- ⇓ insatisfação com os eventos atuais
- ⇓ dúvida da crença existente
- ⇓ querer crer em algo diferente
- ⇓ uma nova crença
- ⇓ a antiga crença se reúne ao grupo das crenças obsoletas

Se você quer mudar as crenças de um cliente, apresentamos agora um processo que utiliza o que ocorre naturalmente.

Processo de Mudança de Crença

⇓ Identifique a crença limitante que o cliente quer mudar.

Peça ao cliente para anotá-la em palavras precisas. Quando uma crença é identificada em palavras, ela perde metade de sua força, ela é vulnerável.

Descubra a intenção positiva dessa crença. O que ela obtém para o cliente que seja positivo, apesar do fato de que o está limitando de várias maneiras?

⬇ Peça ao cliente para dizer no que ele prefere acreditar.

Esta nova crença deverá ter as seguintes características:

Ela deve ser afirmada na forma positiva (ou seja, não pode conter palavras negativas como "não", "nunca" ou "nenhuma").

Ela deve ser aberta ao *feedback* e, portanto, capaz de ser testada contra experiências.

Ela deve ser ecológica (ou seja, ele deve se sentir confortável com ela e crer que ela não prejudicará seus relacionamentos com outras pessoas).

Ela deve cumprir a mesma intenção positiva da antiga crença.

⬇ Peça ao cliente para escrever esta nova crença. Cuide para que a frase seja bastante correta – ela deve abordar sobre autodesenvolvimento e deverá ser redigida no tempo presente *como se estivesse ocorrendo neste momento*. Por exemplo, se sua meta for para aumentar sua autoconfiança, uma nova crença conveniente seria:

"Eu estou acreditando em mim mesmo e em minhas habilidades cada vez mais."

Isto a torna relevante no presente e fornece-lhe direção e energia. Não redija uma crença como se ela já tivesse ocorrido.

⬇ Como é duvidar de uma crença?

Faça o cliente lembrar de uma época em que ele duvidava de uma crença anterior. A planilha de trabalho "As Crenças no Tempo" (página 111) é uma perfeita preparação. Em seguida peça para ele pensar sobre sua antiga crença limitante enquanto estiver naquele estado de dúvida.

Assim que ele fizer isso, comece a enfraquecer a crença perguntando-lhe:

"Quais são as desvantagens desta antiga crença?"

"Ela realmente se enquadra no que é importante para você?" (Isto recorre aos valores do cliente.)

"Já houve alguma época em que o que aconteceu não confirmou essa crença?" (Isto pede ao cliente para encontrar um contra-exemplo.)

"Como era a sensação de acreditar nessa antiga crença?" (Isto faz o cliente pensar sobre a crença no decorrer do tempo, não somente agora.)

Depois dessas perguntas, desvie-o de seu estado de ficar aberto às dúvidas. Isto é conhecido como "estado de intervalo". Quando os clientes estiverem muito fixados em um estado e você quiser trazê-los de volta para eles mesmos, distraia-os de alguma forma, talvez com uma piada ou deixando-os e levantar e se mover pelo recinto.

⬇ Qual é a sensação de estar aberto a acreditar?

Peça ao cliente para pensar em uma época quando ele era aberto a uma nova crença.

Novamente a planilha de trabalho "Crenças no Tempo" pode prover um exemplo.

Faça o cliente pensar em sua nova crença enquanto estiver nesse estado.

"Qual é a sensação?"

"Ela é uma melhor opção do que a antiga crença?"

"Até que ponto ela atende a intenção positiva da antiga crença?"

"Como seria acreditar nisso?"

"Que diferença ela faria?"

"O que você podia fazer que não pode fazer atualmente?"

"O que o impediria de fazer o que você faz atualmente?"

⬇ Peça ao cliente para avaliar tanto as antigas como as novas crenças.

"Ele precisa refinar a nova crença?"

"Há alguns senões do tipo 'sim,...mas'?"

"De que maneira a nova crença é mais útil do que a antiga?"

⬇ Peça ao cliente para mover a antiga crença a um "Museu de Antigas Crenças" (onde ela ficará disponível novamente, caso ele a queira algum dia).

⬇ Ação! O que ele fará de diferente como resultado da nova crença? Passe-lhe uma tarefa imediatamente, baseada em que esta nova crença é verdadeira para ele neste momento.

Mudar crenças é uma intervenção poderosa e pode abrir o caminho para uma mudança mais importante na experiência do cliente e um rápido progresso na direção de suas metas. O próximo capítulo foca em mais intervenções da PNL no processo de coaching.

RESUMO

Crenças são regras sobre a vida. Elas podem ser positivas ou limitantes.
Elas são princípios de ação e nós agimos como se fossem verdadeiras.
Podemos acreditar em tudo que quisermos.

Nossas crenças influenciam nossas experiências. Elas tornam algumas experiências possíveis e outras impossíveis. Cada um de nós tem uma realidade criada e suportada por nossas crenças. Nós agimos de acordo com essa realidade.
As crenças mudam como resultado da experiência, às vezes gradualmente e, em alguns casos, abruptamente.
Você pode distinguir no que uma pessoa acredita pela maneira como ela atua, não pelo que ela diz.
Coaching de loop único é quando o cliente não muda suas crenças (e não necessita mudar).
Coaching de loop duplo questiona o cliente e muda suas crenças.

As crenças no coaching são:

- ⬇ *Se você quiser entender, aja.*
- ⬇ *Não há falhas, somente retorno.*
- ⬇ *Nós já temos todos os recursos necessários ou podemos criá-los.*
- ⬇ *Todo comportamento tem um propósito.*
- ⬇ *Ter uma opção é melhor do que não ter nenhuma.*
- ⬇ *Você está fazendo o melhor possível e, provavelmente, pode fazer melhor.*
- ⬇ *Você cria sua própria realidade.*
- ⬇ *Coaching é uma parceria sinérgica capacitada.*
- ⬇ *O cliente tem as respostas.*

A primeira etapa no lidar com crenças limitantes é colocá-las em palavras.
Crenças limitantes normalmente se enquadram em três categorias:
   Possibilidade: Pensamos que a meta é impossível.
   Habilidade: Pensamos que não somos capazes de atingi-la.
   Merecimento: Pensamos que não merecemos atingi-las.

Acreditar na possibilidade, na habilidade e no merecimento é a chave para a realização.

Nós não sabemos os limites do que é possível para nós até os atingirmos.

É impossível provar que você não consegue fazer algo ou que algo é impossível.

Não diga publicamente o que você acredita que sejam suas limitações.

Não peça desculpas por erros antecipadamente.

Crenças mudam naturalmente no decorrer da vida. O processo é:

- insatisfação com os eventos atuais
- dúvida da crença existente
- querer crer em algo diferente
- uma nova crença
- a antiga crença se reúne ao grupo das crenças obsoletas

O coaching usa este processo natural para mudar as crenças limitantes.

ETAPAS DO PLANO DE AÇÃO

Se você quiser entender, aja. Eis aqui alguns exemplos de como explorar as idéias neste capítulo. Você ainda pode usá-los como tarefas para seu cliente, e, caso queira, para você mesmo.

1. Quando você toma uma decisão, no que se baseia? Fatos ? Sua experiência? Na opinião de outras pessoas? Normalmente formamos crenças e tomamos decisões com base no que outras pessoas dizem, no que lemos na Internet ou em jornais, ou no que vemos na televisão. Elas podem ser boas fontes, mas ainda é uma experiência de segunda mão. O que estas fontes fizeram para conquistar sua confiança?

    Quando você toma uma decisão, ela é realmente sua?

    Na próxima vez que tiver que tomar uma decisão, apanhe duas folhas de papel.

    Em uma, anote toda sua experiência pessoal sobre a matéria. Na outra, escreva as opiniões de outras pessoas e tudo que você leu ou foi informado sobre a matéria.

    Em seguida lance fora a segunda folha de papel.

    Olhe de volta para a primeira folha de papel.

    Qual é sua decisão, baseada em sua experiência?

2. Quais são as três coisas você tentaria se achasse que não iria falhar? Anote-as numa folha de papel.

    Por que não está tentando executá-las agora?

    Escreva as razões em uma outra folha de papel.

    Agora examine a segunda folha de papel. Quão seguro você está que estes são obstáculos reais para atingir as coisas que você quer fazer?

3. Preste atenção durante um dia e conte o número de vezes em que você está prestes para confessar em voz alta ser incapaz de fazer algo ou não se sair muito bem em algo. Pare a si mesmo antes de fazê-lo. Como você se sente sobre isso?

   Lembre-se de que você não precisa falar que é bom em fazer algo, somente não diga que não pode fazer isso ou é ruim nisso.

4. Preencha a planilha de trabalho "Crenças no Tempo" para um tópico que lhe interessa. Agora pense sobre o que seus pais acreditavam sobre o mesmo tema. Se você não sabe, adivinhe no que eles acreditavam a partir do que fizeram. Até que ponto suas crenças sobre este tópico são similares às dos seus pais?

5. Escolha uma de suas metas importantes e submeta-a à planilha de trabalho "Identificando Crenças Limitantes". Que crenças poderiam impedi-lo de atingir sua meta?

⇨ ⇨

CAPÍTULO 8

⇨ TRANSIÇÃO

⇨⇨⇨ Deixar a Inglaterra para morar com a Andrea no Brasil foi uma grande mudança para mim. A Inglaterra tinha sido meu lar durante um longo tempo. Eu sabia que queria viver no Brasil para ficar junto dela, e assim tive de lidar com novo país, idioma e cultura. Estava deslocado dos ambientes que conhecia e que eram estáveis em minha vida. No começo, eu não tinha a segurança dessas coisas familiares, nem me sentia totalmente seguro sobre o novo meio circundante. Muitas vezes eu ficava assustado. Houve ocasiões em que olhava o céu lilás de São Paulo e me sentia perdido. Meus antigos hábitos não corriam bem; as pessoas tinham dificuldades em compreender minha fala. Existiam ainda as questões práticas de transportar meus pertences da Inglaterra para o Brasil. Eu passei muitas horas ao telefone pesquisando sobre custos de embarque, alfândega e taxas de importação. Era um aprendiz relutante no mundo do transporte internacional. Mudar para outro país envolvia mais do que uma passagem aérea e uma mala de bom tamanho. Eu desejei a mudança do fundo do coração, mas havia a transição para suportar. Eu não teria me mudado exceto por Andrea, e ela foi a pessoa que me ajudou, me ofereceu suporte e acreditou em mim para tornar possível a mudança.

Transição é a parte mais difícil do coaching. O cliente não está mais na sua antiga posição, mas ele ainda não mudou completamente para a nova situação. Ele perdeu a segurança do antigo, e ainda não atingiu os benefícios que o novo pode lhe oferecer. Ele está no limbo (suspenso), e esta situação pode ser muito desconfortável. Neste estágio, o cliente tem de confiar no coach e, também, nos seus próprios recursos. O suporte estará do seu lado, se ele conseguir mudar sua maneira de pensar.

Transição é como uma fração de segundo quando você dá um passo à frente – você não está onde partiu nem onde quer ir. Você tem que confiar um pouco, sem saber se terá um pouso feliz. Há um instante no filme *Indiana Jo-*

nes e a Última Cruzada que ilustra perfeitamente o ponto de transição. Nosso intrépido herói, Indiana Jones, interpretado por Harrison Ford, chega à sua prova final antes que pudesse entrar no santuário do Cálice Sagrado, o maior prêmio de sua vida. Ele precisa disso desesperadamente para curar seu pai, que tinha sido atingido por tiros dos nazistas. Estes, por sua vez, também estão atrás do Cálice para alcançar seus objetivos maléficos. Indiana Jones chega na beira do que parece ser um "abismo do inferno", no entanto ele tem que superar esse obstáculo. O outro lado está muito distante para ele pular, e não há qualquer ponte que ele possa ver. Ele tem que confiar que é possível atravessar, muito embora não saiba como. Ele lança-se no espaço, sem saber se haverá algo para sustentá-lo – e vemos que seu pé cai sobre uma estreita passarela construída de pedra. A passagem estava lá todo o tempo, e ele apenas não conseguia vê-la do ponto onde estava (nem nós – espectadores) porque as pedras coloridas da pequena passarela misturavam-se tão perfeitamente com as rochas que se tornavam invisíveis. Nós apenas conseguimos vê-la quando a câmera passa para um outro ângulo, e nosso herói, suspirando de alívio, tem o apoio que necessitava para atravessar o abismo.

O MODELO DE TRANSIÇÃO

Modelo de Transição

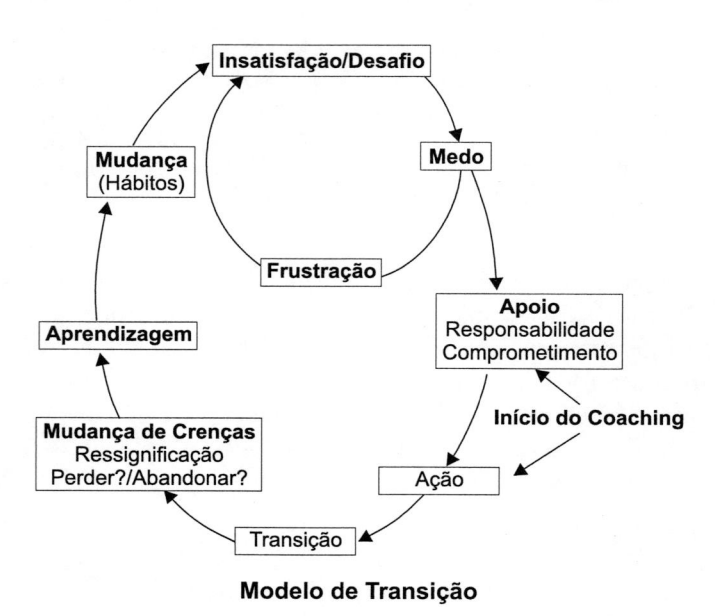

Apresentamos agora nosso modelo de transição, que mostra o ciclo completo do coaching. O cliente inicia do topo com alguma forma de insatisfação ou desafio. Ele quer uma mudança. Ele quer ser mais feliz, embora ainda possa não estar muito claro sobre o outro ponto onde ele quer chegar.

No próximo estágio, ele tem de lidar com o medo da mudança. Este receio pode mantê-lo em sua difícil situação – ele pode ficar gelado de medo e incapaz de reagir. Esta situação torna-o frustrado e a frustração gera mais insatisfação. *Slingshot* coaching* é o processo quando o cliente circula em volta até que a situação fique tão ruim, ou ele fique tão frustrado, que pode ser propelido para fora do círculo como o resultado do efeito de um estilingue. Este tipo de coaching é doloroso, mas melhor do que nada.

Uma vez fora do círculo do medo e da frustração, o cliente necessita do suporte do coach. O relacionamento no coaching provê uma estrutura para apoiar o cliente e movê-lo na direção de suas metas. Quando ele agir, atingirá o ponto crucial – a transição.

Este modelo de transição é sobre coaching de *loop* duplo pois as crenças limitantes podem ser parte das obstruções que impedem o cliente de avançar. Quando passar pelo ponto de transição, ele mudará sua crença sobre si próprio, outras pessoas e o que é possível.

Uma questão que precisa receber um tratamento é a perda. A perda pode parecer como uma morte em grau reduzido; o cliente precisa se despedir de uma parte dele próprio. Eu quando deixei a Inglaterra para ficar com a Andrea no Brasil. Partir do país em que eu tinha morado durante toda minha vida não foi uma decisão fácil; havia muitas coisas que eu estimava, e ainda valorizo – as cores das árvores no outono, o ar gelado de setembro, os sabores do chocolate de Cadbury e de Marmite**, para citar algumas. Andrea me ajudou a mudar a maneira como eu pensava sobre isso de uma forma simples. Ela propôs alterar só uma palavra. Em lugar de pensar sobre *perder* coisas, eu comecei a pensar sobre *deixar* coisas. Perder algo não é um pensamento feliz; implica que é algo que está fora de controle. *Deixar* algo é uma opção. Quando você deixa algo, você decidiu deixá-lo. Quando eu pensei sobre deixar a Inglaterra (e não perder coisas que eu valorizo) foi muito mais fácil administrar a transição. Esta foi a oportunidade em que Andrea criou o modelo de transição.

---

* N.T.: A palavra "slingshot" quer dizer "atiradeira", "bodoque" ou "estilingue", que usamos normalmente em nossas brincadeiras infantis.

**N.T.: Marmite é uma calda elaborada a partir de um extrato vegetal, e que é utilizada em torradas. Um condimento muito popular na cultura inglesa.

Passada a transição, há lá fora um mundo inteiramente novo para ser aproveitado. Isto ocorreu verdadeiramente quando eu comecei a viver no Brasil: aprendendo a língua e falando-a (mal, ao menos no início), observando aquele céu roxo de São Paulo escurecendo com o crepúsculo, saboreando novos pratos em novos restaurantes e pagando a conta com uma nova moeda, passando o dia de Natal na praia em contato com o sol, e adorando cada minuto desses momentos. Eu fiz novos amigos maravilhosos e nos comunicamos em cinco línguas – linguagem dos sinais, linguagem corporal, música, português e inglês. Eu ainda estimei meus amigos ingleses sob uma nova perspectiva – todos eles foram sensacionais em me oferecer suporte durante a mudança, e eu realmente descobri o valor da amizade.

Há muitas coisas para se aprender quando você emerge no outro lado da transição. Uma coisa que você aprende é mudar seus hábitos. Não apenas parar os antigos (por exemplo, trabalhar sozinho de madrugada até as primeiras horas da manhã), mas também aprender os novos (por exemplo, trabalhar com outra pessoa e compartilhar experiências).

Finalmente, tendo finalizado a transição, há um conjunto completo e novo de desafios para se lidar. Portanto, este modelo de transição é realmente tridimensional. Imagine-o como uma espiral desprendendo-se da página, movendo-se para cima em sonhos para além do sonho que você está atualmente realizando.

HÁBITOS

Hábitos são o que fazemos quando não pensamos. Eles são muito úteis. Nós não queremos pensar sobre tudo que fazemos, queremos pensar sobre as coisas interessantes. Os hábitos que trabalham bem para nós são ótimos. Eles promovem estabilidade à nossa vida. No entanto, quando queremos mudar, nossos hábitos resistem a essa mudança. Para mudar sua vida, passar pela transição, será necessário mudar alguns hábitos e criar outros novos.

Uma vez que você queira mudar, os hábitos podem ser um problema. Você é um gigante, tem uma força tremenda, mas uma porção de pequenos hábitos pode mantê-lo preso num lugar como as cordas que atavam Gulliver no livro *Gulliver's Travels* (As Aventuras de Gulliver). Ele acordava na cama amarrado por centenas de cordas finíssimas por um povo de pequeninos (os Liliputianos). Gulliver era bastante forte para arrebentar qualquer corda, mas centenas delas o mantinham amarrado. Ele estava desamparado, e podemos sentir o mesmo quando estamos presos nas "garras de nossos hábitos".

Vários hábitos são criados precocemente na vida e nós nunca realmente os examinamos. Um de meus amigos me contou como os elefantes são domesticados na Índia. Quando eles são novos e não muito fortes, um pé é preso a uma estaca no chão. O jovem elefante tenta escapar livre, mas não consegue, e desiste. À medida que o elefante vai crescendo, ele permanece preso; ele nunca tenta escapar novamente, muito embora na condição de um elefante adulto, já desenvolvido, ele poderia fazê-lo facilmente. Ele obviamente decidiu que a corda é forte demais e desistiu de tentar.

O que mantém os hábitos no lugar? A PNL utiliza o termo *ancoragem*. Ancoragem é como um estímulo transformando-se num "acionador" que nos faz responder de uma certa maneira. Uma âncora é qualquer acionador visual, auditivo ou cinestésico que está associado com uma particular resposta ou estado emocional.

As âncoras nos mantêm no lugar, da mesma forma que a âncora de um navio o impede de ir à deriva de seu ponto de amarração. Nossa vida permanece estável porque nos cercamos com âncoras que suportam nosso modo de viver. Olhe em volta de seu quarto. O que você vê? Poderá haver uma fotografia de sua família que o faça sorrir e se sentir bem. Esta é uma âncora voltada a bons sentimentos.

Quando você lê os jornais, ou assiste à televisão, os anunciantes de propaganda estão tentando desesperadamente ancorar bons sentimentos com seus produtos, mostrando pessoas se divertindo, de modo que, ao entrar em um supermercado, você não verá apenas um produto de limpeza; você o associará com "limpar se divertindo" e, portanto, vai querer adquiri-lo. Ou, quando você vê um determinado supermercado, imediatamente pensará em preços baixos e produtos de boa qualidade. Talvez uma doce melodia irá espocar em sua mente e você será arrastado para comprar naquele lugar.

As âncoras podem ser visuais, como pessoas, roupas e carros. Podem ser auditivas, como uma particular música, um *jingle* comercial ou a voz de um caro amigo. Podem ser cinestésicas, como o sentimento de estar com suas roupas favoritas, sentado numa poltrona ou imerso na fervura de um banho quente. Podem ser olfativas ou gustativas, como o cheiro de um hospital (por que todos têm o mesmo odor?) ou o sabor de café ou chocolate (Lindt!*). Palavras podem

---

* N.T.: Os autores basicamente devem estar se referindo, na expressão que eles soltam, a uma marca de chocolate suíço de renome mundial.

ser âncoras porque elas evocam idéias; seu nome é uma âncora expressiva de sua identidade. As âncoras reproduzem os estados emocionais e, na maioria das vezes, nós não as notamos; somente os estados. Algumas âncoras são neutras. Algumas nos colocam em bons estados. Outras em maus estados. Da perspectiva de um coach, não importa se os sentimentos evocados pela âncora são bons ou ruins. O que importa é que elas sejam habituais.

A primeira etapa na direção da mudança é estar ciente do que você tem no presente momento. Assim, uma parte importante do coaching é conscientizar o cliente das âncoras cotidianas em sua vida. Há uma planilha de trabalho especial para isso (*veja Recursos, página 218*). Quando um cliente estiver cônscio do poder das âncoras, ele verá como certas âncoras desencadeiam certos hábitos. Se eles querem mudar, eles provavelmente terão de mudar certos hábitos. Isto significará:

1. estar ciente das âncoras que suportam o hábito
2. criar um novo hábito para suportar a mudança
3. construir novas âncoras para suportar o novo hábito

Eis aqui um exemplo. Quando eu, Joseph, estava morando em Londres, trabalhava em um computador de mesa. Eu estava muito acostumado a esse computador e tinha criado muitos hábitos que me ajudavam a trabalhar com ele. Meu espaço de mesa era organizado em torno dele; eu sabia onde estavam todos os meus papéis. Era uma grande âncora para sentar e executar um bom trabalho – uma âncora para um estado concentrado, rico de recursos.

Quando me mudei para o Brasil, precisei deixar meu computador para trás. Tive de largar todos meus hábitos de trabalho no passado, hábitos esses que eu tinha criado laboriosamente durante anos, em um regime que funcionava bem. Eles não eram maus hábitos, mas todos se foram, e eu tinha de construir um conjunto inteiro e renovado de âncoras em torno de meu trabalho com um *laptop*. O *laptop* era menor e meu espaço de trabalho em nosso novo escritório no Brasil era diferente. Depois de um período inicial, em que me senti perdido, construí um conjunto inteiro e renovado de âncoras; agora eu me sinto até mais criativo. Não somente posso trabalhar com meu *laptop* em escritórios diferentes, como também trabalhar com ele em qualquer lugar do mundo. Ele se tornou uma âncora ainda mais poderosa para um estado concentrado de trabalho, não somente no escritório, mas também em um quarto de hotel, ou mesmo dentro de um avião. Isso me consumiu um certo esforço, mas foi completamente suportado pelas minhas novas metas e valores.

Uma crença positiva que me ajudou foi que eu era mais forte do que meus hábitos. Hábitos eram algo que eu tinha criado e, portanto, algo que eu poderia desfazer. O futuro seria melhor do que o passado. Eu estava certo disso. Mudar essas âncoras foi parte de tornar meu futuro do modo como eu queria. Sentado, agora, naquele futuro pretendido, eu estou feliz!

CONSCIÊNCIA

Quando reagimos às âncoras não estamos cientes do momento presente. Seguimos num piloto automático e nos desligamos durante um período de tempo. Coaching é explorar o passado e desenhar o futuro. Ambas as ações requerem a consciência do momento presente. O coach é um estimulador do que está acontecendo agora mesmo. Os clientes precisam estar cientes do momento presente, do contrário eles não verão como estão mantendo seus problemas. A jornada deles é uma sucessão de "agoras", de modo que eles precisam prestar atenção. "Agora" é a conexão entre o presente e o futuro.

Hábitos são como pequenos transes: nós paramos de pensar. Eles são como rios, carregam você ao longo de uma certa distância, mas você não está ciente de que está se movendo até resistir à corrente. Uma das grandes dádivas que um coach pode conceder a um cliente é a oportunidade de ele pular fora da corrente e examinar os aspectos de sua vida a partir de uma posição destacada, mas rica em recursos. Esta é a intenção dos exercícios de auto-observação. Estes exercícios são, sob certos aspectos, práticas espirituais, porque eles fazem de você uma testemunha de sua vida, e você pode refletir sobre o que está fazendo em vez de agir sem raciocinar. Uma vez que você tenha se observado dessa maneira, as mudanças que precisa fazer ficarão mais claras.

Nós sugerimos com veemência que você passe a seus clientes alguns exercícios de auto-observação. É possível desenhá-los para cada cliente, dependendo de suas questões. Com um exercício de auto-observação a intenção é simplesmente estar consciente do que você está fazendo, sem a sensação de que você poderia mudar aquilo ou que isso é ruim. *Auto-observação não envolve mudar nada.* Não há julgamentos, somente observação. A mudança vem mais tarde.

Desenhando um Exercício de Auto-observação

1. Esclareça a questão para um cliente. O que ele quer explorar? Com o que ele está insatisfeito em sua vida?

2. Em seguida, declare a meta do exercício nesta forma: "Eu [cliente] quero me tornar mais consciente da [questão]."
3. Dê ao cliente um pequeno número de perguntas para responder quando ele estiver sozinho e num estado relaxado e cheio de recursos. Ele deve rever suas ações a partir de uma posição destacada, como quando vai ao cinema. Ele se vê – como o protagonista principal do filme –, mas não critica ou julga.

Apresentamos agora dois exercícios de auto-observação.

Questão do cliente: **Estar preso em muitos hábitos, não sendo criativo.**
Meta do exercício: **Tornar-se mais ciente dos hábitos.**

Etapas do Plano de Ação:
1. Faça uma lista das coisas que você repete todos os dias.
2. Em cada dia da semana, escolha um hábito dessa lista.
3. No fim de cada dia, encontre tempo e um local em que você pode ficar sozinho e relaxado. Relaxe e respire profundamente, selecione o hábito daquele dia e faça a si mesmo as seguintes perguntas:
"O que desencadeia este hábito?"
"Como me sinto quando ajo em razão deste hábito?"
"Como outras pessoas reagem contra mim quando estou atuando por causa deste hábito?"
4. Em seguida registre as respostas em um diário para discussão na próxima sessão de coaching.

Questão do cliente: **Ficar desconfortável quando conversa com seu chefe e, em geral, desconfortável quando lida com superiores.**
Meta do exercício: **Tornar-se ciente dos meios atuais de lidar com superiores.**

Etapas do Plano de Ação:
1. Durante a próxima semana, pare duas vezes ao dia, uma na hora do almoço e uma no fim do dia. Encontre um local em que você pode ficar sozinho e relaxado durante alguns minutos. Relaxe e respire profundamente. Reveja o dia até o momento e faça a si mesmo as seguintes perguntas:

"Que reações eu tive hoje dos superiores?"
"Como me senti naquela hora?"
"O que eu estava tentando obter naqueles encontros?"
"Qual foi a reação que eu tive?"
"O que (se houver) me deteve de sentir desconforto?"
2. Escreva as respostas em um diário e reveja-as na próxima sessão de coaching.

Um diário é uma importante ferramenta de aprendizagem para o cliente por três razões:

1. Ele estimula o cliente a fazer anotações do que ele aprende.
2. O cliente tem material renovado na mente para discutir com o coach.
3. Ele pode revisar o diário todos os meses e observar seu progresso. É muito fácil para os clientes esquecerem do grau de progresso e do que aprenderam.

RELACIONAMENTOS NA TRANSIÇÃO

Ajudar um cliente em seus relacionamentos é uma parte importante do coaching. Relacionamentos são parte do processo de transição e podem dificultá-lo ou auxiliá-lo. Outras pessoas confirmam quem nós somos pela maneira como nos tratam, e se um cliente muda, então seus relacionamentos também mudarão, pois as outras pessoas não serão capazes de tratá-lo da mesma maneira (embora elas ainda possam tentar).

Posições perceptuais são um maravilhoso recurso para ajudar os clientes em todos os aspectos de seus relacionamentos. Quando o cliente quer esclarecer ou explorar seu relacionamento com parceiros(as), filhos, chefes ou membros da equipe de trabalho, utilize o seguinte processo:

O Padrão do Relacionamento no Coaching

1. Peça ao cliente para descrever o relacionamento a partir da primeira posição – seu ponto de vista. Peça-lhe para voltar no tempo e imaginar estar com essa outra pessoa em uma situação típica. Faça-o imaginar essa situação da maneira mais vívida possível: como

era a sala, suas cores, em que hora do dia? Certifique-se de que ele realmente retrocedeu àquela situação.
2. Peça-lhe para esclarecer o que está ocorrendo com ele naquele relacionamento, com as seguintes perguntas:
"Quais são suas metas nesta situação?"
"O que você está tentando obter?"
"O que é importante para você nesta situação?"
"Em que você está prestando atenção?"
"O que você está fazendo para atingir sua meta?"
"Como você vê a outra pessoa e a descreveria: (irritada, queixosa, arrependida, desonesta etc.)?"
Há algum conflito em qualquer nível sobre crenças e valores, habilidades ou comportamento?
3. Quando você tiver extraído essa informação, distraia o cliente e faça-o pensar sobre algo diferente para "quebrar o estado".
4. Quando ele estiver preparado, peça-lhe para ir para a segunda posição como a outra pessoa. Se ele protestar e disser que não quer ir, diga que ele não precisa combinar ou concordar com a outra pessoa. Este é somente um exercício para tentar entender seus pontos de vista a fim de resolver da melhor forma possível qualquer conflito. Muitas disputas acontecem porque não entendemos nossos oponentes.
Faça o cliente mudar-se para outra cadeira e se transformar na outra pessoa o mais que puder – ele deve adotar a fisiologia da outra pessoa e o mais que puder seu modo de falar. Quando ele diz "eu" nesta posição, está falando na condição da outra pessoa. Ele se referirá ao seu real "eu" pelo seu nome verdadeiro. Faça-lhe as mesmas perguntas, forçando-o a responder como a outra pessoa:
"Quais são suas metas nesta situação?"
"O que você está tentando obter?"
"O que é importante para você nesta situação?"
"Em que você está prestando atenção?"
"O que você está fazendo para atingir sua meta?"
"Como vê a outra pessoa e a descreveria (que é você mesmo) e como descreveria a si próprio partindo desta posição (autodefensável, incomodado, resmungão, restrito etc.)?"

Entender os outros vem de nosso sentimento de humanidade compartilhada. Mesmo se a outra pessoa for muito diferente, este exercício renderá reflexões valiosas para o cliente. Pode ser muito interessante extrair o máximo possível sobre como essa pessoa vê o mundo; isto ajuda muito o cliente.

Se o cliente tenta "escorregar de volta" para a primeira posição, e começa a se referir a ele próprio como "eu", faça-o lembrar de que ele está na segunda posição.

Ele irá descobrir coisas sobre a outra pessoa que jamais conseguiria obter se estivesse na primeira posição.

5. "Quebre o estado" e retorne-o para ele próprio.
6. Agora, peça ao cliente para ficar na metade do caminho entre a primeira e a segunda posição, onde ele possa ver ambos. Partindo dessa terceira posição, faça-o aplicar coaching a ele próprio na primeira posição.

"O que ele vê nesse relacionamento?"

"Com o que essas duas pessoas concordam?"

"Onde está o conflito?"

"Que conselho você daria a si mesmo na primeira posição?"

7. "Quebre o estado."
8. Agora, retorne o cliente para a primeira posição e faça-o sentar na sua cadeira original. Que conselho ele acolheria dele próprio na terceira posição?

De que maneira isto esclareceu o relacionamento e o que ele aprendeu?

O que ele fará de diferente na próxima vez em que encontrar esta outra pessoa?

Passe ao cliente uma tarefa específica para fazer na próxima vez em que ele encontrar a outra pessoa para testar suas reflexões a partir deste exercício.

9. Finalmente, como foi a experiência do cliente de assumir as três posições?

Qual das três posições foi a mais fácil de ser adotada por ele?

Se ele preferir alguma posição, uma tarefa complementar seria para que fizesse uma lista das desvantagens daquela posição. (Por exemplo, se você tem uma primeira posição forte, poderia ser considerado uma pessoa obstinada. Uma segunda posição forte pode levá-lo a negligenciar seus próprios interesses.) Finalmente, peça-lhe para fazer uma lista dos benefícios que ele conseguiria ao desenvolver as outras duas posições.

Este exercício ajudará o cliente naquele relacionamento, e uma fluência em cada posição e conhecimento de suas preferidas o auxiliará em todos os relacionamentos a partir de agora.

Para ilustrar esta técnica, apresentamos neste ponto um exemplo de uma sessão de coaching que supervisionamos. James era o coach, Michael o cliente. Michael gostaria de trabalhar em seu relacionamento com sua filha Audrey, de 12 anos, que estava aprendendo piano.

Michael estava implicando com Audrey para ela praticar piano pela manhã antes de ir para a escola, mas isso era algo que ele não estava apreciando fazer; ele queria que ela gostasse de tocar o instrumento.

Audrey, certamente, estava encontrando maneiras diabolicamente criativas para evitar a prática – repentinamente havia coisas mais importantes para fazer durante a manhã e o período para prática de piano era reduzido. Este fato aborrecia Michael, porque Audrey tinha prometido praticar.

Além disso, Michael e sua esposa tinham previamente concordado que *ela* verificaria se Audrey tinha praticado piano. Michael percebeu que sua esposa não estava cumprindo a parte da barganha, e solucionou o problema chamando a responsabilidade para si ao passo que se ressentia de ter de fazer isso.

Michael não cobrava de Audrey pelo dinheiro destinado a suas lições de piano, mas queria que ela extraísse o melhor proveito dele. Ele próprio tinha aprendido piano quando era jovem com um professor muito ruim. Ele tinha desistido, mas agora se arrependia de não ter continuado. (Aqui estava uma grande tentação para o coach fazer um pouco de terapia para explorar por que e como Michael poderia estar ralhando com sua filha para reviver algo que ele queria e se lamentava por não ter feito em sua própria infância. James resistiu a tal tentação.) Michael ainda conseguia tocar um pouco e gostava de interpretar duetos simples com Audrey. Ela, por sua vez, também gostava.

Depois de ouvir atentamente esta história, James fez a Michael uma pergunta expressiva: "O que você consideraria uma grande realização?"

Repare que ela segue o modelo das perguntas: *o que... você... verbo... futuro positivo.*

Michael respondeu que pretendia que a prática fosse uma hora para diversão. Ele não queria ser um pai rabugento, mas sim divertido. Ele gostaria que a filha apreciasse a prática no piano. O valor da diversão apareceu fortemente neste ponto – e ela estava definitivamente faltando na situação, conforme Michael a tinha descrito.

"O que é, no fundo, ser um bom pai; o que é importante?" Agora James estava explorando um pouco mais profundamente nos valores existentes por trás da meta.

Michael respondeu que ele queria que Audrey gostasse de aprender e disse, com particular ênfase, que ele pretendia ter um ótimo relacionamento com ela durante um longo tempo.

James disse que, claramente, ele e Audrey tinham uma intenção positiva, muito embora eles estivessem disputando a forma como atingir isso. Então ele perguntou: "O que você faz para que ela pratique o instrumento?"

Michael respondeu que tinha "tentado" muitas coisas. Ele ajudava Audrey enquanto ela estivesse praticando e interpretava duetos com ela.

James disse que isso é o que ele fazia uma vez que *ela já estava praticando*, mas o que ele fazia para forçá-la a praticar?

"Eu ralho com ela", disse Michael.

E ele descreveu como ficava aborrecido com Audrey por ela não praticar piano, com sua esposa por não cumprir sua tarefa em lidar com a prática da filha, e com ele mesmo por ficar perturbado.

Michael estava prestando atenção nos seus *próprios* sentimentos de frustração e seu *próprio ser* precisava colocar Audrey para praticar.

James, então, levou Michael para a segunda posição. Ele convidou-o a transformar-se em Audrey e a sentar-se na cadeira oposta. Ele ajudou-o enormemente posicionando-o na específica situação na manhã em sua casa: o que ele estava vendo como Audrey, o que estava ouvindo como Audrey e o que estava sentindo como Audrey.

Na condição de Audrey, Michael disse diversas coisas:

"Eu detesto que me digam o que fazer."
"Por que o papai não me deixa em paz?"
"Por que ele sempre está tão atarefado de manhã?"
"Eu queria que ele se aproximasse e tocasse piano comigo."

James em seguida aplicou um pequeno coaching em Michael (na condição de Audrey), perguntando-lhe (a ela) o que queria e o que era importante para ela. Ele descobriu que ela gostava de seu professor de piano e que era importante para ela tocar o instrumento porque vários de seus amigos tinham o mesmo passatempo.

Em seguida, James levou Michael para a terceira posição, de pé, distante das duas cadeiras, e eqüidistante entre elas.

"O que você acha que está ocorrendo entre eles?", ele perguntou.

Michael, na terceira posição, podia ver que Audrey queria praticar, mas não desejava ser molestada. O ato de ralhar com ela estava lhe tirando o prazer de tocar piano. Na terceira posição, ele foi capaz de ser o coach dele mesmo na primeira posição. Ele viu que deveria esclarecer com sua esposa quem iria ajudar Audrey com suas lições de piano. Ele ainda cogitou que a palavra "prática" estava se transformando num termo negativo para ela. Em lugar disso, ele a convidaria para "interpretar" duetos com ele nas manhãs. Quando eles tivessem acabado isso e estivessem apreciando aqueles momentos, ela teria o ímpeto de continuar durante o restante do tempo naquela manhã. Quanto mais ele pudesse diverti-la, maior seria o divertimento para ele, e mais ela valorizaria tocar piano.

Ele retornou para sua cadeira na primeira posição.

James lhe perguntou: "O que você fará em seguida?" Esta questão era um convite para uma tarefa.

Michael respondeu que ele falaria com sua esposa e esclareceria quem assumiria a responsabilidade por fazer lembrar a Audrey para praticar durante a manhã. Ainda, na próxima semana, ele interpretaria duetos com Audrey nos seus dias de prática e veria a diferença que isso faria a ambos.

Na semana seguinte, Michael reportou a James seu completo sucesso. Ele tinha melhorado seu relacionamento com a filha. Este retorno foi muito melhor do que fazer sua filha praticar, muito embora essa fosse sua primeira meta declarada. O coaching tinha atingido o valor existente por trás da meta – o bom relacionamento – e Michael está conseguindo mais do que isso. Audrey também estava praticando mais.

Neste exemplo, James não levou Michael para a quarta posição. Esta é a posição do sistema; neste caso a família de Michael. No entanto, ele podia ver, mesmo na terceira posição, que havia um efeito na família e isto envolvia duas áreas importantes: seu relacionamento com a filha e com a esposa.

Em coachings de relacionamento como este, é possível também utilizar a roda das perspectivas. Você pode usar os quatro espaços para as quatro posições perceptuais ou pode usar diferentes perspectivas, dependendo do contexto

4ª Posição   1ª Posição

3ª Posição   2ª Posição

A roda das perspectivas

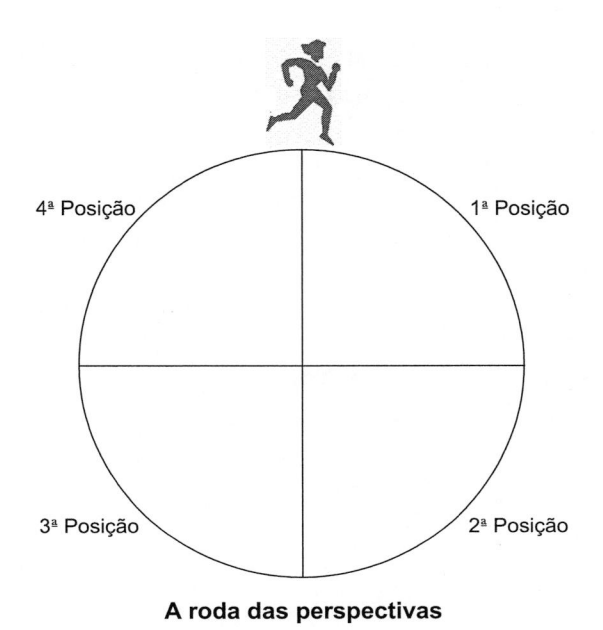

que estiver explorando com o cliente. Por exemplo, em coaching empresarial, você poderia explorar uma situação de trabalho partindo do ponto de vista de um gerente, de um cliente, do CEO ou da marca do negócio. Peça ao cliente para adotar cada uma destas perspectivas para obter reflexões sobre a situação. Escreva as reflexões nos espaços correspondentes.

APLICAÇÃO DE TAREFAS

Muitos clientes têm um bom conhecimento intelectual de suas situações, mas nada muda. Eles estão no nível do *saber*, mas este nível em si não é suficiente para promover uma mudança.

O próximo estágio é *esperar*. Clientes querem esperar, mas isso também não é o bastante. Eles precisam saber *como* promover uma mudança. Um coach pode fazer uma grande diferença neste ponto, ajudando o cliente a se liberar dos hábitos e crenças que o têm impedido, e auxiliando-o a encontrar as melhores estratégias para a mudança.

Isto resulta na última etapa: *fazer*. Com isso completa-se o ciclo. Sem esta etapa tudo que vem antes permanece somente como potencial e não fará qualquer diferença. Daí a ênfase que o coaching põe no cliente fazer algo diferente.

O que distingue o coaching da maioria das outras técnicas é esta ênfase em aprender pela ação. O coach está constantemente pedindo ao cliente para fazer algo diferente, confrontar seus hábitos, tornar-se mais autoconsciente, contrapor suas crenças ou viver seus valores, e isto é materializado em uma tarefa.

Uma tarefa é algo que o coach pede ao cliente para fazer como resultado de seu progresso na sessão. Tarefas são sempre precisas e específicas. Elas precisam ser claras em quatro áreas:

1. "O que você fará?" (a tarefa em si)
2. "Quando você a fará?" (a escala do tempo)
3. "Quem está envolvido?" (as outras pessoas)
4. "Quando discutiremos o que aconteceu?" (o coach precisa do retorno de informações sobre o que ocorreu)

As tarefas sempre são orientadas à ação – elas envolvem fazer algo. O entendimento cognitivo vem depois. Nesse sentido, tarefas representam um salto de confiança. Esta é a razão pela qual o *rapport* é particularmente importante. As tarefas nem sempre são confortáveis para o cliente, e um cliente não aceitará uma tarefa a menos que ela seja elaborada como uma experiência de aprendizado, *não* como uma atribuição em que ele deva ser bem-sucedido durante sua execução.

A característica mais importante de uma tarefa é que o cliente aprenda algo sobre seus próprios recursos, independentemente de que ele tenha "obtido êxito" ou "fracassado".

O aprendizado está no feedback, *não num resultado satisfatório.*

As tarefas podem ser formuladas de duas maneiras: como uma confrontação, e como uma solicitação.

Desafio

Um desafio alarga o horizonte do cliente além de seus limites auto-impostos. Quando você desafia um cliente, demonstra que acredita nele e em seu potencial para fazer mais do que ele está fazendo. Torne a mudança realista e não impossível, mas estenda os horizontes do cliente suficientemente para ele testar suas crenças sobre ele próprio. Quando fizer isso, você atua como um defensor do cliente, você o apóia, demonstra que acredita nele, mesmo se ele próprio não acreditar.

O cliente poderá atender seu desafio com franca incredulidade, caso em que você talvez necessite amenizá-la ou negociar outro desafio. Ainda assim, caso o cliente não complete a tarefa, ele aprenderá muito por tentá-la e sua realização será ainda maior do que ele pensava.

Ninguém atinge o impossível a menos que tente o aparentemente impossível.

Solicitação

Uma solicitação é mais simples do que um desafio e mais executável. Ela está pedindo a um cliente para incrementar suas metas ao executar uma ação específica. Uma solicitação não estenderá os horizontes do cliente como uma confrontação, mas normalmente ele ficará relutante de levá-la a cabo.

A solicitação deve ser precisa. O cliente deve saber exatamente o que executar e qual será o resultado.

Geralmente, é melhor prefaciar qualquer solicitação ou confrontação, dizendo: "Eu tenho um pedido..." O cliente, então, lhe dará permissão para seguir em frente, e será mais receptivo porque ele foi prevenido que está prestes a receber algum pedido para fazer algo.

É muito importante que todas as solicitações tenham um prazo limite, por exemplo: "Eu tenho um pedido para você. Você conversará com seu filho sobre seu problema antes de nossa próxima sessão daqui a uma semana?"

Ensinar os clientes a fazer solicitações claras pode ser extremamente eficaz em um relacionamento no coaching. Vários clientes são incapazes de serem assertivos ou ficam muito ressentidos quando as pessoas lhes pedem para fazer coisas. Eles podem também se sentir culpados quando dizem "não". Eles ainda podem perceber que não estão obtendo o que querem da vida devido a não entenderem claramente os pedidos feitos pelas pessoas a sua volta. Quando o coach provê um modelo de como formular solicitações claras, elas ainda ajudam o cliente a solicitar o que ele quer.

Tarefas Simples e Complexas

Solicitações e confrontações podem ser bastante simples, por exemplo:

Ler um livro.
Ver um filme.
Assistir a um vídeo.
Ir dançar.

Aprender a cantar, ou cantar em público.
Conversar com crianças.
Contar histórias a crianças.
Falar na frente do espelho.
Entrar em uma companhia teatral amadora e atuar numa peça.
Usar roupas diferentes.
Mudar o pulso no qual você usa o relógio.
Comprar um jornal diferente do seu habitual.
Renovar a mobília de sua casa.

As tarefas podem envolver ações mais complexas:

- *Criar uma experiência penosa.* Se, por exemplo, um cliente tem receio de seu chefe e é incapaz de lidar com superiores, você pode pedir-lhe para enfrentar uma experiência plena de recursos em um contexto alternativo que pode ser usado por ele. Você solicitaria para ele partir numa aventura de alpinismo. Se ele aceitar, é possível generalizar essa coragem para outras facetas de sua vida. Afinal, se ele consegue escalar uma montanha, pedir ao chefe um aumento pode ser uma tarefa muito mais fácil, não é mesmo?
- *Prescrever o sintoma.* Isso, então, vem sob seu controle, porque ele está fazendo-o deliberadamente. Por exemplo, se alguém sofre muito dos nervos e treme antes e durante uma palestra, peça-lhe para afirmar isso publicamente no início da palestra para todos e para "tentar" sentir-se mais nervoso. Ele constatará que esse reconhecimento torna os nervos muito mais fracos. Problemas como ansiedade e nervosismo derivam muito de seus poderes diante da resistência que temos a eles.
- *Adote outra pessoa como modelo.* Você pode pedir à pessoa para adotar uma outra pessoa como modelo que tem os recursos que ela própria precisa para responder à pergunta ou resolver o problema.

Respostas

O cliente tem três possíveis respostas a uma solicitação ou desafio:

- "*Sim.*" O cliente concorda. Ele então ficará responsável pela tarefa.
- "*Não.*" O cliente recusa. Ele não concorda com a tarefa ou vocês não têm o *rapport* para conseguir isso à época. Talvez ele ainda não esteja preparado para levá-la a cabo.
- *Negociação.* O cliente está aberto para executar a tarefa, mas quer negociar os detalhes ou tem uma contraproposta com a qual se sentirá mais confortável e que ele acredita promover a ação da mesma maneira.

Tome cuidado quando um cliente disser que "tentará" executar uma tarefa. Isso usualmente indica que ele não irá, ou que ele assume que será difícil. A palavra "tentar" implica dificuldade, até impossibilidade. Se ele disser que "tentará", peça-lhe para se ater a "sim", "não" ou "depende". Em seguida, você pode negociar uma diferente tarefa, se necessário. Também tome cuidado quando um cliente disser, "Eu poderia fazer isso". Peça-lhe para dizer, "Eu farei isso!".

Resultados

Quando você passa uma tarefa, o cliente pode executá-la e aprender algo importante. Este é o melhor resultado, mas isso nem sempre ocorre dessa maneira. O cliente pode esquecer de fazer uma tarefa. Se o cliente assumiu a responsabilidade pela tarefa, então este é um ponto importante. Como ele esqueceu? É preciso verificar seu envolvimento e apoiá-lo, fixando uma âncora para fazê-lo recordar. Você discutirá sobre o resultado na próxima sessão. Se um cliente esquece uma tarefa ou não encontra tempo para fazê-la por duas sessões seguidas, então ele não está congruente sobre aquela tarefa, independentemente do que dirá, e você precisa discutir este ponto integralmente. Nunca culpe o cliente. É a tarefa, a responsabilidade e a vida dele. Há sempre algo para aprender, até de um esquecimento.

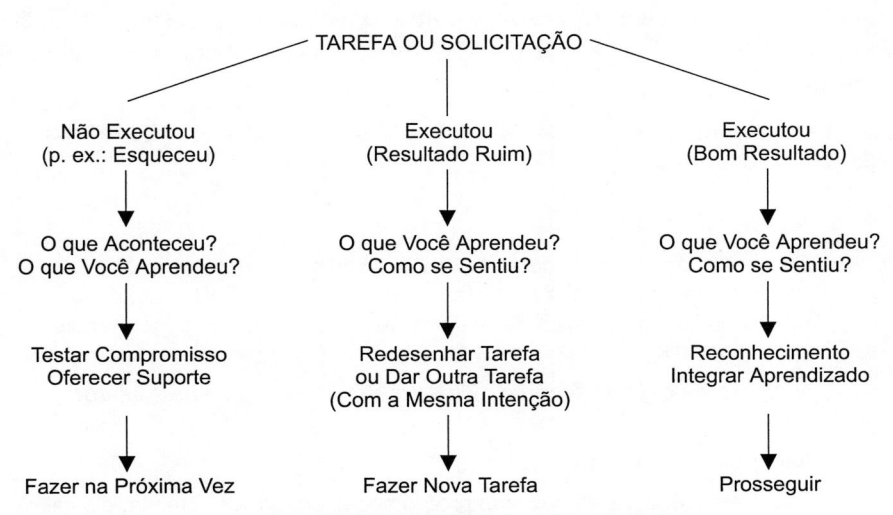

```
                    ┌─── TAREFA OU SOLICITAÇÃO ───┐
                    │              │              │
            Não Executou       Executou       Executou
         (p. ex.: Esqueceu)  (Resultado Ruim) (Bom Resultado)
                    │              │              │
            O que Aconteceu?   O que Você Aprendeu?  O que Você Aprendeu?
            O que Você Aprendeu?  Como se Sentiu?      Como se Sentiu?
                    │              │              │
            Testar Compromisso  Redesenhar Tarefa   Reconhecimento
            Oferecer Suporte    ou Dar Outra Tarefa Integrar Aprendizado
                                (Com a Mesma Intenção)
                    │              │              │
            Fazer na Próxima Vez  Fazer Nova Tarefa   Prosseguir
```

Possibilidades na aplicação de tarefas

Outra possibilidade é que o cliente faz a tarefa, mas não considerou que obteve um bom resultado. O coach e o cliente podem discutir sobre isso. O que o cliente esperava? O que ele aprendeu do resultado? Provavelmente você precisará lhe passar uma outra tarefa dotada da mesma intenção.

Responsabilidade

Durante todo o processo de coaching, o cliente detém o resultado e é responsável pelos *resultados*. Coach e cliente são responsáveis pelo *processo*. Eles estão numa parceria. O fato de que o cliente possui o resultado não significa que o coach não tem responsabilidade de dar o melhor de si no processo. Cliente e coach trabalham em conjunto numa parceria em que um mais um resulta em mais do que dois se eles trabalharem com sinergia. O relacionamento é o mesmo existente no coaching esportivo. Lembre-se de que quando um atleta ganha um troféu, é ele quem vai recebê-lo no pódio dos vencedores, aclamado pelo público. O coach não se reúne a ele no pódio, muito embora os dois tenham trabalhado juntos para atingir aquele resultado. O atleta pode reconhecer a parcela desempenhada pelo coach, mas é ele quem recebe o resultado e a glória.

Isto significa que o atleta deve assumir responsabilidade. Ele assume responsabilidades por suas ações e, portanto, por sua vida.

Responsabilidade pode soar como um fardo pesado. Para muitas pessoas ela é o suporte para receber a culpa se algo sair errado. Mas, em termos de coaching, ela é soletrada "*response-ability*" – a habilidade de responder. Clientes são capazes de responder às tarefas, solicitações e confrontações determinadas pelo coach.

Há três perguntas básicas para o cliente, para torná-lo responsável por suas ações ou tarefas:

1. "O que você fará?"

    Que ações o cliente executará? Elas devem ser específicas, ações programadas baseadas nas metas e valores do cliente. Elas podem ser tarefas, solicitações ou confrontações do coach, ou os próprios clientes podem decidir o que fazer, baseados na sessão de coaching.

    Note que a pergunta segue o modelo *o que ... você ... verbo... futuro positivo*.

2. "Quando você fará isso?"

    Todas as ações devem ter uma programação ou, provavelmente, elas serão promessas vazias. Negocie um prazo-limite que seja claro e realista. Muitas vezes as pessoas consideram que seria uma "boa idéia" se elas tivessem feito algo, mas muito freqüentemente isso permanece no terreno de uma boa idéia e jamais é traduzido em ação. Esta pergunta garante que isso seja feito.

3. "Como você saberá?"

A ação terá resultados definidos. O coach precisa conhecer a ação que foi realizada. O cliente pode telefonar após tê-la concluída, ou passar um fax ou um e-mail ao coach. Eles, provavelmente, deixarão a discussão para a próxima sessão de coaching.

SUPORTE

Antes, durante e após a transição, o cliente necessitará de suporte. O coach pode oferecer suporte a ele de duas maneiras – ajudando-o a ensaiar mentalmente o que ele quer fazer e auxiliando-o a fixar âncoras de apoio em sua vida.

Ensaio Mental

O que acontece no mundo exterior deve ocorrer primeiramente no mundo interior, de modo que instrua seus clientes a ensaiar mentalmente suas metas e tarefas. Isto os tornará reais em suas mentes de modo que mais tarde eles se manifestarão no mundo exterior.

O ensaio mental funciona. Mas, como qualquer processo, é preciso seguir certas regras. Você pode ensinar este próximo padrão a seus clientes durante uma das primeiras sessões de coaching para que eles o utilizem em seus próprios termos sempre que quiserem.

Processo de Ensaio Mental

1. **Defina a meta.** Veja-a em detalhes de forma que você esteja absolutamente certo sobre o que terá de fazer para atingi-la.
2. **Relaxe.** Veja a si próprio *executando* a tarefa exatamente como quer. É importante que *você veja a si mesmo* em uma imagem mental dissociada. Você ainda não se poderia imaginar fazendo-a realmente. Você deveria ser como um diretor de seu próprio filme, em que você é o protagonista principal.
3. **Faça este filme da forma mais perfeita possível.** Imagine o maior número de detalhes possíveis – onde você está, as roupas que está

vestindo, quem está nesse lugar com você. Utilize todos os seus sistemas representacionais. Veja as imagens o mais claramente possível. Ouça os sons, sinta seus movimentos corporais, inclusive seu senso de equilíbrio. Quanto mais ricos os detalhes, mais eficaz será o processo.
4. Quando estiver satisfeito, você poderá se associar no interior da imagem, ou seja, supor fazer algo realmente. Veja o que você visualizaria se estivesse fazendo isso. Ouça o que ouviria. Repare nas outras pessoas na cena e na maneira como estão reagindo.
5. Se você não se sentir bem, retorne e veja a si mesmo no filme novamente, e faça ajustes posteriores.
6. Quando você ficar completamente feliz com o que vê, reserve-o como um videoteipe particular em sua coleção pessoal do Blockbuster. Você pode vê-lo sempre que quiser.

Estruturas

Estruturas são as âncoras que o coach ajuda o cliente a criar para fazê-lo lembrar da visão, metas, valores, ou das ações que precisam ser executadas.

Por exemplo, um cliente apanhou um quadro que estava pendurado em seu escritório doméstico e virou-o de cabeça para baixo. Sempre que ele via o quadro (e ele entrava no escritório em todos os dias úteis de trabalho), fazia-o lembrar que existiam outros meios mais criativos de examinar qualquer situação. Esta era uma estrutura que ele criou para ajudá-lo a adotar novas perspectivas e ser mais criativo. Outro cliente colocou seu relógio de pulso no outro braço para ajudá-lo a lembrar de acertar a hora no despertador para que ele pudesse levantar mais cedo de manhã para meditar. Clientes têm boas intenções mas, em algumas ocasiões, precisam de ajuda para recordar, porque os hábitos provavelmente podem fazê-los esquecer. O coach alia-se a eles com o melhor interesse próprio do cliente – a parte que quer mudar para ser melhor e ter uma vida mais plena.

As estruturas, como as âncoras, podem ser visuais, auditivas ou cinestésicas. Seja criativo quando criar estruturas para seus clientes.

Exemplos de estruturas são:

marcar em calendários
deixar mensagens de viva-voz gravadas para você mesmo

- programar seu relógio ou telefone celular para emitir um alarme numa determinada hora
- colocar recadinhos de aviso (*post-it*) com afirmações pela casa
- ouvir uma fita de relaxamento
- encontrar um parceiro de exercícios
- escolher uma nova música para ouvi-la no *walkman*
- colocar uma fotografia sobre sua mesa

Todavia, nós ficamos acostumados a estruturas, e elas não são muito capazes de funcionar bem após um determinado tempo (normalmente um ou dois meses). Após esse período, será preciso organizar novas estruturas com o cliente.

Você pode ajudar um cliente a criar estruturas fazendo perguntas como:

"O que você pode fazer que o ajudará a lembrar-se disso?"
"Como podemos acompanhar seu progresso com a tarefa?"
"De que maneira você lembrará de fazer isso?"
"O que você pode fazer que o recordará de agir assim regularmente?"

CONCLUSÃO

Finalmente chegará um ponto em que coach e cliente decidem que o trabalho está terminado. É certo, o trabalho de atingir metas e viver os valores associados nunca termina. O fim do relacionamento no coaching é somente uma pontuação nesse processo. Como um bom professor, o trabalho do coach está concluído quando ele não for mais necessário.

Os critérios para o fim do relacionamento no coaching devem ser decididos no início do processo. O relacionamento terminará quando coach e cliente concordarem que o cliente alcançou aquilo que o motivou a recorrer ao coaching, a menos que algo dramático ocorra e venha a parar o programa de coaching.

No final, coach e cliente deverão ver:

⬇ Desempenho excelente sustentável no longo prazo no campo específico do cliente. Isto será medido pelos padrões do coach e cliente e, também, por padrões-metas, independentes dos dois.

⬇ Autogeração e criatividade. O cliente será capaz de descobrir seus próprios meios para progredir. Ele se tornará mais autoconfiante.

É um sentimento maravilhoso tanto para o coach como para o cliente concluírem com êxito um relacionamento de coaching. A sessão final pode ser uma série de perguntas do programa de coaching. Você pode perguntar ao cliente:

"O que funcionou melhor para você neste relacionamento de coaching?"
"O que não funcionou bem para você?"
"Do que você sente mais orgulho?"
"Quando você esteve mais receoso?"
"Quando você ficou mais surpreso?"
"Quando você se sentiu mais habilitado?"
"O que mais mudou em você?"
"O que mudou em seu relacionamento com outras pessoas?"
"Quais são as suas expectativas sobre você mesmo no momento?"

RESUMO

Transição

O modelo de transição abrange o ciclo completo do coaching.
O cliente começa com um problema ou situação que ele quer mudar.
Ele tem de lidar com o medo da mudança e pode se tornar frustrado com a falta de progresso.
Uma vez fora do ciclo de medo e frustração, ele está na transição. Ele ainda precisa do suporte do coach. O cliente assume responsabilidade e faz um compromisso com a mudança. O relacionamento de coaching provê uma estrutura para apoiar o cliente e movê-lo na direção de suas metas.
Transição é o período mais delicado no coaching. O cliente não está mais em sua antiga situação, mas ainda não se mudou totalmente para a nova situação.
Será proveitoso se o cliente pensar em deixar coisas para trás em vez de perder coisas.

Hábitos

Hábitos promovem estabilidade à sua vida.
Quando queremos mudar, nossos hábitos resistem à mudança.
Para mudar nossas vidas, precisaremos mudar alguns hábitos e criar novos.
Os hábitos são mantidos no lugar por âncoras.
Uma âncora é qualquer acionador visual, auditivo ou cinestésico associado com uma particular resposta ou estado emocional.
Na maioria das vezes, nós não notamos as âncoras, somente os estados.
Algumas âncoras são neutras. Algumas delas nos colocam em bons estados. Outras podem nos colocar em estados ruins.

Com a ajuda do coach, os clientes irão:
>   Tornar-se conscientes das âncoras que suportam seus hábitos.
>   Criar novos hábitos que suportem a mudança que eles queiram fazer.
>   Construir novas âncoras para suportar os novos hábitos.

O cliente precisa estar cônscio do momento presente a fim de explorar o presente e desenhar o futuro.

Um exercício de auto-observação é um meio eficaz para o cliente apreciar onde ele está e como seus hábitos estão mantendo-o no mesmo lugar.

A auto-observação não trata de mudar nada, somente observar sem julgamento.

É muito proveitoso se o cliente mantém um diário de seu progresso no coaching.

Utilize a primeira, a segunda e a terceira posições para ajudar um cliente a lidar com seus relacionamentos.

Solicitações, Desafios e Tarefas

Coaches fazem os clientes executarem ações passando-lhes tarefas, desafios e solicitações.

Um desafio estende o horizonte do cliente além de seus limites auto-impostos.

Uma solicitação pede ao cliente para perseguir suas metas ao executar uma ação específica.

Uma tarefa é mais complexa do que uma solicitação ou desafio.

O aprendizado para o cliente está no feedback, não em um resultado bem-sucedido.

Um cliente é responsável quando ele assume responsabilidade por suas ações e, portanto, por sua vida.

Existem três perguntas básicas ao cliente para torná-lo responsável por suas ações ou tarefas:
>   "O que você fará?"
>   "Quando você fará isso?"
>   "Como você saberá?"

O cliente necessita de suporte do coach. O coach pode prover isso de duas maneiras
>   ensinando o cliente a ensaiar mentalmente suas metas
>   ajudando o cliente a estabelecer âncoras em sua vida

O relacionamento terminará quando coach e cliente concordarem que o cliente alcançou aquilo que o motivou a recorrer ao coaching, a menos que algo dramático ocorra e venha a parar o programa de coaching.

ETAPAS DO PLANO DE AÇÃO

Se você quiser entender, aja. Eis aqui alguns exemplos de como explorar as idéias neste capítulo. Você ainda pode usá-los como tarefas para seu cliente, e, caso queira, para você mesmo.

1. Pense em uma mudança que aconteceu em sua vida. Você lembra de um ponto de transição? O que poderia tornar a transição mais fácil para você? Que hábitos você mudou?

2. Escolha um hábito que você tem que gostaria de mudar, por exemplo roer as unhas.

    Quais são os benefícios desse hábito?

    Quando ele começou?

    Como você se sente sobre isso?

    Como ele se enquadra em sua vida neste momento?

    Toda vez que você estiver consciente disso, pare por um momento e diga: "Eu optei por fazer isso". Repare como isso muda sua experiência do hábito.

3. Comece a desenvolver sua intuição sobre pessoas. Fique interessado e observe pessoas em restaurantes e lugares públicos. Note como elas se movem. Note como elas se vestem. Adivinhe o salário anual e a profissão delas. Adivinhe a idade delas. Agora invente um conto sobre suas vidas – onde elas nasceram e que tipo de vida elas têm levado.

    Isto é divertido de fazer e aguçará seus poderes de observação.

4. Desenvolva um exercício de auto-observação para você mesmo com o objetivo de tornar-se mais consciente de seus pensamentos e juízos sobre suas metas.

    Pare e relaxe no fim de cada dia.

    Sente-se e relaxe.

    Faça a si mesmo as seguintes perguntas e registre as respostas em seu diário:

    "O que está ocupando meus pensamentos neste momento?"

    "Com quem eu tenho mais amizade neste momento?"

    "Com quem eu me sinto distante neste momento?"

    "Sobre quais metas eu trabalhei hoje?"

    "O que eu farei diferentemente amanhã?"

TRANSIÇÃO 157

5. Complete a planilha de trabalho "Âncoras Cotidianas" (*página 225*).

   O que isso lhe revela sobre sua vida normal e hábitos?

   Como você pode aumentar o número de âncoras em sua vida que o situem em um bom estado?

   Como você pode eliminar o número de âncoras em sua vida que o situem em um estado ruim?

6. Selecione um relacionamento importante e utilize a roda das perspectivas (*página 226*).

   O que você pensa sobre este relacionamento a partir da primeira posição? Anote suas reflexões no espaço correspondente à primeira posição.

   Vá para a segunda posição. Seja a outra pessoa. O que você pensa sobre o relacionamento (como a outra pessoa)? Registre suas reflexões no espaço correspondente à segunda posição.

   Revise o que você escreveu nos espaços correspondentes à primeira e à segunda posição. Como é este relacionamento? Registre suas reflexões no espaço correspondente à terceira posição.

   Em qual sistema vocês dois fazem parte? Como o relacionamento se enquadra naquele sistema? De que maneira o fato de estar no interior do sistema afeta o relacionamento para bom ou ruim?

   Finalmente, que ação você executaria como resultado de suas reflexões?

⇨ ⇨

⇨ O SONHO CONTINUA...

⇨⇨⇨ De repente, estamos dentro da catedral, e ela é até maior do que imaginávamos. As paredes eram muito espessas e feitas de blocos grandes de pedra escura, muito frias e úmidas ao toque.

Ninguém no lado externo podia nos ouvir gritando por ajuda no interior daquele recinto. Cada palavra que dizíamos parecia ecoar em todas as partes. A catedral está nos ouvindo e repetindo o que falávamos num som pedregoso e frio.

Nós ouvíamos o vento assobiar pelo meio das naves da catedral.

Olhando para cima, vimos algumas janelas de vitral que refletiam para o local uma luz suave, mas não suficiente para possibilitar nossos movimentos ao redor em segurança. Existiam muitos cantos irregulares e pedras desiguais. Permanecemos parados e em silêncio.

A mulher aparece na porta frontal, a luz da lamparina faz sombras muito longas no piso e nas paredes. Ela anda em volta com facilidade e acende algumas velas que facilitam muito nossa visão de onde estamos e para decidir aonde ir.

Agora vemos coisas que antes estavam ocultas na escuridão, embora algumas delas ainda permaneçam no escuro, e estamos contentes por isso.

A mulher sorri.

Nós caminhamos ao redor explorando os lugares.

Em um canto encontramos algumas finas peças de arte, esquecidas durante muitos anos; o pó repousando espesso e silenciosamente sobre elas.

Agora, a mulher está se esforçando para abrir uma pequena porta que não tínhamos visto anteriormente. Ela a abre com um forte barulho, que nos indica que ela não tinha sido aberta há muito tempo.

A luz que surge do vão da porta está nos cegando por um momento na semi-escuridão do local à qual já estávamos nos acostumando.

Avistamos um caminho de luz que conduz a uma escadaria em espiral metálica.

Corremos até lá e paramos repentinamente quando avistamos alguns sinais: "PARE! PERIGO!".

Olhamos para trás, mas a mulher tinha desaparecido... Por que ela sumiu quando mais precisávamos dela? Ela tem de nos dizer o que fazer!

Estas escadas parecem levar ao topo do edifício... Olhamos demoradamente para cima, mas não conseguimos visualizar nada além da primeira espiral.

O que pode ser tão perigoso em escadas?

Quem colocou aquela sinalização?

PARTE III

COACHING NA PRÁTICA

CAPÍTULO 9

⇨ COACHING EM AÇÃO

⇨ ⇨ ⇨ Fornecemos diversas ferramentas e idéias sobre coaching neste livro. Agora é hora de agruparmos todo esse material em uma sessão de coaching. Como utilizar todas essas idéias na prática?

Apresentamos agora uma sessão de coaching que conduzimos com um cliente que estava tendo problemas em decidir que tipo de trabalho fazer. Ele vinha atuando como terapeuta há alguns anos, e uma de suas metas era se tornar um coach especializado na área de coaching empresarial. Seu nome era Robin.

Várias transcrições apenas dão as palavras do cliente e do coach. Entretanto, acreditamos que há muito mais informação a ser extraída na linguagem corporal do cliente do que nas palavras, de modo que temos descrito este fato nos pontos em que consideramos isso como importante.

Robin começa a sessão sentando-se sobre as mãos, com as pernas cruzadas. Este posicionamento poderia ser interpretado como uma atitude de ele estar "fechado" naquele instante, mas como ainda não calibramos o que isto significa para ele, estamos mantendo essa apreciação em aberto.

Coach: "Você está trabalhando em que objetivo no momento?"

Robin: "Eu quero mudar minha direção na carreira. Trabalho como terapeuta há alguns anos. A maioria dos casos que pego são os de pessoas apresentando problemas – muitas oriundas dos setores desprivilegiados da sociedade –, mas sempre estive interessado em atuar na área dos negócios. Ainda atuo como terapeuta, mas tenho essa dualidade dentro de mim."

Neste estágio, o coach está imitando a linguagem corporal de Robin, sentando com suas pernas cruzadas e apoiando-se para a frente.

Robin: "Independentemente de eu desempenhar meu trabalho com essas pessoas como terapeuta [*agora ele faz um gesto para a sua esquerda com ambas as mãos*] ou em uma empresa [*ele faz um gesto para a sua direita*], este desejo é em parte voltado para o dinheiro. Eu posso ganhar mais em um meio corporativo, e quero ganhar mais dinheiro."

Neste estágio, o coach já dispõe de muitas informações. Há uma dualidade. De um lado (literalmente), Robin quer continuar a trabalhar como terapeuta. Por outro, ele quer trabalhar no meio corporativo, o que lhe aferiria um ganho maior de dinheiro. É interessante também notar que o movimento normal dos olhos de uma pessoa destra (como é o caso de Robin), ao visualizar, é para cima e à esquerda para experiências relembradas, e para cima e à direita para experiências construídas. Imagens relembradas normalmente são oriundas do passado, as construídas podem ser provenientes do futuro. A partir desses dados, é possível que, da maneira como Robin está expressando suas idéias, trabalhar como terapeuta pertence ao seu passado e o meio corporativo ao seu futuro. Ele, ainda, está dizendo que uma parcela dessa decisão é sobre dinheiro. O dinheiro em si não é um valor, mas ele pode adquirir várias coisas que Robin valoriza. O coach precisa conhecer os valores por trás de ambos os lados. Somente então Robin poderá tomar uma decisão ou se comprometer com algo.

Em seguida, o coach repete os gestos do cliente.

Coach: "Assim, de um lado [*aponta com gestos para a direita de Robin*] você deseja trabalhar em uma empresa. Por outro lado [*aponta com gestos para a esquerda de Robin*] você ainda valoriza seu trabalho de terapeuta com pessoas que têm problemas. Você diz que dinheiro é importante neste contexto todo."

Robin acena afirmativamente com a cabeça.

Coach: "Portanto, assim se parece a situação olhando de fora [*faz gestos para a direita e para a esquerda novamente suportando as duas diferentes situações, uma para cada lado*]... Como isto se reflete nos diferentes aspectos do seu ego?"

Robin dá uma parada para pensar.

Robin: "A faceta à esquerda é familiar, confortável e apela para meu valor de ajudar as pessoas. Dessa forma, várias pessoas têm problemas que não merecem. Eu detesto isso, principalmente quando também há o envolvimento de crianças."

Coach: "Ajudar as pessoas?" [*Repetindo o valor.*]
Robin, acenando afirmativamente com a cabeça:
"A outra faceta apela para minha necessidade de reconhecimento e liberdade."
Coach: "Está bem, portanto temos uma maneira concisa de descrever diferentes facetas que você carrega com você mesmo... A parte da terapia é sobre ajudar pessoas?"
Robin acena afirmativamente com a cabeça.
Coach: "E a parte dos negócios é sobre reconhecimento e liberdade?"
Robin acena afirmativamente com a cabeça novamente.

Neste estágio, o coach adquiriu *rapport* e suportou firmemente os dois aspectos do problema, negócios à direita e terapia à esquerda. O primeiro nível dos valores de cada parte é claro: reconhecimento/ajudar pessoas. O objetivo, de alguma forma, é harmonizar as duas partes, mas a maneira como isso pode ser feito ainda não está clara.

Coach: "Poderíamos imaginar como elas seriam em termos do que veríamos, ou o que seria típico em você quando estivesse trabalhando nos dois ambientes distintos?"
Robin, olhando para baixo e com voz baixa e suave:
"Eu tenho uma imagem e um sentimento muito claro sobre a faceta da terapia em mim mesmo. É muito confortável, bastante baseada nos próprios sentimentos e num ritmo bem calmo."

Neste estágio, o coach deliberadamente começa a efetuar gestos de forma um pouco diferente, agora mais circulares de modo que os dois lados não são claramente marcados.
O coach faz a próxima pergunta tranqüila e lentamente para combinar com o tom de voz do cliente.

Coach: "Nós temos um cenário [*Robin tinha afirmado*] e temos um tom de voz [*tom baixo*] que está lá [gestos para a esquerda]... Algo a mais?"
Robin: "Sim. [*Dá risadas.*] Eu estou usando roupas velhas!"
Coach: "Está bem. Agora, e o outro cenário?"

Robin faz gestos e dá risadas, repentinamente muito animado.

Robin: "Este é realmente ótimo! É elegante, parece muito agradável, eu me vejo entrando numa empresa e sentando-me na sala de diretoria. Estou usando roupas totalmente diferentes. Ternos bem feitos."

Neste estágio o coach nota que a parte da terapia é representada principalmente por sistemas representacionais auditivos e cinestésicos, e na parte dos negócios o que predomina é o sistema visual.

Coach, animado, falando muito mais rapidamente para combinar com o tom de voz de *Robin*:
"Você tem idéias bastante claras de como estes dois Robins se parecem e como aparentemente eles guardam muitas diferenças no momento."

O coach está reconhecendo o aspecto visual do lado dos negócios ao dizer que eles *guardam* diferenças.

Robin, falando rápido:
"Eu posso me libertar e apenas perseguir meu objetivo apesar de tudo...[*pausas e diminuições da velocidade da fala*], mas então o lado da terapia diz: 'O que você está fazendo não vale a pena, não faz uma diferença na vida das pessoas reais; é algo meio sem coração'."

Este modelo de sentença com "Sim, mas..." é seqüencialmente incongruente. Os valores são diferentes, os sistemas representacionais e os tons de vozes são diferentes – um após o outro.

Robin: "Agora, eles estão bem aqui presentes!" [*Gestos expansivos, até mais para longe de sua direita e esquerda.*]
Coach: "Então, nós conseguimos diferenciá-los melhor esclarecendo-os." [*Faz gestos maiores.*]
Robin: "Sim."
Coach: "E a parte da terapia pensa que isso não tem valor. Valor...o que isso significa para você?"

O coach está procurando descobrir os valores existentes por trás da meta.

Robin, olhando para baixo à direita, e respondendo num tom baixo de voz:
"Tudo. É maravilhoso. É um privilégio. Eu realmente faço uma diferença."

Coach: "E fazer a diferença, o que isso significa para você? [*Ainda perguntando se existem mais valores centrais.*] O que é importante sobre fazer diferença?"

Robin, olhando para baixo à direita:
"Sentir meu coração. Eu posso realmente senti-lo. Eu sinto que tudo é valioso, que afetei pessoas de uma maneira profunda e isto é realmente recompensador. Eu me sinto privilegiado. Há uma percepção de precisar ser necessário. Eu realmente não quero me aprofundar nisso..."

Coach: "Esse é um aspecto desta decisão, mas não é absolutamente necessário perseguir isso. [*Resistindo ao convite para fazer terapia.*] Obviamente, há muitos sentimentos envolvidos neste ponto. E há um sentimento sobre privilégio..." [*O coach acentua a palavra da mesma maneira com que Robin fez com seu tom de voz.*]

É interessante notar, também, que Robin iniciou dizendo que trabalha com pessoas desprivilegiadas, e que isto lhe promove um privilégio.

Robin: "Sim, privilégio."

Coach, repetindo:
"Privilégio, ajudar pessoas, fazer diferença..."

Robin: "Uhmm..." [*Concorda mas permanece olhando para baixo, perdido em seus pensamentos.*]

Coach: "Temos alguns fortes valores e emoções por trás deste trabalho e devemos levá-los em consideração."

Robin: "Sim."

O coach calibrou o tom de voz de Robin, o qual é diferente do anterior. Estes parecem ser os valores centrais em sua meta de trabalhar com pessoas desprivilegiadas.

Coach, mudando de voz e falando mais rapidamente:
"Neste caso, em termos dos aspectos empresariais [*gestos*], o que é importante para você?"

O coach agora descobrirá os valores principais existentes por trás da faceta dos negócios.

Robin: "Eu acho que é acerca da validação e confirmação externas de que o que eu faço tem valor."

Coach: "E essa confirmação externa, qual o grau de importância dela?"

Robin fecha seus olhos e denota uma certa preocupação no rosto, como se tentasse ver algo com dificuldade em seu cenário mental.

Robin: "Eu tinha passado por um longo tempo de treinamento, de modo que esse investimento teria tido um retorno. Outras pessoas me diriam que o investimento em si já tem o seu valor. [*Ele aperta as mãos na frente de seu corpo.*] De alguma forma isso não aparece para os outros, e eu não sei o motivo. [*Notando que seus gestos estão na frente.*] Eu quero saber que investimento em tempo e dinheiro vale a pena."

Coach: "E se esse investimento em tempo e dinheiro vale a pena, o que é importante sobre isso? Como ele vale a pena?"

O coach ainda está pesquisando pelos valores centrais.

Robin: "Eu não sei... Reconhecimento... Ele precisa ser reconhecido." [*Ele cruza os braços sobre o colo.*]

Coach: "Então agora eu quero vinculá-lo de volta à outra parte. Corrija-me se eu estiver errado, mas parece que há aqui alguma espécie de reconhecimento em você mesmo. Quanto à terapia, você aparentemente não se incomoda sobre o que as outras pessoas pensam."

Robin: "Não. Na área em que atuo como terapeuta, o meu próprio reconhecimento é o bastante, ninguém mais precisa reconhecer." [*Robin olha para baixo e respira profundamente.*]

Coach: "Parece que [*utilizando o sistema representacional que Robin está usando para pensar*] há algum tipo de reconhecimento neste ponto em ambas as áreas, mas oriundo de diferentes direções [*gestos para a direita e para a esquerda*]."

Robin, sorrindo: "Sim."

Este é um ponto-chave nesta sessão de coaching. Os dois diferentes aspectos têm algo em comum: reconhecimento. Este é um valor crítico para ambos.

Coach: "Então, ambas as áreas querem reconhecimento por diferentes aspectos?"

Robin senta-se ereto em uma posição balanceada, mas inclinando-se levemente para a direita.

Robin: "Eu acredito que sim."

Coach: "De que maneira elas poderiam trabalhar juntas, ambas recebendo os reconhecimentos pretendidos?"

Esta é a questão-chave. Ambas as partes necessitam ter o valor respeitado. Agora estamos nos dirigindo à segunda parte da sessão de coaching – como respeitar ambas as partes, de modo que Robin possa usar as duas. Robin olha à distância, claramente visualizando.

Coach: "De que maneira o 'Robin terapeuta' pode ajudar o 'Robin dos negócios' a auferir o reconhecimento externo pretendido?"

Neste ponto, o coach está pedindo ao Robin terapeuta que auxilie o Robin dos negócios a obter algo que é muito importante na visão do "primeiro Robin" (reconhecimento). Como é possível ele recusar?

Robin, piscando rapidamente:
"Sob um nível prático isso já está acontecendo. Uhmm,... mas não no meu interior. Por dentro, eu estou completamente dividido entre um ou outro. Eu gosto da parte inteligente dos negócios. Eu realmente tenho uma necessidade de as pessoas me verem lá fora, atuando no mundo dos negócios. Eu pretendo ser reconhecido. Eu pretendo ganhar dinheiro. Mas eu não consigo agir dessa maneira aqui [*aponta para a esquerda*], nem atuar como um homem diligente de negócios lá [*aponta para a direita*]."

Coach: "Quem é o verdadeiro Robin?"

Robin: "Provavelmente nenhum dos dois."

Coach: "Talvez seja o que obtém o reconhecimento... Como você poderia obter seu próprio reconhecimento interno sobre ajudar pessoas quando você trabalha no mundo empresarial?"

Esta pergunta é desenhada para fazer Robin pensar sobre reconhecimento de duas maneiras diferentes: reconhecimento dele próprio e reconhecimento dos outros.

Robin, olhando para baixo à sua direita e fechando os olhos:
"Somente por algum tipo de medição."

Coach: "Há reconhecimento interno – reconhecimento de você mesmo. E há reconhecimento externo – reconhecimento de outras pessoas".

O coach está trabalhando com o valor do reconhecimento.

Coach: "É importante para você fazer diferença e ajudar pessoas."

O coach está reconhecendo o Robin que quer atuar como terapeuta.

Robin: "Sim."
Coach: "Você não ajuda pessoas no meio dos negócios? Como elas poderiam reconhecê-lo melhor?"
Robin: "Isto parece estranho, até para mim... Por alguma razão, o trabalho nas empresas não parece ser voltado a pessoas de verdade, tudo é feito à distância..." [*Aparenta estar pensativo e intrigado.*]
Coach: "As empresas remuneram as pessoas com dinheiro. Elas ajudam as pessoas a viver. As roupas e os bens produzidos pelas empresas são destinados às pessoas. Elas doam dinheiro para fins beneficentes de caridade. Como um negócio não é sobre pessoas?"

O coach está confrontando a opinião não comprovada de Robin que negócios não tem relações com pessoas.

Robin: "Sim, isto é ridículo."
Coach: "Portanto, como você supõe que esses dois se reúnam?"

Agora o coach está usando uma linguagem bastante aberta, deliberadamente se omitindo de dizer com precisão o que "esses dois" são. Eles podem ser os dois tipos de reconhecimento, as duas facetas de Robin, ou ser o Robin do reconhecimento e o dos negócios.

Coach: "Você ajuda pessoas no meio dos negócios se ajustando a esse meio, e você ajuda pessoas no outro meio, também se ajustando. Você aufere reconhecimento de ambos os meios..."

Robin, afagando seu queixo e olhando para cima com os olhos fechados. "Mmmm..."

Coach: "Imagine..."

Robin fecha seus olhos novamente.

Coach: "Desculpe, você ainda está pensando..."

Robin: "Estou apenas, na verdade, visualizando os dois pontos se reunindo em um ponto central."

Coach, utilizando a idéia do central:

"Isso é central para você; você colocou nesses termos. O que é central sobre a área empresarial de você obter reconhecimento e ajudar as pessoas?"

Robin está pensando com suas mãos reunidas na frente de seu rosto.

Robin: "O reconhecimento que eu obtenho aqui [*gestos para a direita, o lado dos negócios*] será o mesmo que eu obtenho lá [*gestos para a esquerda, o lado da terapia*]. O trabalho que eu executo de uma ponta a outra do espectro." [*Faz um gesto expansivo, da esquerda para a direita.*]

Coach: "Portanto, a distinção entre o meio corporativo e o outro é grande, se bem que o *trabalho* que você faz... é o mesmo para você, e você obterá reconhecimento de si mesmo e dos outros por fazer este trabalho. E você executa um bom trabalho que faz a diferença... E como é esse sentimento – o trabalho sendo central a você e obtendo reconhecimento?"

O coach está agrupando os valores comuns a ambos.

Finalmente, Robin está efetuando gestos balanceados – ele está sentado ereto, com as mãos reunidas no centro de seu corpo.

Robin: "É de longe mais claro e central..." [*Faz um gesto circular no meio de seu corpo.*]

Coach: "Conte-me mais sobre isso." [*Faz o mesmo gesto.*]

Robin: "Redemoinho de vento... é como um redemoinho de vento. Há muito barulho e ação nas beiradas, mas ele ainda está no meio..." [*Dá risadas.*]

Coach: "Você é a mesma pessoa, e consegue trabalhar por todo o espectro, e consegue fazer a diferença. Você obterá, às vezes, um reconhecimento maior de si próprio; outras vezes mais das outras pessoas. É possível ser reconhecido por você mesmo no interior, no entanto elas o reconhecem no exterior. Você consegue se ver fazendo isso? Como você se sente?"

Robin, acenando afirmativamente com a cabeça e olhando para longe.

"Preferentemente a tentar reunir ambas as coisas [*mais gestos circulares no meio*], eu posso me mover entre elas contanto que eu foque no meu trabalho de ajudar as pessoas. Eu me sinto confortável."

Coach: "O que o Robin da terapia tem a dizer sobre isso? Como ele se sente sobre isto?"

O coach está examinando se a solução é aceitável sob o ponto de vista da terapia, utilizando-se dos sistemas auditivos e cinestésicos, pois esses são os que ele utiliza para falar sobre terapia.

Robin, gargalhando: "Eu comprarei algumas roupas novas! Agora eu terei condições de comprá-las!"

Coach: "E como o Robin dos negócios vê a mudança?"

Robin: "Boa. Eu ainda tenho bons sentimentos da outra parte...[*Ri e sorri.*] Eu tenho um senso de maior liberdade de movimento."

Coach: "Algo a mais sobre ela?"

Robin: "A minha faceta dos negócios recebeu permissão e sente-se aliviada. Até agora, eu estive retido."

A sessão terminou com o coach passando três tarefas a Robin. Uma era repensar sua estrutura de honorários para o trabalho, que tinha sido bem baixa, outra era comprar novas roupas e a terceira era conversar com um amigo que atuasse como executivo sênior em uma empresa para obter percepções extras de como operava esse negócio.

Esta sessão foi essencialmente sobre tomar uma decisão. Foi uma decisão impossível no começo porque pareciam existir duas partes de Robin disputando e adotando diferentes valores. O que o coach fez ouvindo com atenção, adquirindo *rapport*, combinando linguagem e descobrindo valores, foi descobrir o valor-chave que reunisse as duas facetas, para que ambas pudessem ser satisfeitas. Robin tinha duas metas e elas pareciam ser incompatíveis. Os valores-chave estavam mudando muito em ambos os lados e o reconhecimento do próprio Robin e do mundo exterior. Foram os valores que os reuniram.

    Este exemplo é um pouco mais complicado do que em várias sessões em que há uma meta e seus valores associados. As decisões mais difíceis são quando as metas parecem incompatíveis e se chocam. É essencial descobrir valores mais profundos a fim de se encontrar uma boa solução.

CAPÍTULO 10

⇨ Fazendo Coaching Consigo Mesmo

⇨⇨⇨ A maior parte deste livro tem sido dedicada às habilidades e ao conhecimento necessário para ministrar coaching em seus clientes. E em você próprio? Quem é o seu coach?

É uma excelente idéia ser o seu próprio coach. Desse modo você demonstra a importância do coaching. Você considera-o seriamente, e pode modelar o coaching para seus clientes. E mais, é possível ministrar coaching a si mesmo, dando a você o mesmo cuidado e atenção que oferece aos seus clientes. Esta é uma maneira através da qual você pode assegurar que está dando o melhor de si para seus clientes.

Quando você é um coach, você também é um líder. Um líder tem três atributos principais:

⇩ habilidade
⇩ conhecimento
⇩ prover um exemplo

Este livro lhe proporcionará habilidade e conhecimento, e você também é um modelo a imitar para seus clientes, de modo que você prové um exemplo do que é capaz de o coaching fazer. Se há uma diferença entre o que você diz e o que você faz, os clientes prestarão mais atenção no que você faz.

Um coach se desenvolve em três dimensões:

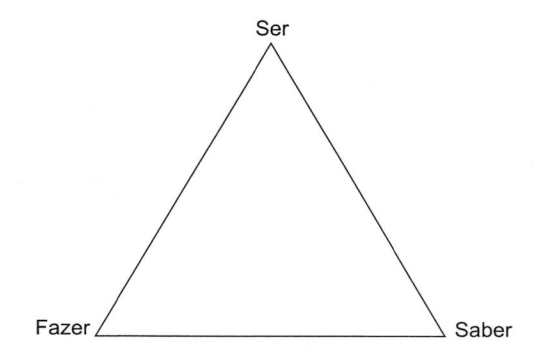

```
           Ser
            /\
           /  \
          /    \
         /      \
        /        \
       /          \
   Fazer----------Saber
```

⇩ Em primeiro lugar, você tem habilidade; você é capaz de atuar, para fazer a diferença. Você cresce em seu lado esquerdo pelo que você pode *fazer*.
⇩ Em segundo lugar, você aprende mais, tem mais conhecimento, você desenvolve o seu lado direito pelo que você *sabe*.
⇩ Por último, e o mais importante, você cresce na parte superior ao prover um modelo orientador para o cliente pelo que você pode *ser*. Você se torna mais da pessoa que realmente quer ser, você é confortável consigo mesmo, tem seus sonhos, suas metas e valores, e trabalha com eles. Seu coaching é parte de viver seus valores. Isto proporciona à sua vida uma característica estética. Todas as vidas podem ser uma obra de arte. Algumas estão voltadas à pintura e à música, outras à escultura. Quando sua vida é equilibrada, ela tem um apelo artístico. Ela é uma fusão entre consciente e inconsciente. Ela é precisa.

```
                        /\
   Confiança, Curiosidade,/  \ Paixão, Visão, Ética
   Auto-observação      /Você\
                       /------\
        Curiosidade,  /        \    Rapport,
        Envolvimento,/  Outros  \   Padrões,
        Confiança   /            \  Confiabilidade
                   /--------------\
     Entendimento,/                \ Construir Modelos,
     Criatividade,/ Fatos e Eventos \ Habilidades Técnicas,
     Foco        /                   \ Rigor Intelectual
                /---------------------\
```

Baseando-se nessas distinções, um coach precisa desenvolvê-las em três diferentes domínios:

- À esquerda da figura estão as qualidades advindas de se olhar para o seu interior – o tratamento que o coach dá a essas qualidades.
- O primeiro domínio, no topo da figura, é o domínio da identidade. Ele se refere à autogestão. Na qualidade de um coach você precisa confiar em si mesmo. Isto significa saber que você está vivenciando sua própria ética, e que você tem a capacidade de cumprir suas promessas.
- À direita da figura estão as qualidades em relação aos outros. O coach competente tem curiosidade sobre os outros. O comportamento humano é fascinante – mesmo quando as pessoas cometem erros incríveis. Como as pessoas podem cometer esses tipos de erro um dia e, no seguinte, ter desempenhos tão bons? Como seria se o seu melhor se tornasse sua média?

Com a curiosidade, vem a paixão. Não se trata da curiosidade de um visitante no interior de um museu, mas a curiosidade de um explorador em busca de um tesouro. O coach também tem visão – essa no sentido de ser capaz de ver o melhor que existe em cada um, no entanto obscurecida; visão no sentido de querer ansiosamente um mundo melhor em que as pessoas sejam capazes de atingir seus potenciais e a parte que lhes cabe cumprir nesse mundo.

O segundo domínio, marcado no meio do triângulo, é o domínio dos relacionamentos. Um bom coach entra em harmonia com os seus relacionamentos. Eles são confortáveis com eles. Eles conhecem suas metas e valores, e suas limitações. Eles apóiam suas éticas. Eles sabem que todas as suas ações não somente afetam as outras pessoas, como também a eles próprios, de modo que precisam ter cuidado! Ética é o padrão interno que eles seguem. Eles também são refletidos em seus padrões externos, no nível de habilidade e atenção que eles demonstram em relação aos outros. À medida que o coaching se torna uma profissão reconhecida, espera-se que cada vez mais sejam seguidos padrões profissionais.

O terceiro domínio (na parte inferior do triângulo) é o dos fatos e eventos. Os coaches sabem sua disciplina e a entendem. Eles podem ser criativos trabalhando dentro dela, combinando diferentes técnicas para criar algo novo, dependendo das circunstâncias. Eles também se saem bem em construir modelos de seus processos para fins de entendimento de outras pessoas, com experiência e rigor intelectual. O trabalho deles é respeitado.

O que isto soma ao processo é que coaches competentes conhecem a si próprios. Eles serão claros sobre suas metas e valores associados, eles elaborarão seus planos de ação e, na maior medida possível, suportarão os valores de suas metas. Eles têm seus limites. Eles não aceitarão um cliente se perceberem que não são a pessoa mais apropriada para ser seu coach, ou se um cliente necessitar de outro tipo de profissional qualificado. Se, por exemplo, após uma sessão inicial, um coach decidir que é mais importante o cliente recorrer a um médico, ele lhe dirá isso e adiará o programa de coaching até que o cliente visite um médico. Em certas ocasiões, o cliente necessitará de um terapeuta, e o coach deverá encaminhá-lo a um profissional que ele possa recomendar. Na verdade, é uma idéia interessante que o coach conheça um bom clínico geral, bem como diversos terapeutas, psicólogos, osteopatas*, instrutores e consultores profissionais, para que possa recomendá-los aos clientes, se necessário.

O coach respeitará as crenças e os valores de seus clientes, mas será claro sobre os seus próprios. Ele não aceitará qualquer cliente com o qual se sinta desconfortável. Às vezes, um cliente poderá abordar uma questão emocional e o coach encontrará dificuldades em lidar com ela, porque também está lidando com aquela questão. Nesse caso, pode ser uma boa idéia falar com o cliente sobre isso e explicar que você precisa de algum tempo para tratar aquela questão antes que possa ajudar o cliente no problema.

Há a história de uma mulher que levou seu filho para ver Gandhi, e lhe pediu para que ele falasse ao menino para parar de comer açúcar. Fazia mal para ele, e o garoto estava comendo muito açúcar. Gandhi era considerado como um herói para o menino, e sua mãe sabia que se ele dissesse ao menino para parar de comer açúcar, então ele iria atendê-lo.

"Traga-o de volta em uma semana", disse o homem santo.

Passada uma semana a mulher levou seu filho de volta.

"Pare de comer açúcar", disse Gandhi para o garoto.

O rapazinho se dirigiu para fora, e a mãe perguntou: "Por que você me pediu para trazê-lo de volta em uma semana?"

"Na semana passada eu ainda estava comendo açúcar", replicou Gandhi.

AUTO-OBSERVAÇÃO E AUTODESENVOLVIMENTO

Auto-observação é uma parte integral de ministrar coaching em si mesmo. Vários coaches têm o hábito de meditar ou de se reservarem durante um período regular todos os dias, horário em que eles fazem relaxamento e uma revisão do dia. Um bom coach é curioso sobre si mesmo e quanto ao grau de desempenho que ele pode ter.

---

* N.T.: Osteopata é o médico especialista que trata essencialmente de problemas de saúde associados aos ossos das pessoas.

FAZENDO COACHING CONSIGO MESMO

Apresentamos agora algumas perguntas que valem a pena responder sobre si mesmo e seu trabalho no coaching:

- "Por que estou oferecendo coaching?"
- "O que estou aprendendo dos outros e de mim mesmo em meu coaching?"
- "O que me deixa desconfortável quando estou dando coaching?"
- "O que eu acho difícil de entender sobre as pessoas em meu trabalho de coaching?"
- "O que isso me revela sobre mim mesmo?"
- "O que estou aprendendo sobre meus relacionamentos com as pessoas?"
- "Quando sou mais eficiente no coaching?"
- "Estou provendo um modelo de qualidade para meus clientes, e estou requerendo isso deles?"

Estas questões valem uma reflexão, não somente uma vez, mas como um processo contínuo para seu próprio desenvolvimento e de sua técnica como coach.

Armadilhas para Coaches

Existem algumas armadilhas que podem lhe "pegar" no coaching. Tenha cuidado com as seguintes:

- "Eu tenho de fazer a diferença em todas as sessões."
  Não. Esta é uma pressão para atuação e vai interferir no processo de coaching. Você *fará* a diferença em todas as sessões; você *pode* fazer a diferença em todas as sessões. Mas você não é obrigado. Nem você pode controlar o quanto se sobressai em cada sessão, pois somente o cliente pode avaliar isso.
- "O cliente tem que gostar de mim."
  Não. Eles não têm que gostar de você. Muitos clientes vão gostar de você; muitos podem até ser seus amigos em outras circunstâncias. O que é necessário entre cliente e coach é um relacionamento profissional baseado em *rapport* e confiança.
- "De alguma maneira, eu sou responsável pelo cliente."
  Você não é. Você não tem que cuidar do cliente. Você não é o pai dele. Nem ele tem de cuidar de você. Você não é filho dele. O cliente é responsável pela sua própria vida. Se ela tentar passar essa responsabilidade para você, respeitosamente, devolva-a a ele.
- "Eu tenho que compartilhar e sentir o problema com o cliente."
  Não, você não tem que fazer isso. Rapport e uma segunda posição permitirão que você entenda melhor o cliente. Existem dois tipos de segunda posição. Uma é cognitiva. Quando você tem um bom *rapport* e uma segunda posição com o cliente, você entenderá melhor o seu mundo e como ele pensa. Isto é inestimável em coaching. Há também uma segunda posição emocional. Esta permitirá que você perceba o que o cliente está sentindo. Pode ser útil, para perceber um

pouco do que o cliente está sentindo, mas não faça parte desse sentimento. Este é o sentimento do cliente, não o seu. Além disso, você não tem que se associar ao problema, mesmo que este problema tenha alguma ressonância em você. Este é um problema do cliente.

⬇ "Eu tenho que saber algo sobre os negócios do cliente para poder atuar em coaching empresarial."
Não necessariamente. O cliente sabe dos negócios dele. O que você precisa saber a fim de ser um coach para seu cliente é a visão e a experiência que ele tem dos próprios negócios. Decerto, é útil que o cliente lhe conte sobre a faceta empresarial, mas você precisará saber desses detalhes em qualquer caso, por mais que você conheça sobre o negócio. Você deve fazer, como prioridade, uma pesquisa prévia, visitando o *site* da empresa na *Web*, lendo seus folhetos promocionais e comprando seus produtos. Pode até ser uma vantagem não saber sobre seus negócios, porque aí você poderá fazer algumas perguntas muito simples, sem achar que já sabe todas as respostas. Você pode levantar as questões mais ingênuas – aquelas que questionam a base do que o cliente está fazendo e por que ele está fazendo isso. O seu conhecimento anterior dos negócios pode ofuscá-lo, em vez de esclarecer. Você pode tomar as coisas como certas, quando elas não o são, e o conhecimento prévio pode deixá-lo menos curioso sobre a experiência do cliente.

⬇ "Eu não devo confrontar o cliente."
Você pode confrontar o cliente se ele estiver evitando um assunto. Os clientes podem falar muito, sem nada expressar, e o coach pode querer chegar ao ponto principal. Assim, você tem que interromper o cliente e dizer algo como: "Desculpe-me, mas acho que há algo por trás desse assunto, que você ainda não visualizou. Posso dizer-lhe o que eu penso, que pode estar por trás do que você está dizendo?" Se isso for feito com *rapport*, o cliente vai concordar. Esta colocação do ponto principal deve ser apresentada na sessão inicial, quando você gerencia as expectativas do cliente; e pergunte se ele concorda com isso. Desde que você obtenha permissão, este fato não será um problema. O coach é um aliado para extrair o melhor do cliente, e o melhor para o cliente é ser orientado com base na honestidade, e com a confrontação numa questão que se faça necessária. Isso não significa que o coach precise incomodar o cliente e interferir em todas as questões . O coach pode até perceber que existe um problema por trás do que o cliente está dizendo, mas decidir que aquele não é o melhor momento para entrar em confrontações com ele.

⬇ "Eu tenho que manter o controle do processo de coaching."
Você não será capaz de controlá-lo, portanto nem tente fazê-lo. Se alguém tem este controle, esse alguém é o cliente. No entanto, controle não é uma boa maneira de lidar com isso. Controle é uma metáfora mecânica e coaching está relacionado com seres humanos tentando se entender, com a melhor das intenções. Não pode existir controle.

Finalmente, algumas armadilhas extras que o coach deve evitar:

- *Competir.* Uma tentação normal é de o coach tentar manter o controle competindo com o cliente. Sempre que o cliente faz ou atinge algo, o coach compete, contando-lhe sobre suas realizações. No entanto, coach e cliente não estão numa competição. O cliente detém seus resultados. Há uma grande diferenciação sobre como os coaches revelam seus feitos. Alguns optam por uma imparcialidade praticamente psicanalítica, outros estão preparados para revelar muitas coisas sobre suas vidas. A maioria dos coaches se enquadra no meio desses dois extremos, mas se eles realmente contam aos clientes sobre suas próprias experiências há sempre uma razão, que é a de ajudá-los.
- *Julgar.* Coaches precisam respeitar os clientes, mas não julgá-los. Quando um coach julga, ele pára de entender. No entanto, coaches determinam seus próprios limites, e são livres para parar os trabalhos com um cliente caso percam o respeito por ele.
- *Praticar psicanálise.* Não é preciso compreender o passado para desenhar o futuro. Nem é necessário explicar o comportamento do cliente em termos de forças inconscientes para eles agirem a fim de mudarem suas vidas. Muitos clientes conseguem entender cognitivamente bem suas difíceis situações mas permanecem presos firmemente a elas. Dar coaching a clientes será atuar para movê-los para a frente, independentemente do grau de entendimento cognitivo que eles possuam.
- *Comandar.* Às vezes, coaches podem fazer sugestões com firmeza, mas eles nunca podem dizer ao cliente o que fazer. Muitos clientes pedem conselhos, mas coaches não dão conselhos. Eles conectam o cliente com suas metas e valores de modo que ele possa direcioná-los em seus próprios termos.

NA DIREÇÃO DA MAESTRIA

O aprendizado pode ser dividido em quatro estágios principais:

- *Incompetência inconsciente.* Você não sabe, e você não sabe que não sabe. Num passado remoto, você não sabia nada sobre coaching. Em seguida, você teve conhecimento dessa matéria, ficou interessado e moveu-se para o próximo estágio.
- *Incompetência consciente.* Você começa a praticar e a aprender, e você sabe que está aprendendo e reconhece suas deficiências.
- *Competência consciente.* Agora você está bom. Você sabe o que está fazendo e suas habilidades são regulares e consistentes.
- *Competência inconsciente.* Agora sua técnica é automática. Este é o propósito do aprendizado. Se você tiver atingido este estágio em seu trabalho como coach, então parabéns!

No entanto, as diferentes habilidades do coach podem estar em níveis distintos. Por exemplo, um coach pode ser competente inconsciente em perguntas, mas ainda estar no estágio de competência consciente em relação ao *rapport*.

⇩ *Em seguida, há o domínio.* Domínio é mais do que competência inconsciente, ele tem uma dimensão estética extra – é efetivo e também bonito de ser observado. Você sabe quando está vendo um Master, muito embora possa não apreciar a sua técnica porque ele deixa com que tudo pareça fácil. Quando você tiver atingido o domínio, não mais precisará tentar. Todas as coisas aparecem reunidas sob um fluxo constante; você entra num "estado de fluxo". Este estado é como se as coisas acontecessem por elas próprias. Este nível de aprendizado demanda tempo e esforço para ser atingido, mas os resultados são mágicos.

Nós pretendemos que este livro seja uma parte significativa do caminho para você ser um Coach Master.

RESUMO

Um coach é um líder. Ele se desenvolve em três dimensões:
    1. *O que pode fazer*
    2. *O que ele sabe*
    3. *Quem ele é*

Um coach ainda desenvolve suas habilidades em:
    autodomínio
    relacionamentos
    fatos e eventos

Os coaches devem evitar as armadilhas de pensar que:
    eles têm que fazer a diferença em todas as sessões.
    os clientes têm que gostar deles.
    eles são responsáveis, de alguma maneira, pelo cliente.
    eles têm que compartilhar o problema com o cliente.
    eles têm que saber algo sobre os negócios do cliente.
    eles não devem confrontar o cliente.
    eles têm que manter o controle do processo de coaching.

Os coaches não:
    tentam competir com o cliente
    julgam o cliente
    praticam psicanálise no cliente
    direcionam o cliente

A maestria em coaching está a seu alcance. Conquiste-a!

ETAPAS DO PLANO DE AÇÃO

1. *Reserve dez minutos todos os dias para relaxar ou meditar. Você pode seguir uma tradição meditativa (p. ex. Meditação Transcendental), ou simplesmente relaxar e se concentrar na sua respiração. Sempre que você tiver sua atenção desviada, somente note que ela desviou e retorne o foco na sua respiração. Esta prática ensina foco e concentração, e é profundamente relaxante.*

2. *Reserve cinco minutos no final de cada dia para rever um hábito.*
    - De onde parece ser proveniente este hábito?
    - O que ele promove?
    - O que o desencadeia?
    - Qual o seu sentimento sobre ele?

3. *Faça um balanço de si mesmo como coach (veja Recursos, página 227). Isto lhe fornecerá uma imagem completa de todos seus recursos. É possível utilizar este balanço como tarefa para os clientes.*

4. *Quem você é quando pratica coaching? Qual é a sua metáfora como um coach?*
    - Um explorador?
    - Um estimulador?
    - Um dançarino?
    - Um músico?
    - Um escultor?
    - Por que você escolheu essa metáfora?

5. *Reveja as questões sobre felicidade (ver páginas 10-11).*
    - O que você precisa para ser feliz?
    - O que ela lhe proporciona?
    - O que é importante sobre isso?
    - O que você está fazendo para atingir essas coisas?
    - O que o está impedindo?

Compare suas respostas com aquelas que você anotou anteriormente. O que mudou?

⇨ O Sonho Termina...

⇨⇨⇨ Caminhamos para o centro da catedral e levantamos os olhos intrigados. A escuridão estende-se para longe à distância. A luz vindo das portas está ficando mais fraca à medida que a luz natural começa a se extinguir lentamente.

Caminhamos para fora e não olhamos para trás.

Lá fora tudo ainda continuava o mesmo. As pessoas estavam fazendo as mesmas coisas que faziam anteriormente.

Escutamos alguns ruídos altos. Toc! Toc!

Havia um homem idoso, com um martelo na mão, batendo pregos em três pedaços de madeira. Ele parecia fraco, e nos aproximamos dele. Seu rosto era como rocha solapada pelo mar, muito forte mas marcado pelo tempo, sal, vento e ondas. Seus olhos eram de um azul profundo ocultados atrás de pálpebras cansadas. Ele estava usando uma blusa muito antiga, feita por um amor do passado, quando ainda era jovem. Agora, a blusa caía dependurada em seu corpo pequeno e frágil.

"O que está fazendo, senhor?"

Ele não responde, continuando a bater mais um prego em um pedaço de madeira. Sobre aquela peça de madeira está escrito: "Perigo!"

Movemo-nos para mais perto e sussurramos em seu ouvido: "O que está fazendo, senhor?".

Ele levanta a cabeça e olha diretamente para nós. Seus olhos revelam inquietação e preocupação.

"O quê?"

"Isto?"

"Minha filha está grávida. Eu receio que o pequeno possa se machucar, então antes de eu deixar este mundo preciso alertá-lo... Eu lhe ensinarei a palavra 'perigo' para que ele relembre no futuro e permaneça seguro!"

O homem sorri olhando à distância.

"O senhor colocou alguns sinais de perigo na catedral?"

"Claro, minha querida! Especialmente naqueles degraus. Eu vi como as crianças correm para cima e para baixo na escadaria. Eu não quero que meu neto se machuque... É muito perigoso!"

"Muito obrigado, senhor."

Ele sorri novamente.

Nós corremos de volta para a catedral, pulamos sobre os sinais e subimos correndo os degraus. Ao pensar em crianças correndo para cima e para baixo, rimos de nós mesmos – estávamos com muito medo sem saber o motivo.

Chegamos ao topo da escadaria, movemos uma pesada cortina que cobria uma porta maciça, e vemos o sol começando a despontar em uma mistura excitante de ouro, prata, roxo e outras cores indescritíveis.

Olhamos para baixo e vemos a mulher conversando com o velho. Ele lhe faz um sinal e ambos se sentam para conversar.

Em poucos minutos ele está dormindo nos braços dela. A mulher coloca a cabeça dele em um confortável travesseiro e levanta-se. Ela olha de lado para nós e lhe acenamos de volta.

Ela desliga a lamparina e sai andando, sorrindo largamente.

Nós lembraremos dela.

PARTE IV

RECURSOS

⇨ Aspectos Gerais do Coaching

PADRÕES E PRINCÍPIOS ÉTICOS ⬇

A seguir apresentamos um conjunto de padrões e princípios éticos desenvolvidos pela Comunidade Internacional de Coaching (*International Coaching Community* – ICC).

Este código estabelece os amplos princípios que são a base da ICC. Princípios são um código de conduta que serve de referência para um comportamento baseado em valores.

Os princípios procedem da Lei Comum*; em outras palavras, eles não determinam em detalhes o que o coach deve fazer, mas são uma referência através da qual ele pode se mover livremente.

Como somos interdependentes, uma mesma ação tem duas conseqüências: uma para os demais e outra para nós mesmos. Qualquer ação por nós praticada muda a nós mesmos e ao mundo.

A ética é um conjunto de princípios de ação que você aplica a si mesmo. Portanto, ela advém de uma imposição externa; a recompensa ou sanção da ética está nas próprias ações.

Os padrões abrangem os princípios de ação que se aplicam aos outros. Eles são os resultados evidentes de suas ações que afetam as outras pessoas. Alguns princípios éticos também têm repercussão nos padrões, de maneira que se você não agir de acordo com a ética, você prejudicará os outros ou atuará contra seus interesses, e isso ficará visível.

---

* N.T.: Lei Comum ou Direito Consuetudinário – conjunto de normas não escritas mas conforme à boa razão, consagradas pelos usos e costumes tradicionais do povo e de longa data praticado sem ofensa à lei e à ordem pública.

A ética e os padrões são baseados nas pressuposições do coaching. Os coaches agem como se as pressuposições abaixo fossem verdadeiras durante o coaching:

- Não há fracasso, somente *feedback* de informação.
- Fracasso é apenas um julgamento sobre resultados no curto prazo. O cliente nunca fracassa.
- Se você quiser entender, aja.
- Ação é a resposta. O aprendizado está no fazer.
- Nós já temos todos os recursos necessários, ou podemos criá-los.
- Não há clientes desprovidos de recursos, somente estados de espírito nessa condição. A sabedoria mais profunda do cliente está aguardando para ser descoberta.
- Todo comportamento tem um propósito.
- As ações não são ao acaso; os clientes estão sempre tentando atingir algo, embora eles possam não ter consciência disso.
- Ter uma opção é melhor do que não ter nenhuma.
- Se você oferece a um cliente uma melhor opção de acordo com seus valores e crenças, ele a escolherá.
- Você está fazendo o melhor possível.
- E, provavelmente, pode fazer melhor.
- Você cria sua própria realidade.
- Os clientes operam como se os mapas mentais fossem reais. Estes mapas mentais podem limitar seus potenciais mais do que qualquer restrição verdadeira do mundo exterior.
- Coaching é uma parceria sinérgica capacitada.
- Se você considera que um e um apenas resulta em dois, é somente porque esqueceu o poder do "e".
- O cliente tem as respostas.
- O coach, as perguntas.

PRINCÍPIOS ÉTICOS

1. Confiança

A confiança é um fator essencial em qualquer relacionamento de coaching. O cliente tem de confiar no coach para que o coaching realmente funcione ao máximo. Confiança é construída com o passar do tempo; o coach deve mostrar-se para merecer confiança.

Para merecer a confiança, o coach precisa demonstrar competência e integridade.

Competência

O coach demonstra o máximo da sua capacidade com todos os clientes.

O coach demonstra as competências essenciais (*veja página 195*).

O coach se esforça para estar atualizado sobre os progressos da metodologia do coaching.

O coach está consciente de seu nível de conhecimento e sempre trabalha no sentido de aprimorar suas habilidades.

O coach tem consciência de seus próprios problemas pessoais e se assegura de que eles não afetam negativamente a relação profissional de coaching com seus clientes. Se necessário, os clientes obterão ajuda profissional em uma etapa anterior, quer de outro coach ou de um profissional apropriado. Se estes problemas afetarem o relacionamento com os clientes, eles vão querer diminuir ou até terminar as sessões de coaching.

Integridade

O coach atua com consistência, honra acordos e mantém promessas.

O coach manterá o material do cliente como confidencial, exceto quando autorizado por ele ou for requerido pela lei.

2. Respeito pelo Cliente

O coach tratará seus clientes com dignidade e respeito.

O coach nunca obterá vantagem pessoal, sexual ou financeira do cliente.

O coach deverá pedir permissão ao cliente antes de usar o seu nome ou sua opinião como referências.

O coach não vai procurar impor suas próprias crenças, valores ou opiniões ao cliente.

3. Honestidade

O coach estará consciente de seu nível de conhecimento e qualificações e vai divulgá-las, negociá-las e apresentá-las de maneira honesta.

O coach só vai aceitar um cliente quando perceber que as necessidades deste e as suas próprias habilidades coincidem.

4. Respeito Profissional

O coach não fará nada que prejudique a compreensão ou aceitação geral do coaching como profissão.

O coach não reivindicará para si ou insinuará resultados providos pelo coaching que não possam ser alcançados de forma congruente.

PADRÕES DA ICC

Estas diretrizes são para todos os profissionais membros da ICC. Elas estabelecem padrões mínimos para a prática a ser seguida por coaches enquanto prestadores de serviços profissionais na qualidade de membros da ICC.

1. Competência

- Os coaches darão o melhor de si para cada um de seus clientes, e demonstrarão suas competências essenciais no seu coaching.
- Os coaches se esforçarão para estar a par da melhor e mais atualizada prática de negócios, novas tecnologias, requisitos legais e padrões relacionados à profissão de coaching.
- Os coaches procurarão aperfeiçoar e expandir seus conhecimentos através da leitura, contato com colegas de profissão e treinamento.
- Os coaches sempre devem ter consciência de seus conhecimentos, seus pontos positivos e suas limitações, e só aceitarão trabalho que se sintam capazes de executar.
- Os coaches não afirmarão resultados congruentemente inatingíveis, nem reivindicarão para si conhecimentos, referências ou qualificações que não possuam. Tampouco devem permitir que outras pessoas, no seu conhecimento, o façam em seu nome, quer seja em documentos por escrito ou em declarações verbais.

2. Respeito aos Clientes

- Os coaches respeitarão os direitos de outros no que concerne a expressar opiniões e crenças diferentes das suas, e não tentarão impor suas próprias crenças, valores ou opiniões como corretos.

ASPECTOS GERAIS DO COACHING

- No início do relacionamento, o coach se assegurará, na medida do possível, de que o cliente entenda o contrato de coaching ajustado entre eles.
- Os coaches não discriminarão injustamente seus clientes de forma alguma.
- Os coaches nunca obterão vantagem pessoal, sexual ou financeira dos clientes.
- Os coaches devem pedir autorização ao cliente antes de usar o seu nome ou sua opinião, como referências.
- Os coaches honrarão todos os contratos pactuados e manterão suas promessas junto aos clientes.

3. A Profissão de Coach

- Os coaches respeitarão os direitos autorais dos outros, bem como a propriedade intelectual, marcas registradas e patentes, e mencionarão contribuições alheias sempre que for pertinente.
- Os coaches não se dedicarão de bom grado em atividades que desacreditem a profissão de coach. Se tiverem conhecimento de má utilização ou deturpação dos seus trabalhos, tomarão as medidas necessárias para corrigi-las.

4. Confidencialidade e Conflito de Interesses

- O material do cliente será sempre confidencial, salvo quando ele autorizar de maneira diversa ou estiver disposto em lei, ou por qualquer outra razão premente, como é o caso de prejuízo iminente a terceiros. Este material pode ser verbal, quando pronunciado nas sessões presenciais, ou via tecnológica, quando pronunciado pelo telefone, por computador, ou pela secretária eletrônica.
- Sempre que possível, o coach não assumirá compromissos profissionais em que relacionamentos preexistentes possam gerar um conflito de interesses. Se tal conflito ocorrer, o coach fará o melhor que puder para resolver o problema conforme o estabelecido nestas diretrizes éticas e padrões.
- Os coaches podem utilizar o material do cliente nos cursos, e na forma escrita, contanto que o cliente não possa, de forma alguma, ser identificado.
- O coach demonstrará ao cliente todos os honorários recebidos de terceiros graças a indicações ou recomendações que der a respeito do cliente.
- Quando apropriado profissionalmente, o coach cooperará com outros profissionais para ajudar seus clientes, sempre que estes assim o permitirem.
- Quando o coach for requisitado para prestar seus serviços a pessoas ou organizações a pedido de terceiros, ele avaliará cuidadosamente o relacionamento entre os dois e decidirá se não há conflito de interesses em relação aos papéis diferentes do coach ou por questões de sigilo.

- Nos casos em que o empregador do coach é o mesmo do cliente (por exemplo, quando uma empresa contrata e remunera um coach para fazer coaching em um ou mais de seus funcionários), o coach esclarecerá de antemão com o cliente e com o empregador o retorno de informações que será repassado a este último, de que forma este processo será feito e os resultados que o empregador espera; o coach, o cliente e o empregador se assegurarão de chegar a um acordo antecipadamente e de não infringir a confidencialidade ou confiança do cliente. Se todos não chegarem a um acordo, o coach recusará o trabalho.

5. *Feedback* e Progresso

- Os coaches tomarão as medidas necessárias para avaliarem o progresso de seus clientes. Se o cliente não estiver progredindo, eles discutirão isso abertamente com ele como parte do relacionamento de coaching.
- Os coaches criarão e manterão os devidos registros de seus trabalhos com os clientes para satisfazer os requisitos legais e profissionais.
- Os coaches recomendarão seus clientes a outros profissionais se necessário, como um consultor, terapeuta ou médico, quando souberem de um problema que requer esses tipos de tratamento.
- Os coaches sempre procurarão evitar prejuízos ou riscos a si mesmos, a clientes ou a terceiros durante a realização de um trabalho.
- Quando houver uma interrupção no processo de coaching, o coach fará os esforços necessários para chegar a algum acordo com o cliente. Se a interrupção for muito longa, talvez seja necessário indicar ao cliente um coach provisório.
- O relacionamento de coaching terminará mediante acordo entre coach e cliente, geralmente no fim do contrato pago antecipadamente. Se o coach rescindir o contrato antes do fim do prazo nele estabelecido, ele restituirá os honorários adiantados relativos aos serviços de coaching não prestados. Se o cliente rescindir o contrato antes do fim do prazo nele estabelecido, ele deverá pagar os honorários integralmente, a não ser que algo diferente tenha sido estipulado em contrário no início do contrato.

6. Honorários

- O coach deverá informar claramente o cliente sobre a logística, honorários e programação no relacionamento de coaching.
- O coach é livre para cobrar o quanto quiser, mas deverá revelar os valores dos honorários no início do relacionamento de coaching.
- Se houver algum problema com o pagamento dos honorários, o coach tomará providências sensatas para discutir este problema com o cliente e chegar a um acordo sobre o plano de pagamento. Se o cliente não pagar os honorários pactuados, o coach pode tomar as medidas judiciais cabíveis para receber.

COMPETÊNCIAS ESSENCIAIS DO COACHING

Estas são as principais habilidades que os coaches têm de demonstrar para obterem o certificado no curso do Certificação Internacional de Coaching da Lambent do Brasil e unirem-se à Comunidade Internacional de Coaching. Também são os conhecimentos que eles deverão demonstrar constantemente em seu trabalho como coaches profissionais:

Geral

1. Entende e segue as linhas gerais de ética e os padrões publicados pela Comunidade Internacional de Coaching (ICC).
2. Faz uma clara distinção entre o conteúdo e o processo do problema do cliente, ou seja, *qual é* o problema e *como* ele o representa.
3. Trabalha sempre para oferecer ao cliente mais opções do que ele tem no momento.

Conhecimento

1. Conhece os fundamentos do coaching.
2. Conhece a distinção entre coaching e o aconselhamento profissional, a terapia, o treinamento e a consultoria.
3. Familiaridade com a terminologia particular do coaching.
4. Conhece os critérios para testar as metas de processo e de resultado.

Habilidades

Relacionamento

1. Constrói um relacionamento de respeito e confiança com o cliente.
2. Trabalha para que o cliente seja responsável pelo processo de coaching e pelas tarefas que ambos combinam para este processo.
3. Gera uma parceria de igualdade e de cooperação com o cliente.

Ouvir

1. Está totalmente presente e atento durante o processo de coaching, ouvindo e suportando as expressões próprias do cliente, focando nos planos do cliente e não nos seus próprios.
2. Está em contato e atento à sua intuição.

Autocontrole

1. Mantém sua própria perspectiva e não se deixa influir pelas emoções do cliente.
2. Avalia e distingue as diferentes mensagens que o cliente lhe envia.
3. É sensível e calibra os sinais não-verbais do cliente.

Interrogações e Dúvidas

1. Ajuda o cliente a definir detalhadamente sua presente situação.
2. Elabora questões eficazes que provocam a percepção, descobertas e ação.
3. Fornece um *feedback* claro e articulado.
4. Utiliza perspectivas diferentes para reestruturar e esclarecer a experiência do cliente.
5. Suporta o desenvolvimento do seu autoconhecimento.
6. Conscientiza o cliente da incongruência entre pensamentos, emoções e ações.

Feedback

1. Mostra ao cliente os pontos fortes destes e apóia seus recursos.
2. Mostra ao cliente de que maneira seus hábitos interferem na sua vida e apóia qualquer mudança que ele desejar.
3. Comemora o sucesso do cliente.

Metas, Valores e Crenças

1. Trabalha com o cliente e ajuda-o a superar crenças limitantes.
2. Explora os valores do cliente e torna-o consciente dos mesmos.
3. Não impõe seus próprios valores.
4. Trabalha com o cliente para esclarecer suas metas, e verifica se estas estão de acordo com seus valores.
5. Solicita claramente a execução de ações que orientarão o cliente a obter suas metas.

Definindo Planos de Ação e Tarefas

1. Cria oportunidades para dar andamento ao aprendizado do cliente.

2. Passa tarefas apropriadas para o cliente, para desafiá-lo e levá-lo adiante em direção às suas metas.
3. Ajuda o cliente a desenvolver um plano de ação apropriado, passível de mensuração, e com prazos definidos.
4. Fornece desafios que levam os clientes além das limitações que ele conhece.
5. Torna o cliente responsável pelas tarefas e ações acordadas entre ambos.

Recursos para o Capítulo 2

DEFINIÇÕES DE COACHING

O coaching compartilha uma ampla abordagem e tem algumas similaridades com treinamento, ensino, consultoria, aconselhamento profissional, terapia e *mentoring*. No entanto, há também algumas diferenças fundamentais:

- *Aconselhamento profissional:* geralmente aborda terapeuticamente os problemas do cliente. O cliente normalmente se sente desconfortável ou insatisfeito com sua vida.
- *Terapia:* é para o cliente que procura alívio de sintomas psicológicos e/ou físicos. O cliente quer uma cura emocional.
  O motivo de um cliente procurar a terapia ou o aconselhamento profissional é, em geral, se desfazer da dor ou do desconforto e não se preparar para atingir as metas desejadas. Tanto terapia como aconselhamento provavelmente envolverão entendimento e trabalharão com experiências do passado.
- *Treinamento:* é o processo de adquirir conhecimento ou aptidões pelo estudo e pela experiência. O instrutor é normalmente o especialista; ele sabe ou pode fazer algo que o orientado não sabe. Treinamento normalmente é dado numa base de "um para muitos" em vez de "um para um".
- *Ensino:* é similar ao treinamento pelo fato de que o professor sabe algo que o aluno desconhece, e este aprende diretamente. O aluno tem as perguntas; o professor as respostas.
- Treinamento e ensino são similares ao coaching porque normalmente focam em habilidades, mas a abordagem é diferente. O aluno aprende diretamente a partir do professor ou instrutor.
- *Consultoria:* um consultor tem a experiência para resolver problemas de negócios e normalmente lida com o negócio como um todo, ou parte dele, e não com os indivíduos que o compõem. Um consultor, provavelmente, recomendará coaching para os indivíduos como parte do pacote de negócio.

⇩ *Mentoring:* um mentor, ou orientador particular, é um colega mais veterano que faz algumas sugestões e provê um modelo a ser imitado. Esse tipo de orientação não é tão focado em metas como o coaching, e as discussões compreenderão uma faixa maior de amplitude. Um mentor normalmente tem muita experiência no campo de atuação do cliente.

COACHING

Abordagem do problema
Generativa   **Remediadora**
                                                      terapia
                                                      aconselhamento profissional

Efeito no negócio como um todo
Indireto   **Direto**
                                                      consultoria

Foco no tempo
Presente e futuro   **Passado**
                                                      terapia
                                                      aconselhamento profissional

Função (papel)
Fazer perguntas   **Dar respostas**
                                                      treinamento
                                                      ensino

Enfoque pela(o):
Ação   **Entendimento**
                                                      terapia
                                                      aconselhamento profissional

Experiência nos negócios do cliente
Desnecessária mas útil   **Essencial**
                                                      mentoring

Números
Um para um   **Um para muitos**
(embora também haja coaching de equipes)   treinamento
                                                      ensino

Direção
Não-diretiva   **Diretiva**
                                                      gerenciamento

Eis aqui um exemplo dos diferentes enfoques possíveis para se obter uma solução:

Elizabeth era uma vendedora de desempenho fantástico e foi promovida para o cargo de gerente de vendas. Agora, em lugar de vender, ela está gerenciando seus colegas. Ela assumiu essa nova posição e se pergunta como irá instruí-los durante o trabalho. Ela sabe vender, mas não gerir. Ela não se sente confiante que ser uma boa vendedora a transforme numa gerente competente. Ela sabe que terá uma dose de suporte entusiástico, alguma cooperação reservada e, também, completa hostilidade. Ela desconhece como iniciar a aproximação com seus colegas. Ela quer ajuda.

Um assessor orientaria Elizabeth com recomendações e trabalharia diretamente com o estresse que ela sente. Ele não saberia nada sobre o trabalho dela, exceto o que ela conta para ele. Ele trabalharia na sua autoconfiança e autoconvicção. Ele, diretamente, não procuraria torná-la mais competente na função, ou lhe passaria técnicas para se dar bem com seus colegas.

Se Elizabeth estivesse aborrecida, estressada, não conseguisse dormir, sentisse ansiedade e não conseguisse lidar com a nova posição, ela poderia considerar uma terapia. O terapeuta trabalharia com ela para eliminar o estresse de forma a abrir maneiras alternativas de trabalho para fazê-la não sentir tanto estresse. O terapeuta poderia também se aprofundar no passado da vida dela à procura de razões do motivo por que ela está estressada ou com falta de confiança nesta situação.

Se Elizabeth não estivesse se sentindo estressada, ela poderia considerar um treinamento ou aprendizado pelo ensino. Ela poderia aprender aptidões específicas de gerenciamento ou comunicação para ajudá-la em sua nova função. Ela poderia assistir a uma aula de treinamento dirigida para suas necessidades específicas com um especialista dessa matéria.

Ela poderia receber colaboração de um orientador particular (mentor), se reuniria com um gerente sênior, discutiria seus novos desafios e adotaria suas recomendações sob a luz de sua experiência do que poderia ser mais apropriado fazer na situação dela.

Finalmente, ela poderia conversar com um consultor para explorar como seu departamento poderia ser reestruturado, ou como seu departamento e responsabilidades se encaixariam dentro da organização como um todo. Ele, talvez, aconselhasse treinamento ou coaching, somente para ela ou para os outros integrantes do departamento.

Um coach trabalharia com ela de um modo diferente. Enquanto reconhecesse seu estresse, trabalharia para aumentar sua confiança, fazendo-a estabelecer objetivos no tocante às suas habilidades interpessoais e autoconfiança, e descobriria o que é importante para ela em sua vida no trabalho. Ele exploraria quaisquer barreiras que ela tivesse sobre si própria e sobre os outros, e lhe passaria tarefas específicas para testar suas preocupações e para que ela aprendesse a partir dos desafios que teria de enfrentar.

O coach não aconselharia Elizabeth ou diria o que ela teria de fazer, ou procuraria razões em sua vida no passado, mas talvez discutisse com a moça como os outros reagem com ela, sua parcela de culpa em provocar essas reações e como ela poderia se dar melhor com os outros na nova posição. Suas tarefas poderiam incluir sentar-se com todos seus colegas, individualmente, e ter um bate-papo informal para conhecer melhor seus anseios. Juntos, Elizabeth e o coach, poderiam explorar como ela faria perguntas adequadas para obter a informação necessária e como ouvir atentamente as respostas. A próxima etapa do plano de ação podia ser o envio de um memorando (manuscrito) agradecendo aos colegas por dispensarem aquele tempo com ela e comentando sobre um item específico que eles mencionaram. Elizabeth também poderia analisar com o coach como "gerenciar com os superiores": discutir seus planos com seu supervisor, fazer perguntas que obtivesse um bom retorno. Se ela pretende fazer algumas mudanças, então elas necessitam ser discutidas em todos os níveis da empresa. Em seguida, ela precisaria dizer às pessoas o que pretende fazer e o motivo. Ela talvez necessite receber coaching no que tange às suas habilidades de *rapport*. Essa técnica mobilizaria seus recursos, aumentaria sua confiança, esclareceria suas metas e a ajudaria com aptidões específicas para implementar as mudanças que ela pretende fazer.

Finalmente, o coach seguiria o exemplo do consultor e exploraria o sistema na qual ela trabalha. Que apoio ela está recebendo de seu departamento? De que maneira ele a suporta? Eles se esforçam para suportá-la? Uma pessoa somente pode dar o melhor de si no sistema em que se encontra. Uma parte do coaching poderia ser a mudança nos procedimentos departamentais para possibilitar que ela trabalhasse com menos dificuldades.

Recursos Para o Capítulo 3

METAS

Coaching é explorar o presente e desenhar o futuro. A primeira etapa para desenhar o futuro é proporcionar a si mesmo direção, pela definição de metas no longo prazo.

Alguns clientes podem ficar resistentes a definir metas no longo prazo porque eles têm medo de ficar desapontados, ou sentem que isso enfraquece sua espontaneidade. A resposta a essas duas objeções é que as metas não o "prendem", e você é perfeitamente capaz de mudá-las a qualquer tempo. Elas não detêm sua espontaneidade em nenhum momento.

Todas as pessoas comportam a meta de terem uma vida feliz e plena de realizações, independentemente do que isso signifique para elas. O estabelecimento de metas no longo prazo é somente ser um pouco mais específico sobre felicidade e realizações.

Suas Metas Pessoais

Defina entre quatro e sete metas no longo prazo para sua vida. Estas metas devem ser posicionadas bem à frente no futuro, com pelo menos dez anos.

Não as classifique em ordem – todas serão importantes e trabalharão em conjunto de maneira sinérgica.

Utilize a roda da vida para ajudá-lo nessa definição de metas. Não é preciso estabelecer uma meta para todas as partes da roda, mas entre elas as metas devem cobrir as seguintes partes de sua vida:

amor, relacionamentos, amizades e família
lazer e recreação
dinheiro
trabalho e profissão
saúde
contribuições e vida espiritual

Pelo fato de que as metas estão posicionadas num futuro distante, elas não devem ser muito específicas e podem parecer meio fantasiosas no momento. Expresse-as em uma linguagem positiva e muito simples, em outras palavras, o que você quer atingir, e *não* o que você quer evitar. Elas não precisam ser específicas, e você ainda não sabe se são passíveis de realização.

Pense sobre as seguintes questões?

O que você quer atingir em um período de dez anos?
O que você quer recordar?
O que você quer ter realizado quando estiver no fim de sua vida?
O que é realmente importante para você?

Meta 1

Meta 2

Meta 3

Meta 4

Meta 5

Meta 6

Observações:

Metas de Cinco Anos

Apanhe sua lista com as metas pessoais no longo prazo (metas de dez anos).

Pegue cada meta e estabeleça metas que você precisa cumprir *em cinco anos* a fim de estar no rumo certo para alcançar aquelas metas no longo prazo.

Quais são as etapas intermediárias pelas quais você precisará passar?
Onde você estará e o que é necessário para cumpri-las em cinco anos?

Meta 1: Metas intermediárias de cinco anos

Meta 2: Metas intermediárias de cinco anos

Meta 3: Metas intermediárias de cinco anos

Meta 4: Metas intermediárias de cinco anos

Meta 5: Metas intermediárias de cinco anos

Meta 6: Metas intermediárias de cinco anos

Metas de Dois Anos

Apanhe sua lista com as metas pessoais de cinco anos.

Pegue cada meta e estabeleça metas que você precisa cumprir *nos próximos dois anos* a fim de estar no rumo certo para alcançar aquelas metas de cinco anos.

Quais são as etapas intermediárias pelas quais você precisará passar?

Onde você estará e o que é necessário para cumpri-las em dois anos?

Meta 1: Metas intermediárias de dois anos

Meta 2: Metas intermediárias de dois anos

Meta 3: Metas intermediárias de dois anos

Meta 4: Metas intermediárias de dois anos

Meta 5: Metas intermediárias de dois anos

Meta 6: Metas intermediárias de dois anos

Metas de Um Ano

Apanhe sua lista com as metas pessoais de dois anos.

Pegue cada meta e estabeleça metas que você precisa cumprir *no próximo ano* a fim de estar no rumo certo para alcançar aquelas metas de dois anos.

Quais são as etapas intermediárias pelas quais você precisará passar?

Onde você estará e o que é necessário para cumpri-las no próximo ano?

Meta 1: Metas imediatas de um ano

Meta 2: Metas imediatas de um ano

Meta 3: Metas imediatas de um ano

Meta 4: Metas imediatas de um ano

Meta 5: Metas imediatas de um ano

Meta 6: Metas imediatas de um ano

Recursos para o Capítulo 4

ASPECTOS PRÁTICOS

Há muitos meios para ministrar o coaching, e os coaches devem decidir a maioria deles em seus próprios termos. Eles dependerão do país, do tipo de coaching e da personalidade do coach. Apresentamos agora algumas idéias do que é possível e como vários coaches já praticam esta técnica.

Com que freqüência serão as sessões?

O coaching deve ser realizado em uma base regular para manter a continuidade e deixar o cliente envolvido e motivado. Alguns coaches praticam a técnica com uma sessão presencial por semana. Outros trabalham somente pelo telefone, talvez uma sessão de meia hora por semana. Muitos coaches utilizam uma combinação flexível dessas duas opções, provavelmente com uma sessão de uma ou duas horas ao mês permeada com uma conversa telefônica de meia hora a cada semana entre as sessões.

Alguns coaches (particularmente coaches de carreira) devotam um dia inteiro para a sessão inicial.

Vários coaches empresariais planejam em torno de uma programação de final muito aberto para adaptarem-se a seus clientes. Eles concordarão em prestar 12 horas de coaching em três meses, e o cliente e o coach programam as sessões de acordo com seus próprios compromissos. Isto se ajusta bem a executivos atarefados que não são capazes de encontrar disponibilidade de tempo para uma sessão durante algumas semanas, mas em contrapartida podem ter a possibilidade de devotar duas ou três horas em um único dia.

De que forma se dará o coaching?

O coaching pode ser realizado em sessões presenciais, pelo telefone, através de videoconferência ou por e-mail. A maioria dos coaches usa uma combinação desses tipos de coaching, mas as melhores opções são sessões presenciais e por telefone. O sistema de videoconferência requer as aparelhagens de vídeo tanto para o coach como para o cliente.

A geografia também tem o seu papel. Quando o cliente mora bastante distante do coach, a modalidade de coaching por telefone terá uma função mais predominante no programa.

O coaching por e-mail é o mais difícil. Ele consome muito tempo, porque o coach tem de redigir os e-mails com cuidado. Essa modalidade de coaching perde todas as informações que o coach poderia obter graças à linguagem corporal das sessões presenciais e ao tom de voz das sessões telefônicas. E mais, ela não se realiza em tempo real. Alguns coaches estão preparados para prover retorno de cópias de e-mail quando for importante (digamos que o cliente se encontra diante de uma dificuldade inesperada e não consegue falar ao telefone com o coach), mas o coaching feito constantemente por e-mail é um dos métodos menos satisfatórios.

Onde o coaching será realizado?

A maioria dos coaches prefere que o cliente compareça a seus escritórios para uma sessão presencial.

O coaching no ambiente do trabalho do cliente é mais difícil porque todas as âncoras de trabalho estão presentes para distraí-lo.

Muitos coaches estão preparados para viajar para visitar os clientes. Esta modalidade faz mais sentido se estiverem ministrando coaching a diversas pessoas na mesma localidade para um negócio, ou se estiverem praticando coaching em equipes de trabalho de uma empresa.

Quanto custa para contratar um coach?

Esta é uma pergunta difícil de ser especificada; ela varia muito de país para país e de região para região. E mais, coaches empresariais definem honorários mais altos do que os coaches pessoais. Alguns coaches estão preparados para serem flexíveis sobre os valores dentro de critérios lógicos, mas o coaching é uma profissão altamente especializada e pode fazer uma enorme diferença para um indivíduo ou uma empresa, de modo que cabe aos coaches cobrar uma taxa justa, alinhada com as taxas de treinamento e consultoria na região em que trabalham. Alguns coaches cobram por hora, alguns cobram por mês, outros por um contrato de três ou seis meses. Alguns cobram de uma empresa uma porcentagem da receita extra que ela obtiver como resultado do coaching. Se o coach atua dessa maneira, então o contrato deverá especificar exatamente como os resultados serão medidos.

Qual o período de tempo de um programa de coaching?

Muitos coaches aceitam clientes durante um período de três meses. No final de cada período, eles revisarão os resultados e estenderão o coaching por mais três meses, quando necessário. Alguns coaches ministram coaching em pacotes de 10, 12 ou 15 horas que podem ser encaixados durante o curso de três ou seis meses. Às vezes trata-se de uma questão urgente, e até que ela seja resolvida o coaching poderá ser ministrado durante duas ou três semanas.

E no caso de um cliente se atrasar para um compromisso ou sessão?

Estes fatos devem ser acordados na sessão inicial. Em certas ocasiões o tempo é simplesmente perdido. Em outras o coach estenderá a sessão, se possível, mas se houver um outro compromisso ou uma sessão imediatamente em seguida, ele não será capaz de atender essa demanda do cliente. Ele poderá compensar esse período de tempo restante no próximo compromisso ou sessão.

E no caso de um cliente perder uma sessão ou cancelá-la em cima da hora?

Mais uma vez, coach e cliente devem acordar na sessão inicial sobre o que ocorre nestes casos. Alguns coaches compensarão a sessão em outra ocasião. Outros não. Eles reservaram o tempo para o cliente, e se este ficar doente ou tiver um compromisso urgente na hora combinada, é uma infelicidade, mas por que o coach deverá sofrer as conseqüências? O cliente precisa considerar as sessões de coaching com seriedade, e se o coach for muito complacente e disposto a compensar sessões, o cliente poderá perder o enfoque e pensar que o coaching não é tão importante, e que pode ser deixado de lado se algo diferente acontecer de forma inesperada.

Que tipos de cliente podem receber coaching?

Alguns coaches se especializam em coaching empresarial, outros em coaching pessoal (de vida). A maioria ministra os dois. Existem alguns coaches especializados de carreira. Alguns coaches gostam de ministrar coaching em equipes de trabalho. Trabalhe com quem quer que você se sinta confortável. Alguns coaches irão querer se reunir e trabalhar também com o(a) parceiro(a) do cliente, se o coaching tender a ser intensivo e mudar a direção da vida do cliente.

Que material pode ser fornecido na primeira sessão?

Há diversas possibilidades, por exemplo:

> *Um contrato de coaching* (se você usar um). Ele define as responsabilidades do coach e do cliente. Deve ser um documento profissional.
>
> *Um mapa mental ou algum outro material explicativo sobre coaching.* Isto deve fornecer um resumo de fácil compreensão do coaching e de como ele opera.
>
> *Uma roda da vida para ser completada na próxima sessão.* A roda da vida é uma excelente tarefa inicial para ser feita pelo cliente (*veja página 213*).
>
> *Uma declaração de seus padrões e qualificações.* Isto constrói sua credibilidade e reassegura o cliente. Forma a base de confiança em você e no processo de coaching.
>
> *Um teste psicométrico*, se você utilizar um. Ele poderá ser um dos testes habituais praticados, tal como os de Birkman ou MBTI, ou outro mais formal que você elaborou para usar com os clientes. Ele deverá lhe dar informações para avaliação e ajuda quanto a conhecer melhor o cliente.
>
> *Uma cópia da última sessão.* Alguns coaches redigem ou gravam cada sessão e fornecem ao cliente uma cópia ou fita de áudio da sessão. Este procedimento pode ser de muita utilidade para o cliente.

Que tal um contrato assinado?

Alguns coaches operam com um contrato assinado. Este é um meio profissional de trabalho – ele estabelece os termos e as condições e não deixa qualquer dúvida ao cliente ou ao coach sobre o que esperar. Um contrato desse nível também deve cobrir o que ocorre no evento de uma disputa judicial. Nenhum coach deve utilizar contratos assinados com os clientes a menos que eles tenham sido elaborados por um advogado ou procurador que seja familiarizado com o processo de coaching.

Um contrato deverá cobrir no mínimo os seguintes pontos:

o serviço de coaching prestado pelo coach, e seus deveres

os deveres do cliente

os honorários e quando eles devem ser pagos, e o que ocorre no caso de não pagamento

a confidencialidade do material do cliente

o que ocorre no caso de se perder ou cancelar uma sessão, quer seja motivado pelo coach ou pelo cliente

a duração do relacionamento de coaching e os termos de uma renovação, e o que ocorre no caso de uma disputa ou reivindicação judicial entre coach e cliente

o período de aviso prévio necessário para qualquer parte rescindir o relacionamento de coaching

O contrato deverá ser firmado e datado, com cópias distribuídas ao cliente e ao coach.

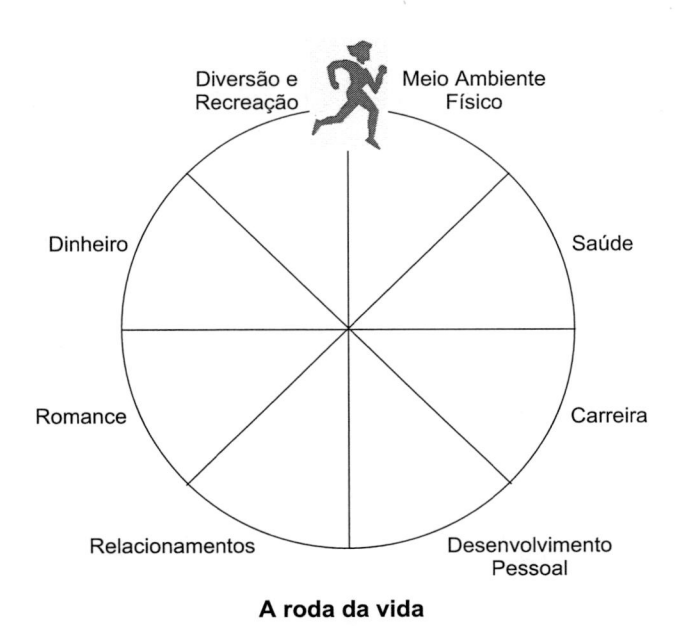

A roda da vida

A ALIANÇA ESTABELECIDA

O coaching é uma parceria e é importante que coach e cliente discutam no início do programa de que forma ela será realizada. Isto ajudará a gerenciar as expectativas do cliente e dar ao coach algumas reflexões valiosas de como pensa o cliente. Estas providências ainda sinalizam que o coach se interessa pela forma como o cliente deseja que seja o processo de coaching. O cliente também pode ter tido uma experiência de coaching no passado e ter algum *feedback* valioso de informações sobre o que funcionou ou não durante o processo. O formulário a seguir poderá ajudar neste ponto.

Qual o Melhor Modo de Trabalhar com o Cliente

O coaching me proporciona melhores resultados quando o coach faz essas coisas:

O coaching me proporciona melhores resultados quando o coach *evita* fazer essas coisas:

PISTAS DE ACESSO

Nós não pensamos somente com nosso cérebro, mas também com nosso corpo inteiro. Somos um sistema completo de corpo e mente – não é possível pensar sem que isso afete nossos corpos. "Afinamos" nosso corpo em posturas, gestos e modelos de respiração para ajudar-nos a pensar de certos modos. Os sinais a seguir são generalizações, e não representam a verdade em todos os casos.

	Visuais	Auditivos	Cinestésicos
Pistas Oculares de Acesso	Fora de foco ou olhar voltado para cima, à direita ou à esquerda.	Na linha central.	Abaixo da linha central, normalmente para a direita.
Tom de Voz e Ritmo	Em geral fala rápida, num tom de voz claro e alto.	Tom melodioso, ressonante, numa cadência média. Em geral, tem um ritmo subjacente.	Tonalidade baixa e mais profunda, normalmente lenta e suave, com várias pausas.
Respiração	Respiração bem baixa na parte superior do tórax.	Respiração média na parte mediana do tórax.	Respiração mais profunda, partindo do abdômen.
Postura e Gestos	Corpo mais tensionado, em geral com o pescoço estendido. Normalmente tipo corporal mais fino (ectomórfico).	Normalmente, tipo corporal médio (mesomórfico). Poderá haver movimentos rítmicos do corpo, como quando ouvimos música. A cabeça deverá estar inclinada para o lado em reflexão, na "posição de escuta de telefone". (Mão repousando sobre o ouvido.)	Ombros arredondados, cabeça para baixo, tom muscular relaxado, podendo fazer gestos com o abdômen e linha central.

Algumas pessoas pensam principalmente sob a forma de linguagem e símbolos abstratos. Este modo de pensar é freqüentemente denominado de "digital". Uma pessoa pertencente a essa classe tem como característica uma postura ereta, muitas vezes com os braços dobrados. A respiração é baixa e restrita, a fala é monótona e, em geral, com omissão de palavras ou sílabas, e ela conversa normalmente em termos de fatos, estatísticas e argumentos lógicos.

PISTAS OCULARES DE ACESSO

Estas pistas são também chamadas de Movimentos Laterais do Olho (*Lateral Eye Movements*) ou LEM.

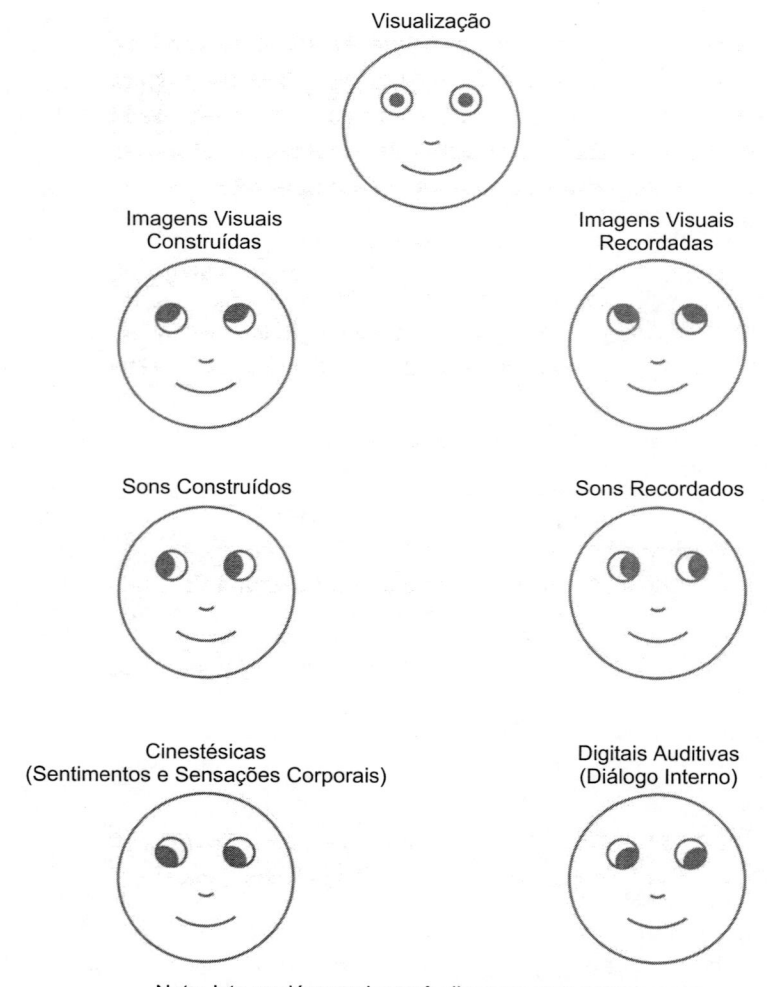

Visualização

Imagens Visuais
Construídas

Imagens Visuais
Recordadas

Sons Construídos

Sons Recordados

Cinestésicas
(Sentimentos e Sensações Corporais)

Digitais Auditivas
(Diálogo Interno)

Nota: Isto se dá quando você olha para uma outra pessoa

Estes modelos oculares são os mais comuns, embora algumas pessoas canhotas e pouquíssimas destas possam ter um modelo reverso; imagens e sons recordados devem estar no lado direito da pessoa, seus sentimentos completamente à sua esquerda e seus diálogos internos completamente à sua direita. Este modelo é *diferente*, mas ainda *normal*!

Não presuma que você conhece as pistas oculares de acesso de uma pessoa – sempre teste.

O modo mais fácil de testar as pistas de acesso é fazer uma pergunta que envolva sentimentos. Nas situações cotidianas, é possível fazer isso comodamente numa conversa, perguntando como eles estão se sentindo, e ficar atento à pista de acesso. Embora as pesquisas sobre o assunto sejam raras, aparentemente se uma pessoa acessa os sentimentos totalmente à sua direita, então ela terá o modelo de acesso padrão. Se o acesso for totalmente à sua esquerda, neste caso ela tenderá a ter o modelo reverso. Se ela acessar seus sentimentos totalmente à sua esquerda; nesse caso tenderá a ter um modelo reverso. Em outras palavras, imagens e sons recordados ficarão à sua direita, e imagens e sons construídos à sua esquerda.

Outros Padrões Visuais

Piscar

Nós piscamos todo o tempo – o piscar é parte do mecanismo natural para lubrificação dos olhos. Várias pessoas piscam mais quando estão pensando.

Certas pistas de acesso são evitadas

Isto pode significar que a pessoa está, sistematicamente, bloqueando informações visuais, auditivas ou cinestésicas da consciência, talvez como resultado de traumas anteriores.

Pista de acesso não óbvia

Você tem certeza? O cliente pode estar falando sobre tópicos extremamente familiares e óbvios, de tal modo que nem necessite o acesso. Para obter as pistas de acesso mais claramente, faça perguntas que requeiram algum tipo de reflexão.

Diálogo interno auditivo imediato em resposta a todas as questões

A pessoa pode estar primeiramente repetindo a pergunta e em seguida acessando a resposta. Isto faz parte de sua estratégia habitual de pensamento. Talvez até mesmo você tenha que observar os lábios dela enquanto procede dessa maneira.

Pistas de acesso incomuns

Provavelmente o resultado de uma pessoa efetuar uma sinestesia (uma mistura simultânea de sistemas representacionais).

O modelo da PNL é um guia e uma generalização – e como toda generalização estará, algumas vezes, sujeita a ser falsa! Lembre-se de que a resposta está na pessoa à sua frente, não na teoria.

PALAVRAS E FRASES BASEADAS NOS SENTIDOS

O Sistema Visual

Palavras Visuais

Espaço em branco, clarificar, escuro, foco, previsão, obscuro, horizonte, ilusão, ilustrar, imaginação, discernimento, luz, observação, ponto de vista, perspectiva, imagem, reflexo, revelação, cena, ver, brilho, mostra, visão, visualizar, observar.

Frases Visuais

Eu vejo o que você quer dizer.
Estou examinando de perto a idéia.
Nós vemos olho a olho.
Eu tenho uma idéia embaralhada.
Ele tem um ponto cego.
Mostre-me o que você quer dizer.
Você vai olhar para trás e dar risadas.

Isto trará alguma luz à matéria.
Ele colore sua visão da vida.
Parece para mim.
Além de uma sombra de dúvida.
Adotando uma visão indistinta.
O futuro parece brilhante.
A solução despontou diante de seus olhos.
Veja lá o que faz.
Uma visão estarrecedora.

O Sistema Auditivo

Palavras Auditivas

Sotaque, acústico, pedido, audível, zorra, zumbido, cacarejo, chamada, claro, clique, comentário, grasnado, choro, surdo, diálogo, discussão, dissonante, mudo, eco, rosnado, harmônico, harmonia, cantarolada, silêncio, ouvir, alto, melodioso, monótono, musical, mudo, compasso, proclamar, questão, quieto, observação, ressoar, ritmo, badalada, estrondo, ditado, suspiro, grito, estridente, silêncio, som, emudecido, rangido, contar, afinação, vocal, lamento, sussurro.

Frases Auditivas

No mesmo comprimento de onda
Viver em harmonia
Isso para mim é grego.
Muito falatório.
Fazer-se de surdo.
Tocar uma campainha.
Música agradável de se ouvir.
Palavra por palavra.
Indescritível.
Claramente expresso.
Dar uma palestra.
Mantenha sua língua quieta.
Numa maneira de dizer.

Alto e bom som.
O lugar estava zunindo.
Uma condição pronunciada.
O silêncio era eloqüente.
A sala vazia emitiu um aviso.
Uma frigideira chiando.
Uma recepção tumultuada.
Uma cacofonia de cores.
O que fez você harmonizar com meu próprio pensamento sobre o assunto.
Há notas inferiores sutis para observar.
Não terminou com um baque surdo, mas com um lamento.

O Sistema Cinestésico

(Incluindo os Sistemas Olfativo e Gustativo)

Palavras Cinestésicas

Equilíbrio, quebra, frio, concreto, contato, sentimento, firme, gentil, agarramento, ato de segurar, manuseio, duro, pesado, colisão, manutenção, quente, pulo, pressão, empurrão, áspero, esfregada, corrida, raspão, coleta, sensível, agudo, macio, suave, sólido, pontudo, estresse, parado, sofrimento, ato de agarrar, tangível, batida fraca, tensão, cócegas, apertado, toque, vibração, passeio, quente.

Frases Cinestésicas

Eu entrarei em contato com você.
Eu posso "agarrar" essa idéia.
Você me respondeu de maneira afiada.
Agüente um segundo.
Navegando na Internet.
Aquilo me deu calafrios.
Havia uma tensão no ar.
Um homem afetuoso (de coração quente).
Um cliente frio.

A pressão era tremenda.
De pele espessa.
Uma saia justa.
Toque a superfície.
Eu não posso me intrometer nisso.
Despedaçando-se.
Controle-se.
Base sólida.
Argumento acalorado.
Não seguindo a discussão.
Pessoa fácil de se levar.
O projeto está de pé.
Sua voz leva a isso.
Quebrando paradigmas.
Agüentar até o fim.
Engolir seu orgulho.
Ficar retido no problema.
Ele "tem uma queda" por ela.
Ele precisa de uns empurrões para começar a trabalhar.

Palavras e Expressões Olfativas

Cheiro de peixe, flagrante, fresco, almiscarado, curioso, perfumado, malcheiroso, enfumaçado, farejada, (alimento) passado.

Palavras Gustativas

Amargo, insosso, mastigado, gosto, fel, suculento, mentolado, saboroso, nauseado, salgado, azedo, apimentado, adocicado, doce, sabor, delicioso.

Frases Olfativas e Gustativas

Essa situação está "cheirando" mal.
Um comprimido amargo.
Fresco como uma margarida.
Um gosto pela "boa vida".

Uma pessoa doce.
Um comentário ácido.
Um "cheiro" para negócios.
Engolindo um sapo.
O cheiro da santidade.
Uma refeição de dar água na boca.

Palavras e Frases Específicas Não-Sensoriais

A maioria das palavras não tem absolutamente qualquer conotação sensorial. Elas são conhecidas às vezes como "digitais". Você pode utilizá-las para oferecer à outra pessoa a opção de pensar em qualquer sistema representacional desejado.

Palavras Digitais

Assumir, assistir, mudança, escolha, competência, condição, conexão, cônscio, conseqüência, considerar, decidir, avaliar, futuro, meta, idéia, saber, aprender, lógica, meditar, memória, modelo, motivar, resultado, passado, presente, processo, programa, reconhecer, recordar, representação, recurso, resultado, seqüência, teoria, coisa, pensar, entender.

⇒ Recursos para o Capítulo 6

GRADE DE CRENÇAS

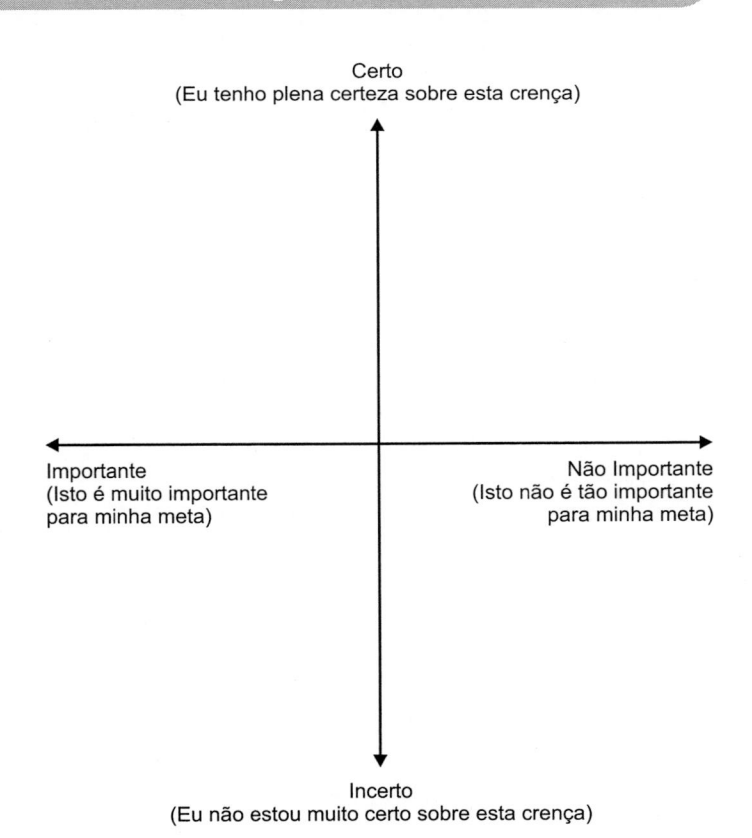

Certo
(Eu tenho plena certeza sobre esta crença)

Importante
(Isto é muito importante
para minha meta)

Não Importante
(Isto não é tão importante
para minha meta)

Incerto
(Eu não estou muito certo sobre esta crença)

CRENÇAS NO TEMPO

Quais são suas crenças sobre estes assuntos?
Como suas crenças mudaram?
Se você não atingiu uma das idades especificadas abaixo, suponha como suas crenças serão à época referida na tabela.

Assunto	Infância	15 anos	25 anos	35 anos	50 anos	65 anos
Idade						
Beleza						
Felicidade						
Lar						
Amor						
Carreira						
Possibilidades						

Recursos para o Capítulo 7

ÂNCORAS COTIDIANAS

Explore as âncoras às quais você responde em sua vida do dia-a-dia, tanto positivas como negativas. Examine suas vidas pessoal e profissional.

	Âncora	Sua Resposta
Visual		
Auditiva		
Cinestésica		
Olfativa e Gustativa		

4ª Posição   1ª Posição

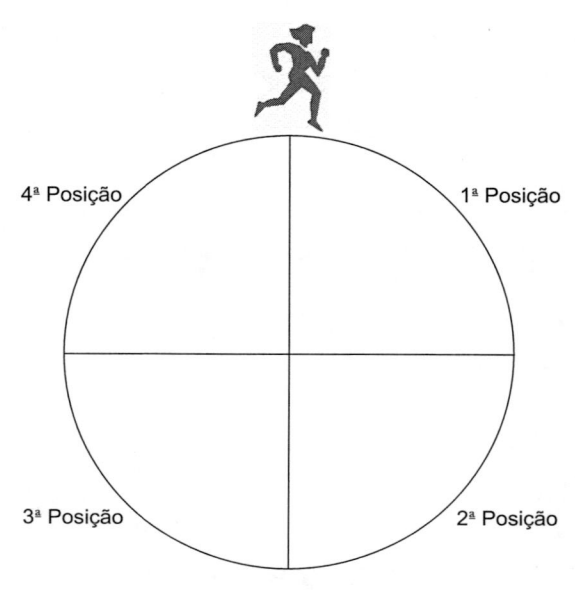

3ª Posição   2ª Posição

A roda das perspectivas

Recursos para o Capítulo 9

FAZENDO UM BALANÇO DE SUA VIDA

Disponibilize algum tempo para fazer um balanço de sua vida.

Que habilidades você tem?

Pense em todos os contextos.

Que conhecimento você tem?

Pense sobre sua formação, conhecimento especializado e o que você aprendeu na universidade da vida.

Quem você conhece?

Liste todas as pessoas que você conhece ou já conheceu – colegas ou contatos de trabalho, amigos do presente e do passado, familiares, mentores e professores, conhecidos etc.

Quando você tiver terminado, pense como algum deles, ou mesmo todos, podem servir de recursos úteis para você quando estiver praticando coaching.

⇾ GLOSSÁRIO

Accountability **(Responsabilidade):** Uma parte-chave do coaching. Um cliente é responsável quando ele assume compromisso pelas suas ações. Há três perguntas centrais:

O que você fará?

Quando você fará isso?

Como você saberá que foi bem-sucedido?

Acknowledgement **(Reconhecimento):** Identificação da identidade ou capacidade do cliente que lhe permite levar a cabo uma importante ação ou ter uma idéia.

Anchor **(Âncora):** Um acionador – visual, auditivo ou cinestésico – que vincula com uma ação ou estado emocional.

Anchoring **(Ancoragem):** O processo de associar uma coisa com outra.

Articulating **(Articular):** Acrescentar sucintamente a experiência do cliente sob uma linguagem simples. Outra expressão para clarificar.

As if **(Como se):** Utilizar a imaginação para explorar os efeitos dos pensamentos ou ações "como se" eles tivessem ocorrido quando, na verdade, não ocorreram.

Backtrack **(Recapitular):** Rever ou resumir, utilizando as palavras-chave, gestos e tom de voz de uma outra pessoa.

Beliefs **(Crenças):** As generalizações que fazemos sobre os outros, o mundo e nós mesmos, que se tornam nossos princípios operacionais. Agimos como se elas fossem verdades, e elas se transformam em verdade para nós.

***Bottom lining* (Definindo a linha-base):** Abordar o assunto do cliente nos termos mais claros e precisos possíveis, sem perder qualquer parte do significado.

***Brainstorming*:** Gerar idéias, alternativas, opções, perspectivas ou ações sem julgar inicialmente se elas são acertadas ou apropriadas. Não há qualquer conexão com as idéias geradas.

***Break state* (Desfazer o estado):** Utilizar um movimento ou distração para mudar um estado emocional.

***Calibration* (Calibração):** Reconhecer, com exatidão, o estado de outra pessoa pela leitura de sinais não-verbais.

***Challenging* (Desafio):** Estender o horizonte de um cliente além de seus limites auto-impostos através de um pedido.

***Championing* (Defesa):** Quando você defende um cliente, você se posiciona a seu favor, demonstra que acredita nele, mesmo se ele não tiver essa crença.

***Clarifying* (Clarificar):** *Veja Articulating* (Articular).

***Clearing* (Esclarecimento):** Certificar que os assuntos de um cliente não o envolvam emocionalmente. Manter-se em um estado rico de recursos mesmo se o cliente estiver falando sobre temas que você considere difíceis.

***Client* (Cliente):** O parceiro do coach na aliança para a mudança. O cliente quer fazer mudanças. Ele é responsável pelos resultados. Coach e cliente, em conjunto, são responsáveis pelo processo.

***Coach* (Coach):** O parceiro do cliente na aliança para a mudança. O coach assiste o cliente para promover as mudanças que o cliente quer fazer.

***Coaching*:** Ajudar clientes a examinar o que eles fazem sob a luz de suas intenções, auxiliando-os a executar ações orientadas a suas metas, a uma maior felicidade, e para conseguirem se expressar melhor.

***Commitment* (Envolvimento):** Assumir uma tarefa sem questionar, porque ela é emocional e cognitivamente importante.

***Confidentiality* (Confidencialidade):** Informação que o cliente compartilha com o coach e que não é repassada para qualquer outra pessoa sem a permissão do primeiro.

***Congruence* (Congruência):** O alinhamento das crenças, valores, habilidades e ação, de modo que você "caminha segundo suas palavras". Congruência ainda significa estar em harmonia com você mesmo.

***Counselling* (Aconselhamento Profissional):** Trabalhar com um cliente que se sente desconfortável ou insatisfeito com sua vida, e está à procura de orientação e conselhos. Um assessor aborda os problemas do cliente terapeuticamente.

Designing the alliance **(Estabelecendo a aliança):** Definir a parceria entre coach e cliente. Definir o modo mais benéfico por meio do qual o coach pode trabalhar com o cliente para perseguir suas metas, visão e mudança pretendida.

Double loop coaching **(Coaching de *loop* duplo):** Modalidade de coaching que ajuda o cliente a lidar com suas crenças – alterando o pensamento que originou previamente o problema. (Também chamado coaching generativo.)

Ecology **(Ecologia):** As conseqüências globais de seus pensamentos e ações na rede total de relacionamentos da qual você é integrante. Há ainda a ecologia interna: a maneira como as diferentes idéias e sentimentos se adaptam para torná-los congruentes ou incongruentes (*veja Congruence*/Congruência).

Feedback **(Retorno de Informações):** No relacionamento de coaching, *feedback* é a resposta do coach ao que o cliente lhe conta, e a reação do cliente frente ao que foi dito pelo coach. O *feedback* deve ser *reforçador*, em que ele gera mais do mesmo comportamento, ou *balanceador*, em que ele gera menos do comportamento, resultando no final numa mudança de comportamento.

First position **(Primeira posição):** Observar o mundo partindo de seu próprio ponto de vista. Estar em contato com sua própria realidade interna. Uma das quatro posições perceptuais.

Fourth position **(Quarta posição):** Observar uma situação partindo do ponto de vista do sistema no qual ela ocorre, por exemplo uma família ou um negócio.

Frame **(Enquadrar):** Um modo de examinar algo, um particular ponto de vista, por exemplo um enquadramento de negociação verifica o comportamento como se ele fosse uma forma de negociação.

Generative coaching **(Coaching generativo):** *Veja Double loop coaching* (coaching de *loop* duplo).

Goals **(Metas):** Resultados desejados. Metas de processo são sobre a jornada para atingir a meta. Metas de resultado são sobre o destino final – o resultado.

***Homework* (Trabalho de casa):** Tarefas, desafios ou solicitações para o cliente realizar. Ele reportará os resultados obtidos ao coach num período de tempo mutuamente acordado.

***Incongruence* (Incongruência):** O estado de estar em desarmonia consigo mesmo, apresentando um conflito interno que é expresso em comportamento. Ela pode ser seqüencial – por exemplo, uma ação seguida por outra que a contradiz –, ou simultânea – por exemplo quando você diz que concorda num tom de voz duvidoso.

***Internal dialogue* (Diálogo interno):** Conversar consigo próprio.

***Internal ecology* (Ecologia interna):** *Veja Ecology* (Ecologia).

***Intuition* (Intuição):** Conhecimento interno que fica disponível destituído de reflexão consciente ou base racional.

***Life balance* (Balanço da vida):** A harmonia do relacionamento do cliente com as diferentes partes de sua vida e com suas demandas, e a maneira como o cliente se sente confortável sobre isso. Também a harmonia entre esses compromissos.

***Listening levels* (Níveis de escuta):**
1. *Ouvir:* Registrar o som da voz de uma outra pessoa.
2. *Dar ouvidos a:* Ouvir com uma questão em mente: "O que isso significa para você?".
3. *Ouvir com atenção:* Ter uma idéia preconcebida e filtrar e selecionar a partir do que o cliente diz. Você deve fazer alguns julgamentos e também ter um pouco de diálogo interno.
4. *Ouvir com consciência:* Escuta profunda com o mínimo de julgamento.

***Mentoring* (Mentoreamento):** Quando um colega veterano em uma empresa é visto como detentor de maior conhecimento e sabedoria, dá recomendações e provê um modelo a ser imitado. O *mentoring* envolve discussões numa faixa mais ampla que, provavelmente, não ficam limitadas ao contexto de trabalho.

***Metaphor* (Metáfora):** Comunicação indireta por meio de uma história ou figura de linguagem que implica uma comparação. Uma metáfora implica aberta ou veladamente que uma coisa é igual à outra. Na PNL, a metáfora abrange comparações, histórias, parábolas e alegorias.

***Mission* (Missão):** A direção e meta primárias de um cliente.

Outcome goal (**Meta de resultado**): *Veja Goals* (Metas).

Perceptual position (**Posição perceptual**): Primeira, segunda, terceira e quarta posições.

Perspective (**Perspectiva**): Um particular ponto de vista, por exemplo primeira posição (a sua própria), segunda posição (a de outra pessoa) ou terceira posição (o relacionamento entre os dois). Existem ainda muitas outras perspectivas, por exemplo do trabalho, família, economia, política etc.

Preferred representational system (**Sistema representacional preferido**): O sistema representacional que uma pessoa normalmente utiliza para pensar conscientemente e organizar sua experiência. Ele aparecerá particularmente quando a pessoa está sob pressão.

Preframing (**Preestabelecer**): Estabelecer previamente que significado você deseja que um cliente dê às suas ações.

Presuppositions (**Pressuposições**): Idéias ou crenças que são pressupostas, ou seja, dadas como certas, e sobre as quais se atua.

Process goal (**Meta de processo**): *Veja Goals* (Metas).

Questions (**Questões**): Uma solicitação a ser respondida pelo cliente. Uma oportunidade para o cliente encontrar uma resposta que persiga suas metas e visão.

Rapport: Um relacionamento de receptividade consigo próprio e com os outros.

Reframing (**Reestruturar**): Entender uma experiência de modo diferente, fornecendo-lhe um significado distinto.

Representational systems (**Sistemas representacionais**): Os diferentes canais em que "reapresentamos" informações vindas de nosso interior, pela utilização de nossos sentidos: visual (visão), auditivo (escuta), cinestésico (sensação corporal), olfativo (cheiro) e gustativo (paladar).

Requesting (**Solicitar**): Pedir a um cliente para perseguir suas metas pela tomada de uma ação específica.

Resources (**Recursos**): Tudo que possa ajudá-lo a obter um resultado, por exemplo fisiologia, estados, idéias, crenças, estratégias, experiências, pessoas, eventos, posses, lugares, histórias etc.

Second position (**Segunda posição**): Experimentar o ponto de vista de uma outra pessoa.

***Self-management* (Autocontrole):** Cuidar apropriadamente de seu próprio estado emocional na condição de um coach, de modo que você possa oferecer a máxima ajuda ao cliente.

***Single loop coaching* (Coaching de *loop* único):** Modalidade de coaching que ajuda um cliente sem lidar com suas crenças.

***Structures* (Estruturas):** Âncoras projetadas para recordar os clientes de suas visões, metas, propósitos ou ações.

***Therapy* (Terapia):** Trabalhar com um cliente que procura alívio de sintomas psicológicos ou físicos. O cliente deseja cura emocional e alívio de sofrimento mental.

***Third position* (Terceira posição):** Adotar a perspectiva de um único observador, destacado mas pleno de recursos.

***Transition* (Transição):** O ponto em que você tem que deixar seus hábitos antigos, mas ainda não consolidou a mudança ou se sentiu seguro sobre os novos hábitos. O período de maior dificuldade no processo de coaching.

***Trust* (Confiança):** O sentimento de que você pode depender de uma pessoa para cumprir seus compromissos. Há dois elementos de confiança: sinceridade e competência.

***Values* (Valores):** Coisas que são importantes para você.

***Vision* (Visão):** Uma combinação de metas e valores, o propósito e o maior significado na vida.

BIBLIOGRAFIA

Estes são alguns livros proveitosos acerca de coaching, PNL e do cenário para o tipo de enfoque desenvolvido neste livro.

Arendt, Hannah. *The Human Condition.* University of Chicago Press, 1958.
Barrett, Richard. *Liberating the Corporate Soul.* Heinemann, 1998.
Doyle, James S. *The Business Coach: A Game Plan for the New York Environment.* John Wiley & Sons, 1999.
Drucker, Peter. *The New Realities.* HarperCollins, 1989.
Flaherty, James. *Coaching.* Butterworth-Heinemann, 1999.
Fortgang, Laura. *Living your Best Life.*, Thorsons, 2001.
Gallwey, Timothy. *The Inner Game of Tennis.* Pan, 1986.
_____. *The Inner Game of Golf.* Pan, 1986.
_____. *The Inner Game of Work.* Texere, 1986.
Goleman, Daniel. *Emotional Intelligence.* Bloomsbury, 1996.
Hargrove, Roger. *Masterful Coaching.* Pfeifer, 1995.
Hemery, David. *What Makes a Champion?* HarperCollins, 1991.
Landsberg, Max. *The Tao of Coaching.* HarperCollins, 1999.
Maturana, Humberto e Varela, Francisco. *The Tree of Knowledge.* Shambhala, 1987.
Morgan, Gareth. *Images of Organization.* Sage, 1986.
O'Connor, Joseph. *NLP and Sport*, Thorsons, 2001.
_____. *Leading with NLP.* Thorsons, 1998.
_____. *The NLP Workbook.* Thorsons, 2001.
Ristad, Eloise. *A Soprano on Her Head.* Real People Press, 1982.
Tannen, Deborah. *You Just Don't Understand.* Ballantine Books, 1990.
Whitmore, John. *Coaching for Performance.* Nicholas Brealey, 1996.
Whitworth, Laura et al. *Co-active Coaching.* Davies-Black, 2001.

⇨ LAMBENT DO BRASIL

A Lambent do Brasil foi fundada por Andrea Lages e Joseph O'Connor, e está sediada na cidade de São Paulo – Brasil.

Somos especializados em prover os melhores recursos em coaching, treinamento e consultoria para desenvolvimento de indivíduos e empresas.

Somos especialistas internacionais em coaching empresarial. A empresa promove coaching em todas as partes do mundo, tanto diretamente como através da colaboração de parcerias e de nosso programa de treinamento internacional voltado para coaches. Visite nosso website: www.lambentdobrasil.com.

Certificação Internacional em Coaching

Damos treinamento mundialmente para obtenção da Certificação Internacional de Coaching, e temos treinado centenas de coaches provenientes de mais de 15 países até o momento. Para maiores detalhes, visite:

www.lambentdobrasil.com.

Somos fundadores da Associação Brasileira de Coaching, Associação Mexicana de Coaching e Associação Sueca de Coaching. Fomos também instrutores no primeiro treinamento para obtenção do National Coaching Register (Registro Nacional de Coaching), no Reino Unido, orientado para atingir o nível de pós-graduação em coaching executivo, da Derby University.

Somos afiliados da Scandinavian International University.

Comunidade Internacional de Coaching (ICC)

A Comunidade Internacional de Coaching foi criada pela Lambent do Brasil. Ela é um grupo de coaches treinados e qualificados que passaram com êxito pelo treinamento no curso de Certificação Internacional em Coaching. Continuamos a expandir a comunidade graças ao nosso treinamento e aos nossos treinadores certificados. A Comunidade tem um comprometimento com a qualidade, operando nos mais altos padrões de competência e ética. Visite o website:

>www.internationalcoachingcommunity.com

Para encontrar mais dados sobre a Comunidade Internacional de Coaching e a Certificação Internacional em Coaching, visite o website e contate:

>info@lambentdobrasil.com.

Comunidade Internacional de PNL (ICNLP)

A ICNLP é uma associação para os interessados em formar uma Comunidade Internacional de PNL baseada em altos padrões e ética. Ela é aberta a todos que estiverem interessados em estudar a PNL, e disponibiliza um treinamento *practitioner*, um *master practitioner* e um *trainer* em PNL. Para mais detalhes, visite www.icnlp.org.

Cursos de Treinamento

A Lambent do Brasil promove vários treinamentos para empresas voltados a:

>coaching
>
>vendas
>
>negociação
>
>pensamento sistêmico
>
>PNL e técnicas de comunicação
>
>liderança

Todos os nossos cursos são especialmente elaborados porque cada empresa é singular.

Somos especialistas em consultoria sistêmica baseada em nosso processo de auditoria sistêmica, que analisa a cultura e os diferentes sistemas de comunicação e operações de gerenciamento aplicados nos negócios.

Contate-nos para coaching, treinamento e consultoria em qualquer parte do mundo, inclusive:

treinamento para obtenção da certificação de coaching

coaching empresarial e executivo

treinamento de pensamento sistêmico

análise sistêmica de empresas

treinamento para habilitação como *practitioner*, *master practitioner* e *trainer* em PNL.

Aprendizado à Distância

Ainda é possível fazer seu treinamento de coaching à distância, aprendendo por DVD.

Nós também comercializamos DVDs individuais sobre coaching, metas, valores e crenças.

Para contatar a Lambent do Brasil e para maiores detalhes, visite nosso website:

www.lambentdobrasil.com; e-mail: info@lambentdobrasil.com.

Para encontrar mais material sobre a Comunidade Internacional de Coaching, visite o website:

www.internationalcoachingcommunity.com

e contate:

admin@lambentdobrasil.com.

Índice Remissivo

acionadores, 114, 117
aconselhamento profissional, 150, 169, 171
alavancagem, 36, 71, 86
alianças, 55, 75, 129, 152, 183
ancoragem, 114-16, 126-9, 133, 140, 194
aprendizado à distância, 205
armadilhas, 151-3
atenção, 83, 92, 94, 106, 116, 148, 150
atividades de lazer, 70
ato de escutar, 84-85
atraso, 180-1
autoconhecimento, 12
autocontrole, 167
autodesenvolvimento, 70-71, 125
auto-observação, 13-14, 137-138, 151-3
auto-reflexão, 3-4
avaliação, 66-74

backtracking (retrocedimento), 58, 164, 167
Bannister, Roger, 122
benchmarks, 35
bottom lining (definindo a linha-base), 152
brainstorming, 129

calibração, 83-84, 94, 115, 142
Cálice Sagrado, 131-132
cancelamentos, 181
carreiras, 68, 70-71
cenários do pior caso, 97-98
certificação, 65-66, 204
coaching,
    definições, 169-72
    qualidades, 14-15
    sessões, 42-43, 46, 120-2, 139-47
    tipos, 17-20
coaching de carreira, 18, 67
coaching de equipes de trabalho, 20
coaching de esporte (esportivo), 19-20, 76, 127
coaching de *loop* duplo, 113, 114, 133
coaching de *loop* único, 112
coaching de relacionamento, 118-22
coaching empresarial, 7-8, 17, 18-19, 152, 181
coaching executivo, 18, 63, 65
coaching pessoal (de vida), 17, 18, 63
códigos no vestir, 63
coleta de informações, 55, 66-67, 90-91

comemorações, 50
comparações, 100-101
competência, 12-13, 63, 65, 123-124
competir, 181
comportamento, 13, 42, 56-57, 99
   crenças, 115-117
   orientando a si mesmo, 181
   perguntas, 98, 103-104
   recursos, 162
compromisso, 55, 69, 76-77, 116
comunicação, 107
Condon, William, 56
confiança, 13, 23, 31, 55-64
   exemplos, 176, 178
   recursos, 162-3
   transição, 131
confidencialidade, 64-65, 163, 164-5
conflitos de interesse, 164-5
confrontação, 152
confrontações, 123-4, 125-7, 131-2
congruência, 64, 77, 119, 123
conhecimento, 148-9, 166, 227-228
consciência, 116-17
conseqüências (efeitos), 38
consultoria, 18, 169, 171, 172
contato visual, 72
contratos, 56-59, 64-65, 182
controle, 152-3
crenças, 4-5, 21-22, 30
   orientando a si mesmo, 177
   perguntas, 101-102
   prática, 145
   recursos, 223-224
   regras, 111-130
   relacionamentos, 118-20
crenças habilitadoras, 115-117
crenças limitantes, 117-125

corpos profissionais, 66-67
culpa, 93, 115-116
culpado, 104-105, 124
curiosidade, 94, 176
curriculum vitae (CV), 67, 68
custo, 37, 38, 75

decisões, 6-7, 11, 30, 100
declarações de identidade, 43-44
desculpas, 123
desenvolvimento espiritual, 56, 69
desfazer estados, 107, 119
desistir, 114-115
deveria, 95
diálogo interno, 85
diários, 117-133
diversão, 70
divulgar, 114
domínio, 178-179
dúvida, 126

ecologia, 86, 97-98
efeitos colaterais, 71
energia, 69
ensaio mental, 128-9
ensino, 169, 171
escala do tempo, 34, 36-37, 47-48, 224
esquecimento, 126
estado de fluxo, 154
estados emocionais, 95
Estados Unidos, 11, 60
estética, 149, 154
estresse, 107
estrutura, 89, 129
etapas do plano de ação, 15-16, 24, 53-54
   arte do coaching, 87-88

crenças, 129-130
　orientando a si mesmo, 155
　perguntas, 108-109
　recursos, 172
　transição, 117, 132-3
ética, 65-66, 149-50, 161-3
Europa, 8, 57, 60
evidência, 103-104
expectativas, 55, 64-66
Exterminador do Futuro II, 12

falha (fracasso), 114-115, 123, 161
falta de ação, 100
faltas em compromissos, 181
fazer balanço, 196-7
feedback (retorno), 8, 22, 34-36
　crenças, 113, 115
　primeira sessão, 64, 72-73
　recursos, 161, 165, 167
　tarefas, 123
　transição, 122
feedback proativo, 37, 39
felicidade, 10-12, 38, 43-44
　crenças, 112
　primeira sessão, 55
　transição, 115, 132
finalização, 130
finanças, 69, 70-71
foco, 37-38, 90-91
Ford, Harrison, 132
formulários, 67

Gallwey, Timothy, 21
Gandhi, Mahatma, 178
generalizações, 101-102, 106
generalizações em excesso, 101-102
gerentes, 19-20

Grade de crenças, 223
Groundhog Day, 10

habilidades (conhecimento), 22-23, 61-62
　crenças, 112, 125
　orientando a si mesmo, 148-50, 153-4
　perguntas, 90-91
　recursos, 166, 228
　transição, 118
hábitos, 5-6, 8, 22, 75
　orientando a si mesmo, 151
　perguntas, 101, 103-104
　transição, 131, 132-134
hipóteses, 92-93
hipóteses injustificadas, 102-103
honestidade, 94, 180
honorários, 165-6, 180

imaginação, 3, 44-45
infância, 101, 113-114
informações do cliente, 68-69
inimigos, 5-6
integridade, 163
intenção, 98, 103-104, 115-116, 126-127
interesses, 70
International Coaching Community
　(ICC), 161, 163-6, 204
International Community of NLP
　(ICNLP), 204
intervenções, 114, 128

jeito de se arrumar, 63
julgamento, 42, 84-85, 101

Lambent do Brasil, 204-5
Lateral Eye Movements (LEM), 185
leitura da mente, 103
liberdade, 4-6, 116, 140

linguagem, 11-12, 18, 58-59
    crenças, 115, 116
    perguntas, 96-97, 100-105
    recursos, 188-191
    transição, 113
linguagem abstrata, 107-108
linguagem corporal, 56-59, 62
    crenças, 120-121
    exemplo, 139-47
    perguntas, 95
lucro, 18

mapas mentais, 115, 162
"mas", 73, 107, 141
médicos, 69, 150
medo, 31, 107, 112-13
meio ambiente, 63, 70-71, 111
meio circundante, 6
mentoring (mentoreamento), 169-171
micro-ritmos culturais, 56
modelo de transição, 132-134
modelos (a imitar), 36, 101, 148-9, 151
motivação, 39, 51, 77, 78
mudança, 95, 99, 111
    crenças, 125-128
    direção, 6-7
    querer, 123
    transição, 131-133, 139

negociação, 125
notar, 83
número significativo de outras pessoas, 38

objetivos (metas), 3-4, 8, 12, 21-22
    arte do coaching, 85-86
    crenças, 111, 115-117
    ensaio, 128

orientando a si mesmo, 149-50
    perguntas, 89-90, 96-98
    prática, 142, 147
    primeira sessão, 58, 64, 69, 72, 74
    recursos, 167, 173-8
    relacionamentos, 118-20
    transição, 115, 120, 129-30
objetivos de processo, 32, 33
objetivos de resultado, 32-33
objetivos no longo prazo, 39-40, 90
observar, 84-85, 98, 116-17, 151-3
olhar fixo, 85
opção, 22, 33, 97-98
    crenças, 111, 115-117
    recursos, 162
opiniões, 100-101
opiniões desconsideradas, 100-101
ordens, 153
organizações que aprendem, 7
orientando a si mesmo, 148-55
ouvir (prestar atenção), 84-85, 102, 105
ouvir com consciência, 85

padrões, 65-66, 101-102, 130, 150, 161-6
padrões de vida, 11
pais, 101, 104
palavras, 58-64, 96-97, 100
palavras de pressão, 96-97, 103-104
palavras digitais, 191
parafrasear, 44-45, 57
para o lado, 106
particularidade, 32-33
pensamentos, 59-62, 73-74, 100, 114
pensar em problemas, 31
perda, 135
perfeccionismo, 32, 63
perguntas, 11, 21-22, 34, 36-39

ÍNDICE REMISSIVO

auto-observação, 117
avaliação, 72-74
coaching empresarial, 152
compromisso, 76
consecução, 130
crenças, 123, 125, 126
estresse, 107
estruturas, 129
função, 89
hipóteses, 102
informações do cliente, 68-70
objetivos (metas), 44-46, 49
orientando a si mesmo, 151
preocupações imediatas, 74-75
proveitosas, 93
recursos, 167
relacionamentos, 139-145
tarefas, 123, 133
perguntas eficazes, 96-100
período de latência, 57
pesquisa, 11, 152
piscando, 187
pistas de acesso, 62, 184
pistas oculares de acesso, 62, 185-7
planejamento de vida, 39-40
planejar por baixo, 98
planilhas de trabalho, 119-120, 124-125
planos de ação, 32, 38-39, 47-51, 75, 90
política, 8
português (idioma), 114
positivismo, 32, 125-126
possibilidade, 121
prazos-limite, 124, 127
preocupações imediatas, 57, 70, 74, 89-90
preparação, 64
preparativos práticos, 55, 76, 179-91
pressuposições, 90-91, 99, 101, 116

primeira posição, 86, 87, 139-145
primeira sessão, 55-81, 89
Processo PAW, 121-125
Programação Neurolingüística (PNL),
  arte do coaching, 83-86
  crenças, 128
  papel, 21-23
  perguntas, 98-99
  primeira sessão, 59, 61
  recursos, 187
  transição, 154
progresso, 165
progresso da medição, 35
propriedade, 37, 74
psicanálise, 153

quarta posição, 86, 122
querer mudança, 123
questões com "como", 100
questões com "o que", 96, 97-98
questões com "por que", 96, 103
questões com "quando", 100, 103
questões de confrontação, 96, 100-108

rapport (entrosamento), 34, 55-64
  orientando a si mesmo, 150-3
  perguntas, 95-98, 103-104
  prática, 140, 146
  transição, 123, 125
realizações, 3, 12, 103, 124, 153
recreação, 70
recursos, 32, 36, 39
  crenças, 115-116
  perguntas, 89-90, 93, 96
  transição, 131, 139
  tipos, 161-207
"reforço", 44, 45

regras, 32-39, 47, 81, 87-8
  crenças, 111-128
  transição, 128
relacionamentos, 68-70, 85-86
  crenças, 111, 115, 117
  orientando a si mesmo, 150
  recursos, 166
  transição, 139-145
relaxamento, 4-5, 70, 85, 94-95
resolução de problemas, 8-9, 95-96
respeito, 163-4
responsabilidade, 97, 125, 127
respostas a tarefas, 125
ressentimento, 104-105
resumos, 14, 23-24, 51-53
  arte do coaching, 86-87
  crenças, 117, 128-129
  orientando a si mesmo, 154
  perguntas, 108
  primeira sessão, 78-80
  transição, 130-2
Ristad, Eloise, 4
Roda da Vida, 70-72
Roda das Perspectivas, 122, 133, 195
romance, 71
roupas, 63, 83, 141, 146

salas de consultoria, 63
saltos de confiança, 123, 131
satisfação, 70-71, 111
saúde, 69, 70
segunda posição, 86, 118-21, 152
série de perguntas, 130
significados, 106-107
"sim, mas...", 73, 106, 127
sinais não-verbais, 83-84, 94
sinestesia, 187

sistema auditivo, 60, 134-135
sistema cinestésico, 60
  exemplos, 141, 146
  recursos, 184, 190
  transição, 129
sistema gustativo, 60, 61, 114, 190-1
sistema olfativo, 60, 134-135
sistema visual, 59, 134
  exemplo, 141, 144
  recursos, 184, 188
  transição, 129
sistemas representacionais, 60, 128, 143, 187, 191
slingshot coaching, 133
solicitações, 124, 125-7, 131-2
sonhos, 3-4, 7-8, 29-30, 38-39
suporte, 128-9

tarefas, 123-7, 131-2, 146, 167-8, 171-2
tarefas complexas, 124-5
tarefas simples, 124-4
tendências futuras, 29-30, 97, 115-16
tensão muscular, 85
tentativa, 125, 154
terapeutas complementares, 150
terapia, 77, 169, 171
terceira posição, 86, 140, 144
The Inner Game of Tennis, 21
timing (momento oportuno), 93-94
tom de voz, 56-57, 72
  crenças, 115, 120-121
  exemplo, 141-2
  perguntas, 95
trabalho de casa, 78
transição, 131-158
treinamento, 18, 21,

valer a pena, 121-125
valores, 12-13, 21-22, 29, 41-46
   arte do coaching, 85
   crenças, 111, 115-117, 124
   orientando a si mesmo, 149-50
   perguntas, 89-90, 96-97
   prática, 140-7
   primeira sessão, 55-56
   recursos, 167
   relacionamentos, 130-145
   transição, 132, 139
valores centrais, 41-46, 142-3
ver (visualizar), 84
visão, 149-50
visualização, 62, 151-152
voz ativa, 37
   passiva, 37

websites, 152, 204-5

Outros Títulos Sugeridos

Como o Coaching Funciona

Ainda que muitas pessoas se descrevam como coaches, o que fazem e como fazem pode variar consideravelmente. Existe Coaching executivo, de negócios, de vida, de esportes e de equipes, mas afinal o que são o coração e a alma do Coaching? Como exatamente ele funciona?
Acreditamos que esta obra ajudará a expandir as habilidades e os conhecimentos de gerentes, professores, psicólogos e terapeutas. Os estreantes terão à sua disposição uma estonteante diversidade de marcas, asserções e variedades de coaching. Esperamos que este livro seja uma fonte de esclarecimento para todos, mostrando-lhes o que os move e a alma que os inspira.

Autores: Andrea Lages, Joseph O' Connor
Número de páginas: 304

Coaching Integral

Além do Desenvolvimento Pessoal

Autor: Martin Shervington
Nº de páginas: 192
Formato: 16 x 23cm

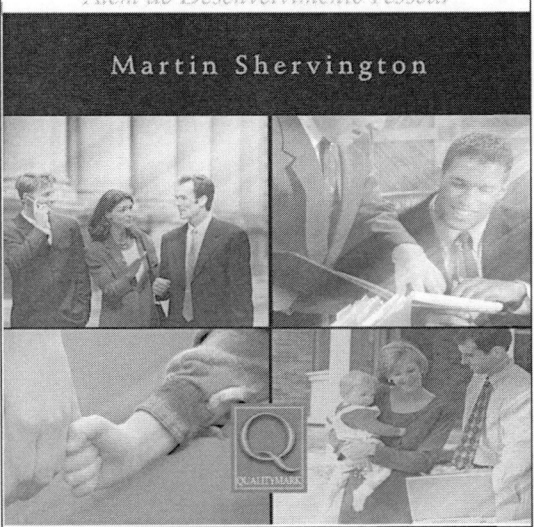

Martin Shervington apresenta, neste livro, uma visão geral de vários modelos de coaching.

Ele apresenta o coaching integral como uma forma especializada de coaching, através de temas que podem contribuir para o desenvolvimento do ser humano.

Neste livro, o autor oferece uma visão que pode contribuir para o desenvolvimento de quem instrui (*coach*) e de quem recebe a instrução (*coachee*), focando sempre em quem vai executar a tarefa.

QUALITYMARK EDITORA

Entre em sintonia com o Mundo

Qualitymark Editora Ltda.

Rua José Augusto Rodrigues, 64 – sl. 101
Polo Cine e Vídeo – Jacarepaguá
22275-047 – Rio de Janeiro – RJ
Tels.: (21) 3597-9055 / 3597-9056
Vendas: (21) 3296-7649

E-mail: quality@qualitymark.com.br
www.qualitymark.com.br

Dados Técnicos:

• Formato:	16 x 23 cm
• Mancha:	12 x 19 cm
• Fonte:	Times New Roman
• Corpo:	11
• Entrelinha:	13
• Total de Páginas:	272
• 2ª Edição:	2008
• 7ª Reimpressão:	2018